„ICH HABE HEUTE NOCH GÄNSEHAUT"

... an Ute, Claudia und Peter Paul,
meine einzigen Edelsteine,
mein einziger Stolz,
meine einzige Liebe.

ALEXANDER ZELGER

True Crime:
von Mafiosi,
Serienkillern
und anderen
Gewalttaten

„ICH HABE HEUTE NOCH GÄNSEHAUT"

MEINE SPEKTAKULÄRSTEN KRIMINALFÄLLE

ATHESIA VERLAG

Deutsche Kultur

Die Drucklegung dieses Buches wurde ermöglicht durch
die Südtiroler Landesregierung / Abteilung Deutsche Kultur.

INHALTSVERZEICHNIS

VORWORT

„Pass bitte auf, … auf das, was du schreibst", mahnte mich mehrmals Ute, meine Ehefrau, mit der ich seit über 40 Jahren verheiratet bin. „Wir sind beide im Ruhestand, haben wunderschöne, brave, liebe Kinder und fantastische Enkelkinder, sind gesund, wir brauchen keine Probleme!" „Aber ich will doch nur anhand von einigen Fällen meine Erfahrungen als ehemaliger Chef der Kriminalpolizei in Südtirol schreiben: nur Fakten, keine Polemiken, keine Beleidigungen, keine Racheakte, aber manchmal durchaus auch selbstkritisch mein, unser Tun hinterfragen."

Unwahrheiten, Sticheleien oder gemeine Kritiken sind in meinem Buch nicht zu finden, diese wären auch nicht angebracht, denn meine berufliche Karriere war auch so immer hochinteressant und kribbelig. Es war für mich jedenfalls eine große Herausforderung, über Kriminalfälle zu erzählen, bei denen sich dramatische Ereignisse und heitere Vorkommnisse ungewollt überkreuzt hatten. Denn niemals und in keinster Weise sollte Tragisches durch Lustiges respektlos wiedergegeben werden, sondern, wenn es einfach so passiert war, muss es auch objektiv geschildert werden. Manches wünscht man sich, lieber vergessen zu können, vor allem, wenn es um Pannen bei Ermittlungen geht. Aber wenn ich Bilanz ziehe, so waren wir von der Kriminalpolizei in Südtirol, zu meiner Zeit, erfolgreich und sind über unser Geleistetes auch heute noch stolz.

Total stolz war ich im Mai 1992, als ich zum Chef der Kriminalpolizei der Quästur Bozen für Südtirol ernannt wurde. Gleichzeitig wurde mir sofort bewusst, welche Verantwortung ich zu tragen haben werde. In meiner neuen Position steht man andauernd im kritischen Rampenlicht der Bevölkerung und insbesondere der Medien, die immer mit der berechtigten Forderung nach mehr Sicherheit an uns herantreten. Gleichzeitig ist man aber immer auch den direkten Vorgesetzten gegenüber verantwortlich, und in dieser Position hat man immer mindestens zwei, den Quästor als oberste Polizeibehörde des Landes und den Staatsanwalt als oberste Gerichtsbehörde, in der Ermittlungsphase.

Das Besondere an meiner Ernennung war zunächst, dass ich der erste „richtige" deutschsprachige Südtiroler als Chef der Kriminalpolizei war. Es stellte sich rasch heraus, dass diese Besonderheit einen großen beruflichen Vorteil mit sich brachte. Ich war mit der Mentalität der deutschen, italienischen und ladinischen Südtiroler vertrauter als alle meine Vorgänger, meistens Süditaliener, die erst kurz vor Amtsantritt nach Bozen versetzt worden waren – in ein Land, das für sie zunächst nur die Provincia di Bolzano, also eine italienische Provinz unter vielen anderen war. In der ihnen vieles fremd und vielleicht sogar unverständlich geblieben war.

In Bozen leben zwar zu 65 Prozent italienisch sprechende Stadtbürger, aber die Zuständigkeit des Kripochefs breitet sich auf das ganze Land aus und dort ist das Verhältnis genau umgekehrt: 75 Prozent sind deutschsprachig. Alles was meinen Vorgängern von deutschsprachigen Zeugen, Angeklagten oder Tatverdächtigen zugetragen worden war, hatten sie somit immer nur durch den Filter eines Dolmetschers erfahren können. Noch komplizierter wurde es für sie bei so manchen Südtirolismen und unserem Dialekt, der oft nur schwer ins Italienische übersetzt werden kann. Ähnlich hart wurden meine ehemaligen Kollegen mit weiteren Besonderheiten wie speziellen Charaktereigenschaften, der Kultur und den Gewohnheiten im Land konfrontiert.

Wir Südtiroler stünden allerdings vor denselben Problemen, wenn wir unseren Dienst in Süditalien zu absolvieren hätten: „*Minchia!*" (süditalienisches vulgäres Schimpfwort, mit dem viele starke Aussagen beendet werden). Daher riecht die bekannte Spürnase der Polizeikommissare eben einfach besser ohne Filter eines Dolmetschers; nebenbei bemerkt, anatomisch gesehen ist meine auch nicht zu unterschätzen.

Obwohl ich bereits Ende 1997 nach Wiesbaden zum Bundeskriminalamt abkommandiert wurde, um in Deutschland für das italienische Innenministerium als Verbindungsoffizier zu arbeiten, und seit 2015 meine Pension, wieder in meiner Heimat, in vollen Zügen genieße, kamen und kommen immer wieder Anfragen für Interviews und Vorträge auf mich zu. Ich spüre, dass das Interesse an den schon Jahre zurückliegenden Kriminalfällen bei den Südtirolerinnen und Südtirolern immer noch sehr groß ist. Dieses weckte in mir den Wunsch, die bekanntesten Fälle erneut durchzugehen und darzustellen, was wirklich geschehen war, bevor Mythen und Spekulationen oder einfach nur falsche Vermutungen die Wahrheit komplett verschleiern würden.

Viele haben über meine Kriminalfälle geschrieben, aber keiner von denen war mit meinen Ermittlungen direkt beschäftigt.

Ein besonderes Anliegen war mir zudem, auch über kleinere, unspektakulärere Fälle zu berichten, damit ein möglichst reelles Bild meiner Berufstätigkeit wiedergegeben werden kann. Dieses Bild kann schließlich nur dann der Wahrheit entsprechen, wenn ich auch über jene Episoden berichte, die sich zwar lustig anhören, aber deren Darstellung alles andere als witzig rüberkommen und schon gar nicht eine Beleidigung den Opfern gegenüber aufgefasst werden soll. Es geht mir darum, auch über paradox erscheinende Geschehnisse zu berichten, die sich immer wieder inmitten von menschlichen Dramen abspielen.

Meine neue Freizeitbeschäftigung, eine anstrengende aber zugleich reizende Herausforderung, hat mir nebenbei die Möglichkeit geboten, wieder und diesmal öffentlich kritisch zu hinterfragen: „Habe ich meinen Job gut gemacht? Hätte ich das eine oder das andere besser erledigen können? Welche Fehler wären vermeidbar gewesen?" Sicherheit ist machbar. Das ist nach wie vor meine absolute Meinung, die auf meiner jahrelangen Erfahrung im In- und Ausland beruht. Nur, auf welche Weise und zu welchem Preis, ist die andere Seite derselben Medaille. Prävention kostet viel Geld, denn sie kann nur durch den täglichen Einsatz vieler uniformierter Beamter der Schutzpolizei erfolgreich sein. Prävention wird aber auch nicht von allen Menschen so einfach hingenommen, denn sie bedeutet spürbar mehr polizeiliche Kontrolltätigkeit, und dies wiederum kann unter Umständen zu einer gefühlten Einengung der eigenen Privatsphäre führen. Hier den goldenen Mittelweg zu finden, wäre mal wieder die Lösung des Problems, was von uns immer angestrebt wurde.

Ähnlich sieht es mit der Repression der begangenen Straftaten, also mit der Ermittlungstätigkeit aus. Auch die Kriminalpolizei bräuchte mehr Personal, aber das kostet anscheinend zu viel. Ich, mit meinen wenigen Leuten, konnte trotzdem, denke ich, eine gute Arbeit leisten. Über eine solide handwerkliche Tätigkeit, ohne sich in Verschwörungstheorien, zu vielen Spekulationen und Fantasien zu verlieren, haben wir mit Erfolg ermittelt. Faktentreue war stets mein Erfolgsrezept für die gute und erfolgreiche Kriminalitätsbekämpfung.

Unsere Arbeit war meistens spannend, aber erlebt hat man diese Spannung oft nur als enormen Druck und große Verantwortung gegenüber der zu schützenden und zu beruhigenden Bevölkerung. Solange ein Frauenmörder oder Serienkiller noch frei herumlief, waren die Menschen verständlicherweise besorgt und bekümmert. Manchmal hatte sogar Angst geherrscht, bis wir einen Verbrecher dingfest gemacht hatten, also hinter Schloss und Riegel bringen konnten. Das Bedürfnis der Bevölkerung nach mehr Sicherheit ist immer gerechtfertigt und mein Job war es, genau diese zu gewährleisten.

Nichts und niemand konnte mich daran hindern. Selbst die Drohungen von Kriminellen, die an mich und an meine Familie gerichtet wurden, bremsten meinen sturen Willen nicht. Ute war ganz meiner Meinung und kämpfte aktiv mit. Besonders ungemütlich wurde es, wenn aus einer italienischen Strafanstalt ein anonymer Brief eines Häftlings an meinen Questore geschickt wurde, mit dem er informiert wurde, dass einige im Gefängnis entschieden hatten, *„di far fuori Zelger"*, also mir oder meinen Kindern was „Schlimmes" anzutun. Im Schreiben waren bereits konkrete Hinweise über die alltäglichen Gewohnheiten meiner Familie zu lesen. „Ich pass schon selbst auf mich auf", beruhigte ich sofort den Questore, der größere Schutzmaßnahmen anwenden wollte. Aber meine beiden Kinder, die erst die Volksschule besuchten, mussten von Schutzpersonal dorthin gefahren

Drohbrief an den Quästor: „Achtung, im Gefängnis wurde beschlossen, Zelger zu eliminieren ... der Auftragsmörder erhält dafür 50.000.000 Lire. Zelger muss besonders vorsichtig sein, wenn er seine Kinder in die Schule begleitet ..."

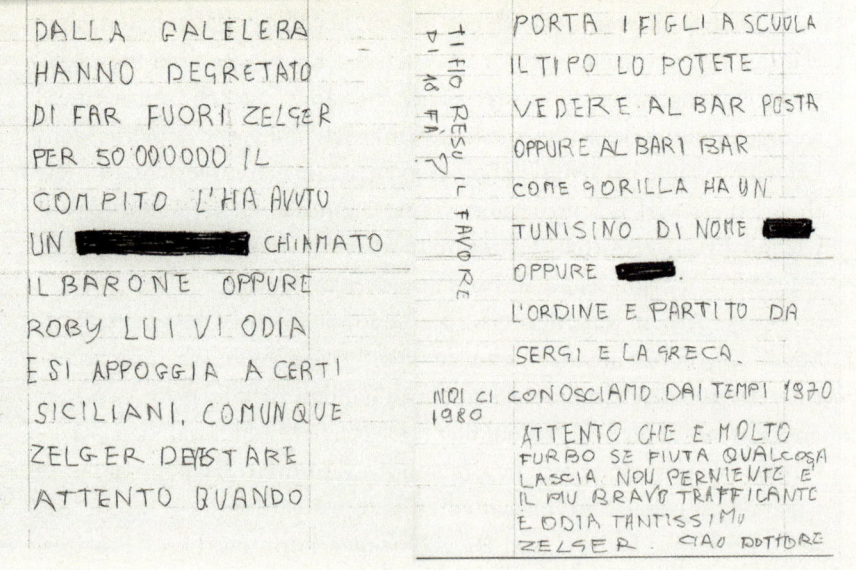

und abgeholt werden, bevor wir nicht die „Auftraggeber" ermitteln und ausschalten konnten.

Was mich und meine Ute aber verletzt hatte, war nicht so sehr die Drohung der Kriminellen, sondern die Aussage einer „nichtwissenden" Mutter einer Mitschülerin meines Sohnes, die polemisch und verurteilend gemeint hatte: „Mit unseren Steuergeldern lässt der Zelger seine Kinder in die Schule kutschieren, das kann wohl nicht sein!" Wenn das Maulwerk ohne Hirnkapazität loslegt, entstehen eben solche bösen und dummen Aussagen!

Dennoch, als „Überzeugungstäter" in Sachen Sicherheit, ließ ich mich nicht unterkriegen, denn genau das wollte ich nämlich: zusammen mit meinen Leuten Sicherheit garantieren.

Es musste immer schnell gehandelt werden, und das bedeutete meistens harte Arbeit, manchmal fast bis zur Erschöpfung, oft mit Einsätzen über mehrere Tage und Nächte. Unbezahlte Überstunden waren die Regel. Kann das in den vielen Kriminalfilmen überhaupt wiedergegeben werden? Ich glaube nicht! Ab dem Moment, als ich als Chef der Kripo Südtirols tätig geworden war, schaute ich nämlich im Fernsehen keine Krimis mehr an. Nicht, weil ich kaum noch Zeit hatte, sondern weil ich die erlebte berufliche Wirklichkeit in diesen TV-Serien nicht abgebildet fand. Allzu oft stehen Erlebtes und Film sogar in einem starken Kontrast zueinander. In der kurzen Freizeit wollte ich mich nicht mit Kritik an Filmdarstellungen auseinandersetzen. Ich brauchte anderweitig Ausgleich und Erholung, denn mein Beruf war schon spannend genug, oft zu spannend. Freizeit und Beruf mit denselben Inhalten ausfüllen, das wollte ich nicht.

Noch Jahre nach einem gelösten Kriminalfall tauchen auch in Südtirol hin und wieder neue Spekulationen, vermeintlich unentdeckte Erkenntnisse und irrsinnige Verschwörungstheorien auf. Gerade deshalb soll in diesem Buch auch dargestellt werden, dass die Umstände oft doch recht einfach liegen und diese auch so erkannt werden können, wenn man als Kriminalkommissar sein Geschäft gut beherrscht. Dass Intuition bzw. die sprichwörtlich gute Spürnase immer auch eine wichtige Rolle spielt, genauso wie das Quäntchen Glück, soll dabei nicht verschwiegen werden.

Es gibt viele weniger aufregende Berufe als den des Polizisten, aber nur wenige spannendere. Meine Mutter hätte es gern gesehen, dass ich Priester geworden wäre, aber irgendwie kam ich mir als Teufelsaustreiber bei der Kripo ebenso nützlich vor, wenn auch mit anderen Methoden.

Ehrlich gesagt, meine Mutter drängte mich nahezu, Hochwürden zu werden. Schon als ganz kleiner Bub fragte sie mich ständig, was ich wohl werden wollte, wenn ich mal groß sei und gab gleichzeitig schon auf Südtirolerisch die Antwort vor: „Gell, du wirst Priester!" Ich brauchte bei solchen Gelegenheiten nur mehr mit Ja zu antworten, um ihr eine Freude zu machen. Dies ging so weiter, bis ich ungefähr fünf oder sechs Jahre jung war. An einem Tag, auf dem Weg nach Hause, nach dem täglichen Einkauf, stellte sie mir wieder einmal die stressige Frage … aber da war meine Antwort plötzlich und auch für mich wie aus heiterem Himmel geschossen: „Egal was, nur nicht Priester!" Das war wie ein Dolchstich mitten in das Herz meiner Mutter, die mir ab jenem Tag diese Frage nie mehr gestellt hatte. Sie liebte mich trotzdem weiterhin über alles, eine typische Mama eben!

Doch zunächst führte mich mein Berufsleben nicht direkt zur Kriminalpolizei. Ich kam erst über Seitenstraßen dazu. Nach meinem Maturaabschluss an der damaligen Handelsoberschule erhielt ich eine sehr gute Anstellung bei der Volksbank in Bozen. Dort lernte ich unter anderem auch die Tatsache kennen, dass nicht nur innerhalb eines militärischen Ambiente eine strenge Hierarchie herrschen konnte. Das war mit Sicherheit eine erste positive, manchmal aber schmerzhafte Lehre. Ich glaube, diese neue Berufserfahrung führte mich zur persönlichen Überzeugung, dass ich unbedingt Karriere machen sollte. Mein Ehrgeiz bekräftigte sich. Aber von nichts kommt nichts! Mit der ausschlaggebenden Unterstützung meiner jungen Ehefrau Ute begann ich neben der Arbeit meine Universitätsstudien der Rechtswissenschaft. Und in dieser neuen Phase, ständig in Berührung mit Gesetz und Gesetzesleuten, wuchs in mir der Gedanke, einen anderen Beruf zu ergreifen: den des Kriminalkommissars. Zuvor musste ich aber die große Hürde

eines staatlichen Wettbewerbs in Rom überwinden. Für gerade 190 Stellen in ganz Italien bewarben sich fast 6000 Kandidaten. Ich schaffte es gleich beim ersten Anlauf, Gott sei Dank! In der Zwischenzeit hatte mir Ute zwei Kinder geschenkt: Claudia und Peter Paul. Ich war gerade dreißig geworden.

Kommissar Kripochef Alexander Zelger
im Bozner Schwurgericht

BEFEHL IST BEFEHL
UND WIE ALLES LOSGING
Die Hellseherin im Sold
des römischen Innenministers

Diese Überschrift ist ernst gemeint, denn in besonders tragischen Fällen greift man zu jedem Strohhalm, so auch bei der Kriminalpolizei.
Meine erste Dienststelle im August 1990 war gleich die Quästur in
Bozen, also die Landesbehörde für öffentliche Sicherheit und Ordnung und damit Sitz der Schutz- und Kriminalpolizei – wie in jeder
anderen italienischen Provinz auch. Zu Beginn meiner Tätigkeit, noch
glücklich über die erfolgreiche Bewerbung und nach Absolvierung
eines neun Monate langen Lehrganges in Rom, war ich besonders
erleichtert, gleich im Zentrum des Landes tätig werden zu können.
In den ersten sechs Monaten hatte ich zunächst die Gelegenheit, alle
Abteilungen der Polizei kennenzulernen und das gleich in Sichtweite
der Kollegen der Carabinieri, die auf der anderen Straßenseite statio-
niert sind. „Konkurrenz belebt das Geschäft, hätte man in der Wirtschaft gesagt."
Sehr interessant war meine Lehre im Lagezentrum, dem Kabinett-
büro der Quästur – innerhalb der Staatspolizei Ufficio di Gabinetto
genannt –, wo alle, die Landesstelle betreffende Mitteilungen auf dem
Schreibtisch des Capo di Gabinetto (Kabinettschef), also der grauen
Eminenz neben dem Questore landeten. Eines Tages, immer noch
in der Phase des Kennenlernens, zeigte mir der damalige Kripochef,
mein unmittelbarer Vorgänger, eine vom Generaldirektor der Direzione Centrale della Polizia Criminale (Zentraldirektion der Kriminalpolizei in Rom) gesendete Anweisung. Diese enthielt die Order, die
volle Unterstützung einer uns bisher unbekannten Hellseherin aus
Süditalien zu gewährleisten und ihr rund um die Uhr zu assistie-
ren. Diese Hellseherin war in laufende Ermittlungen in Mittelitalien
eingebunden worden, wo es um ein junges Mädchen ging, das seit
Wochen spurlos verschwunden war. Man muss dazu wissen, dass der
Schriftverkehr zwischen den polizeilichen Dienststellen der Republik
und der Polizeibehörde im römischen Innenministerium damals noch

über ein internes Telegrafenamt auf Papier erfolgte. Zunächst dachte ich an einen Scherz. Nachdem mir die Richtigkeit und Authentizität der Anweisung bestätigt wurde, dachte ich zunächst einmal in unserem Südtiroler Sprachgebrauch nur: *„Oschpele"*, was ungefähr so viel bedeutet wie „Mein Gott, wo bin ich denn hier gelandet." Mit neuen Mitarbeitern in einer Abteilung treibt man zur Begrüßung bekanntlich gern einen Scherz. Leider war dem aber nicht so, wie sich bald herausstellen sollte.

Mein erfahrener Vorgänger im Amt hatte sofort gewusst, dass das Fernschreiben zu dieser Hellseherin ernst gemeint war. Trotzdem war sogar er in dieser Angelegenheit noch beim Quästor persönlich vorstellig geworden und hat nachgefragt, was dieser „Unsinn" denn sollte. Seine Proteste beim Herrn Quästor hatten aber nicht gefruchtet. Überliefert ist nur die verzweifelte Geste des Quästors, der mit ausgebreiteten Armen und mit Blick zum Himmel seiner Hilflosigkeit Ausdruck verliehen hatte. Gleichzeitig hat er aber dem Kripochef deutlich zu verstehen gegeben: „Befehl ist Befehl", zumal die Anweisung direkt vom Innenministerium aus Rom gekommen war.

Worum ging es? So witzig mir zunächst diese schriftliche Anweisung vorkam, so traurig war dann doch der Anlass. Diese Hellseherin aus Mittelitalien hatte sich gemeldet, weil sie vorgab zu wissen oder besser, meinte zu spüren, wo das vermisste Mädchen zu finden sei, nämlich in Südtirol. Ich konnte zwar nachvollziehen, dass man sich in solchen fürchterlichen Situationen an alles klammert, blieb aber trotzdem zunächst sehr skeptisch. Zu diesem Einsatz wurde der Kriminalinspektor Johann Ramoser abgestellt, welcher mit einem Dienstwagen, einem älteren Jeep der Marke Toyota, der Hellseherin für die notwendige Zeit zur Verfügung stehen musste. Unfreiwillig, aber gehorsam, nahm er den Auftrag an. Ihm wurde auch unmissverständlich klargelegt, dass er nur eines tun musste: den Intuitionen der Hellseherin folgen.

Schon bald nach der ungewöhnlichen Anweisung aus Rom kam auch die Hellseherin nach Bozen. Wir verloren keine Zeit, und das neue Ermittlerduo startete unverzüglich mit der Suchaktion des in Mittelitalien verschwundenen armen Mädchens. Mit einer Landkarte von Südtirol auf dem Schoß der Hellseherin, die auf dem Nebensitz des Dienstwagens Platz genommen hatte, fuhren sie los. Wie befohlen steuerte Inspektor Ramoser dorthin, wo ihr Gespür und ihre angeblichen Intuitionen das Versteck der Gesuchten vermuteten. Der erste greifbare Erfolg war aber zunächst nur der, dass Ramoser auch noch die allerletzten, bis dahin ihm unbekannten Gegenden seiner Heimat auf Staatskosten kennenlernte. Tagelang fuhr das Paar bergauf und bergab, talein und talaus, über und unter Brücken, quer durchs Land, über Pässe und durch Ortschaften hin und her.

Hellwach wurde unser Kriminalinspektor nur dann, wenn die Hellseherin wieder einmal lautstark und aufgeregt mit kehligen Lauten ihre inneren Gefühle loswurde und so tat, als ob sie das Kind schon spüren könne. Für Ramoser fühlte es sich an wie eine Geisterbeschwörung an einem Tisch, wie er mir erzählt hat.

Das arme Mädchen wurde aber leider nie gefunden und die Hellseherin von der Kriminalpolizei nie mehr mit Ermittlungsfällen beauftragt, weder von uns, noch vom Innenministerium in Rom.

Aus heutiger Sicht erscheint mir die Entscheidung des Generaldirektors der italienischen Kriminalpolizei, eine Hellseherin zu beauftragen, um ein vermisstes Mädchen aufzuspüren, nicht mehr ganz so abwegig. Da gibt es tatsächlich diesen Michael Schneider, der auch von der Kriminalpolizei in Deutschland und von anderen europäischen Ländern öfters als Hellseher angefordert wurde, um Vermisste aufzuspüren. Das tat er durchaus mit einigem Erfolg. Dieser Hellseher kann offensichtlich sogar herausfinden, ob diese noch leben.

Deshalb ist es nicht verwunderlich, dass Michael Schneider, so konnte ich es in einigen Südtiroler Tageszeitungen lesen, anscheinend auch bei uns erfolgreich war, als er anhand einer Landkarte deuten konnte, wo sich die Leiche des Vaters von Benno Neumair im Falle des Doppelmordes an seinen Eltern im Jahr 2021 befand. Sie konnte endlich am Ufer der Etsch in der Nachbarprovinz Trentino gefunden werden.

Zwei Jahre später wurde es für mich richtig ernst. Im Mai 1992 wurde ich zum Chef der Kripo an der Quästur Bozen ernannt, zuständig für ganz Südtirol. Das Medieninteresse war für mich überraschend groß, denn alle lokalen Zeitungen berichteten von meiner Ernennung. Ich war unerwartet zu einer Person des öffentlichen Interesses aufgestiegen. Sofort hatte ich den berechtigten Verdacht, dass es mehr darum ging, dass ich der erste „deutschsprachige Südtiroler" war, der so einen heiklen Posten übernommen hatte.

Amtsübergabe von Giuseppe Macri an
Alexander Zelger im Mai 1992

Ich erhielt tagelang per Post Glückwünsche und allerhand Lobes-
worte für meinen Karrieresprung. Sogar Blumen wurden ins Büro und
nach Hause geschickt. Ute, meine Ehefrau, und ich waren von dieser öffentlichen Aufmerksamkeit überwältigt. Einige Tage lang klingelte es ungewohnt oft an der Tür. Meistens war es ein Postbote mit
einem Glückwunschtelegramm. Aber einmal wurden alle erdenk-
lichen Erwartungen in Bezug auf Komplimente, Höflichkeiten, Wert-
schätzung, Auszeichnungen und Schmeicheleien übertroffen. Diese
Aufmerksamkeitsbekundung hatte, zumindest nur theoretisch, das
gefährliche Potenzial, eine Ehekrise auszulösen.

Ich öffnete die Haustür, hinter mir stand Ute. Wir beide konnten die
Überraschung nicht zurückhalten und hatten mit Sicherheit Augen und
Mund vor Staunen weit offen. Vor uns war eine Wand an Orchideen
in einem übergroßen Korb zu sehen. Dahinter versteckt befand sich
der Bote, der es kaum erwarten konnte, die schwere Last loszuwerden.
Ich traute meinen Augen nicht, als ich das Geschenk übernahm und
inmitten des Grünzeugs zwei Champagnerflaschen entdeckte. Während ich das edle Geschenk näher begutachtete, öffnete Ute interessiert die beigelegte Postkarte und las. Wir beide waren extrem neugierig

und wollten wissen, wer wohl dieses großzügige Präsent geschickt hatte. Ich schaute Ute an und musste bemerken, wie ihr netter Ausdruck der Freude und Dankbarkeit allmählich verschwand und von einer ernsten Miene ersetzt wurde. Sogleich war auch ein, je nach Sichtweise mehr oder weniger gerechtfertigter harter Protest von Ute zu hören.

Das wunderschöne Bouquet samt den Dom-Pérignon-Flaschen kam höchstpersönlich von Signora Marisa, der Chefin des „White Devil", einem bekannten Bozner Nachtlokal. Dieses elegante Etablissement war in ganz Südtirol für seine leichtbekleideten und gutgelaunten Damen bekannt, die nach Mitternacht erotische Ballette anboten. Ute wusste gleich, wer das war, hatte sie doch Signora Marisa in der Bank kennengelernt, in der ich noch vor meiner Polizeikarriere als Schalterbeamter gearbeitet hatte: Ute hatte mich einmal, ich glaube, das war auch das einzige Mal, an meinem Arbeitsplatz besucht und sich, wie es der Zufall wollte, hinter Signora Marisa in die Reihe gestellt, als ich sie gerade bediente. Ich grüßte Ute, und Signora Marisa verstand gleich, dass es sich um meine Ehefrau handelte. Signora Marisa war an besagtem Vormittag von ihrer generösen Parfumwolke umhüllt, die so stark war, dass nicht jeder es aushalten konnte, länger in ihrer Nähe zu weilen. Ich als Schalterbeamter konnte nicht anders. Mit Stolz übergab sie mir gerade ihr umfangreiches Nachtinkasso, das ich auf ihr Bankkonto einlegen durfte. Es war alles andere als Sympathie auf den ersten Blick seitens meiner Frau, die diesmal nicht den weiblichen Instinkt einsetzen musste, um gleich herauszufinden, welches Unternehmen meine Kundin führen würde.

Wir drei, Ute, ich und der riesige Geschenkkorb, standen noch im Hausflur, da meinte Ute bestimmt und recht kräftig in der Stimme: „Das alles muss sofort in den Müll!" Letztendlich konnte ich noch einen Kompromiss aushandeln. Ich versprach ihr, unverzüglich mit der Entsorgung des Geschenkkorbes samt den vielen Orchideen zu beginnen, die teuren Champagnerflaschen aber in unserem Weinkeller zu lagern. Hätte ich diese vielleicht auch in den Müll werfen sollen?

Auf diese Weise erst einmal von allen Seiten angeschmeichelt, sehnte ich mich danach, endlich tätig werden zu können und meinen Job zu machen.

GESETZLOS IN DER HORIZONTALEN
Vom Liebesleben in Bozen

Lange brauchte ich nicht zu warten und ein interessanter Fall war schon zu bearbeiten, der aber in keinster Weise mit Blut geschrieben war.

Es waren Ermittlungen zu einer V. Concetta, einer rassigen, dunkelhaarigen Süditalienerin zu tätigen, die angeblich ein Etablissement in Bozen eingerichtet hatte, das sich in Bozner Kreisen regen Zuspruches erfreute. In Italien ist das seit 1958 streng verboten.

Einige stolze Ehefrauen des Bozner Bürgertums, die weit weniger mit dieser Einrichtung einverstanden waren, beschlossen einzugreifen und dem Treiben ein Ende zu setzen. Sie gingen wohin? Natürlich zur Polizei und zeigten das Ganze an. Wir waren also gezwungen, tätig zu werden. In der Nähe eines großen Mehrfamilienhauses parkten wir zur Tarnung ein Zivilfahrzeug, von dem aus man seelenruhig die Lage vor Ort beobachten konnte. Wir mussten nur ein paar Tage observieren und schon war uns klar, dass die Anzeigen nicht ganz unberechtigt sein konnten. Die Frequenz, in der eine bestimmte Klingel an der Haustür nur von Männern gedrückt wurde, war schon mehr als verdächtig.

Auf der Polizeischule in Rom hatte ich nicht gelernt, wie man durch jede Tür kommt, ohne sich vorher telefonisch angemeldet zu haben und ohne vorher zu klingeln. Auf Anweisung des Staatsanwaltes mussten wir aber die Täterinnen und Opfer oder je nach weltanschaulichem Blickwinkel umgekehrt die Täter und Opfer in flagranti, das heißt, in der Horizontalen, also mitten im Tathergang erwischen. Das konnte eigentlich nur gelingen, wenn wir eben nicht vorher höflich an die Tür klopften, sondern nur, wenn wir die Tür eintreten und das Etablissement stürmen würden. Soweit zumindest unsere Absicht.

Es hieß, der jeweilige Freier würde bei Terminvormerkung ein Passwort erhalten, das durch die Wohnungstür geflüstert werden musste. Die verständlicherweise sehr misstrauische und vorsichtige Signora Concetta, so wurde ich von meinen Mitarbeitern aufgeklärt, hätte sonst die einbruchsichere Wohnungstür nie aufgesperrt. Deshalb wollte ich, dass wir auf alle Eventualitäten vorbereitet und ausgerüstet wären. Für diesen Zweck hatte ich über Rom die Genehmigung eingeholt, extra „Werkzeug" von unserem zuständigen Logistikzentrum der Staatspolizei in Padua liefern zu lassen. Wir erhielten eine ganze Sammlung von Hilfsmitteln: Da war einmal ein riesiges Brecheisen, das man in die Spalte zwischen Tür und Türstock drücken und mit einer kräftigen, ruckartigen Bewegung zu sich ziehen sollte. Für den Fall, dass das Brecheisen versagt, konnten wir zusätzlich von einem geschätzt fünf Kilogramm schweren Vorschlaghammer Gebrauch machen. Mein damit beauftragter Kripobeamter sollte dann, entsprechend der Gebrauchsanweisung, direkt auf das Türschloss mit voller Kraft und Wucht schlagen. Falls dies immer noch nicht ausgereicht hätte, waren wir noch mit einem gewaltigen Rammbock mit einem Gewicht von 12,5 Kilogramm ausgestattet worden. Nichts sollte, durfte und konnte uns schließlich aufhalten. Aber es kam ganz anders.

Zunächst waren insgesamt zehn zivilbekleidete Kriminalbeamte in drei Zivilfahrzeugen vor dem verdächtigen Haus postiert worden. Sie warteten, bis ein Kunde kam. Als dann der verdächtige Dritte im Hausinneren war, wurde ich zum Einsatz hinzugerufen. Wir durften einfach nicht zu früh, aber auch nicht zu spät die Beweismittelerhebung durchführen, damit auch die Justizorgane zufriedengestellt waren. Wir schauten auf unsere Uhren und schätzten ab, wie lange der dritte Mann wohl brauchen würde, bis er … sagen wir … auch in Stellung war und standen nun einsatzbereit vor dem Hauseingang des Kondominiums.

Wir klingelten an einer Nachbarwohnung und meldeten uns bei der Nachbarin über die Sprechanlage – zugegeben etwas fantasielos aber dafür erfolgreich – als Postboten an. Das hatte bisher immer funktioniert und so auch dieses Mal! Dann hechelten und husteten wir Kettenraucher uns schwerbepackt mit unserem Werkzeug die Treppen bis zum vierten Obergeschoss hoch. Nun stand meine ganze Mannschaft, Beamtinnen waren auch in der Einsatzgruppe, und ich vor der Tür zu der verdächtigen Wohnung, fertig und bereit, um diese zu stürmen: links und rechts vor der Tür je ein Beamter, zwei davor mit dem besagten Rammbock, ein fünfter mit Vorschlaghammer im Anschlag. Alle warteten, teils ungeduldig, teils aufgeregt, auf mein Kommando. Ich spürte regelrecht die vielen Blicke auf mich gerichtet. Nach wochenlanger Planung und Vorbereitung für diesen Einsatz und die Beschaffung unseres Einbruchwerkzeuges war nun der große Moment gekommen. Es war für uns alle das erste Mal, eine Tür rammen zu müssen, um einen Tatort stürmen zu können! Die Spannung war also enorm, die Luft elektrisch geladen, niemand atmete mehr, denn der Commissario Capo Dottore Zelger wird gleich den Angriffsbefehl geben.

Aber was tat ich? Ich klingelte einfach an der Hausglocke. In der letzten Sekunde hatte ich einfach Meinung und Strategie geändert. Meine Männer und Frauen standen plötzlich mit offenem Mund und fragenden Blicken, wie versteinert, ja fast gelähmt im Hausgang da. Die einen mit dem Rammbock, der andere mit dem Vorschlaghammer und der nächste mit dem Brecheisen in der Hand und alle fragten sich nur, was ist denn jetzt in den Dottore Zelger gefahren? Während meine Leute noch grübelten, ob ich wohl alle Tassen im Schrank hatte, wurde die Tür geöffnet, ohne Passwort, ohne Geheimcode oder ähnlichem.

Es öffnete die nur mit einem eleganten schwarzen Dessous bekleidete Unternehmerin höchstpersönlich. Meine Leute standen noch erstarrt vor der Tür, nicht wegen der leicht bekleideten Dame, sondern weil sie sich immer noch von mir auf den Arm genommen fühlten. Da niemand polizeilich reagierte, zückte ich meinen Dienstausweis, um der leicht bekleideten Signora Concetta unmissverständlich klar zu machen, dass es sich nicht um eine größere Gruppe von Freiern, sondern um eine von der Staatsanwaltschaft angeordnete Polizeirazzia handelte. So verschaffte ich uns ohne fernsehreife Aktion Eintritt in das Etablissement.

Gestürmt wurde aber trotzdem, und wie, denn wir durften nicht zulassen, dass sich eventuelle nackte Kunden und Prostituierte von ihren Stellungen zurückzogen und Zeit hatten, sich wieder anzuziehen.

Die Vorbereitung meiner Leute war also nicht ganz umsonst gewesen. Zum Einsatz kam unser Plan vom Grundriss der Wohnung, sodass jeder von uns wusste, wohin der- oder diejenige zu stürmen hatte. Der Einsatz war erfolgreich. Innen fanden wir dann tatsächlich einen rammelnden Bock und zwei weitere schon fast im Anschlag.

Schon im ersten Zimmer links lag unser erstes Beweismittel, nicht in Hülle und Fülle, vielmehr ohne Hülle und gefüllt. Wie es in einer so großen Stadt wie Bozen zu erwarten war, das „Beweismittel", ein angesehener, stadtbekannter Geschäftsmann mit 82 Jahren, auf dem Rücken liegend. Neben ihm eine Blondine. Eine wirklich bildhübsche junge Frau mit einem in die Jahre gekommenem Mann in einem Bett. Wir mussten schmunzeln, denn auch die anderen Kunden waren uns nicht fremd, nein, nicht polizeilich bekannt, aber in gutbürgerlichem Sinne. Und jetzt standen sie hier, vor uns, nicht einmal in Unterhose, peinlich für sie.

Ich selbst glaubte meinen Augen nicht mehr trauen zu können. Ich musste allen meinen Kollegen wegen der wunderschönen nackten Blondine das fast zu Boden gefallene Kinn wieder nach oben schieben. Die Position meines Kinns möchte ich in diesem Zusammenhang lieber nicht erwähnen.

Wir kamen aus dem Staunen nicht mehr heraus, als wir miterlebten, wie der 82-jährige Freier unbeeindruckt von der Anwesenheit der Kripo vom Bett aufstand, als habe er so etwas schon öfters erlebt. Seelenruhig angelte er seine Unterhose vom Stuhl und schlüpfte in sie hinein, um sie ordentlich wieder überzuziehen. Dann griff er zur Hose, immer am selben Stuhl, und zog fast in Zeitenlupengeschwindigkeit auch dieses Bekleidungsstück hoch. Unter Zuhilfenahme von altmodischen Hosenträgern mit Knöpfen konnte der erwischte Geschäftsmann nun die Hose über die Gürtellinie hinaus bis über den Bauchnabel nach oben ziehen. Bei seiner Fettleibigkeit war es notwendig, denn kein Gürtel hätte einen Halt gewährleistet.

Die zwei weiteren – je nach Sichtweise – Opfer oder Täter des süßen Gewerbes hatten im Wohnzimmer auf einem Divan sitzend auf ihren Einsatzbefehl durch die Signora Concetta gewartet. Allerdings nur noch mit einem ärmellosen Unterhemd bekleidet, wie bis in die Sechzigerjahre bei heißem Wetter gern getragen wurde, auch wenn diese schon damals als absolut unsexy galten. Aber unten herum immerhin schon nur noch in üblichen weißen Unterhosen aus Baumwolle bekleidet. In der Hand hielten sie sozusagen als Aperitif eine Pornozeitschrift. In einer Zeit, als es noch kein Viagra gab, sollte das Lesen einer solchen Lektüre wohl einem männlichen Versagen vorbeugen. Eine befriedigende Kundenzufriedenheit ist die beste Werbung. Die Situation war diesen beiden aber, ganz im Gegensatz zu dem erstgenannten Älteren, äußerst peinlich und sie hätten sich am liebsten unter dem Tisch oder hinter einem Vorhang versteckt.

Dafür war es schon zu spät. Ich gab die Weisung, dass alle wie auch immer Beteiligten in die Quästur zum Verhör begleitet werden müssen. Nur die Grande Dame des Hauses musste bleiben und uns bei der Hausdurchsuchung behilflich sein. Meine beiden Kriminalbeamtinnen, ganz zufällig diese beiden, öffneten die ersten Schubladen und wurden prompt fündig. Sie fanden eine Sammlung von Vibratoren und Dildos in allen Farben, Größen und Formen. *„Dottor Zelger, dobbiamo sequestrare anche questi?"* (Sollen wir auch diese beschlagnahmen?), fragten sie mich beflissen professionell und bemühten sich um einen ernsthaften Blick. Und in weiteren Schubladen fanden wir noch so einiges, was man für den Bettverkehr brauchen konnte.

Während meine Leute mit der Hausdurchsuchung bei Signora Concetta weitermachten, fuhr ich in die Quästur zurück und ging von Verhörraum zu Verhörraum, um mich nach dem Stand und den ersten Ergebnissen der Befragungen zu erkundigen. Zunächst wollte ich den älteren Bozner Geschäftsmann beruhigen. Er aber, den wir überhaupt nicht aus der Ruhe gebracht hatten, hatte das gleiche Ansinnen wie ich, nur umgekehrt, er wollte nämlich mich beruhigen: „Junger Mann, ich habe schon beide Weltkriege miterlebt, mich erschreckt nichts mehr." Jetzt war zumindest ich beeindruckt, wollte weiter nichts mehr wissen und zog mich zurück. Im zweiten Verhörraum saßen die beiden, mittlerweile wieder etwas mehr bekleideten Herren ohne ihre Pornoheftchen einem weiteren Kripobeamten gegenüber. Nur fragte ich mich, wo war denn nur der andere, große Teil meiner Leute geblieben? Im dritten fand ich sie dann, und zwar alle übrigen. Dort saß die junge Blondine und wurde von insgesamt acht Beamten an der Zahl vernommen.

„So geht das nicht. Ein Beamter wird wohl reichen. Bitte sofort die Dame in mein Büro. Diese Vernehmung übernehme ich!"

Innerlich musste ich schmunzeln, aber nach außen mimte ich den strengen Vorgesetzten. Das allgemeine Murren war nicht zu überhören, aber ich war ja schließlich der Capo. Die Vernehmung der blonden Dame zeigte mir sofort, dass es sich um eine intelligente Frau handelte, von der ich bei dieser Vernehmung einiges lernte. Eine Prostituierte muss nicht unbedingt ein dummes, ausgenütztes oder gar drogensüchtiges und armes Hascherl sein, so wie manche es sich vorstellen. Das war ihr freiwilliger Nebenjob, hauptberuflich war sie in einer Bozner Bank beschäftigt, als Bankfachfrau. Bei dem einen oder anderen Detail ihrer Schilderungen trieb es mir aber schon den Schweiß auf die Stirn, als sie beispielsweise meinte, dass sie gern auch mit uns allen hier, also in der Quästur und sofort gern Sex haben würde. „Ich brauche das und ich will das. Geld ist Nebensache." „Aber auch mit dem Alten?", fragte ich sie, denn ich war überzeugt, dass sie mit dem 82-jährigen Gast wohl keinen Spaß haben konnte. Ich wurde schon wieder des Besseren belehrt: „Wenige Zwanzigjährige sind sexuell so fit wie Hansi (Fantasiename)", und meinte wohl den betagten Bozner Geschäftsmann.

Damals fiel mir meine Mutter ein, die es sich so gewünscht hatte, dass ich einmal Priester werde. Vielleicht hatte sie aber nicht gewusst, was man sich so alles in einem Beichtstuhl in einem einsamen Dörfl eines abgelegenen Tales anhören muss. Vielleicht Ehrlicheres und damit noch Krasseres, als ich bei der Kriminalpolizei in Bozen je hören würde.

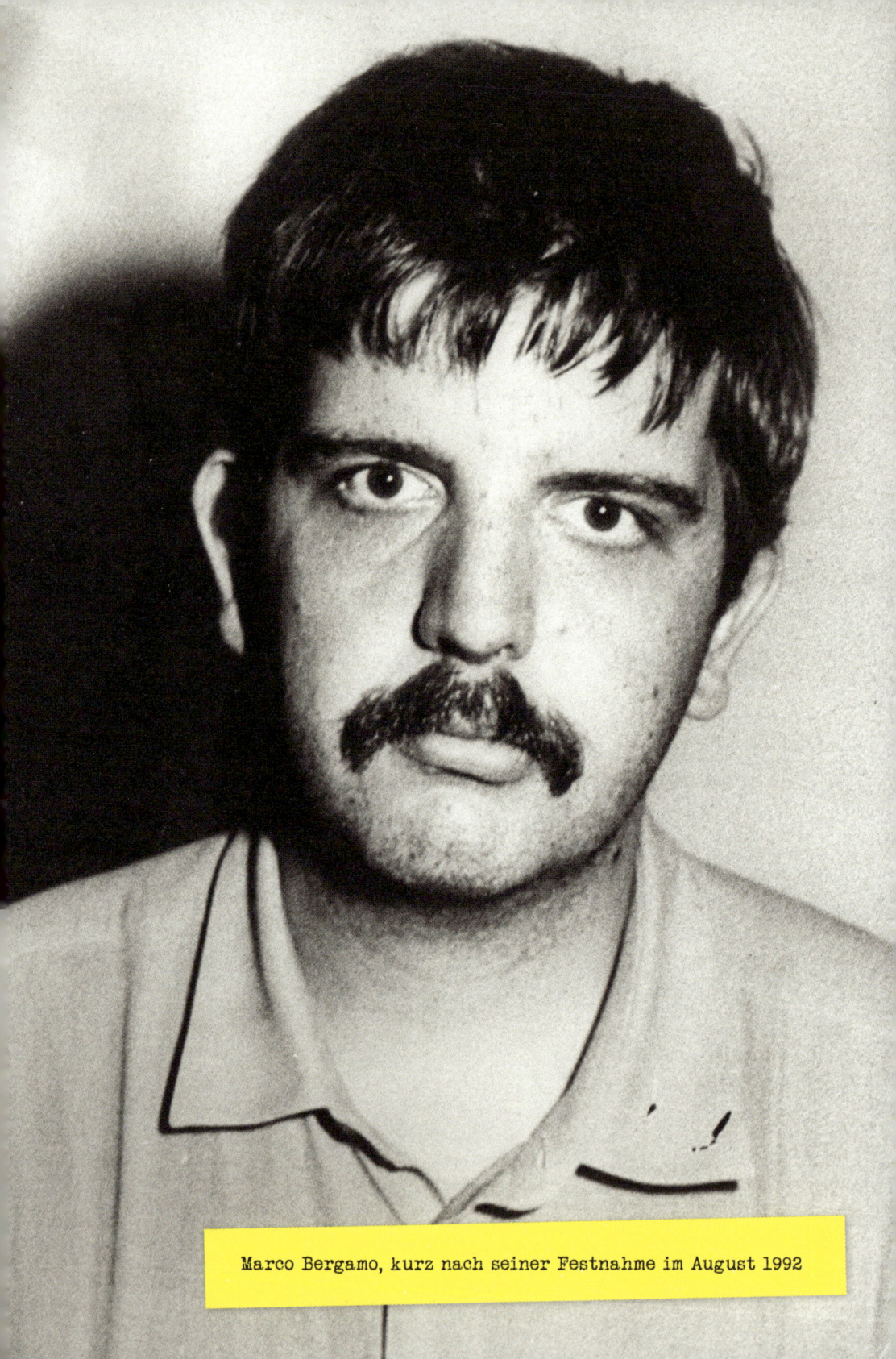

Marco Bergamo, kurz nach seiner Festnahme im August 1992

IM AUTOBIANCHI AUF DER JAGD NACH DEM SERIENKILLER

Der Frauenmörder Marco Bergamo

Es war am 6. August 1992 kurz nach Mitternacht. Alle schliefen tief, trotz tropischer Nachthitze, nichts Außerordentliches in Bozen zu dieser Jahreszeit. Das Telefon, damals noch mit der üblichen drehbaren Wählscheibe, stand griffbereit auf meinem Nachtkasten. Es klingelte, aber nur ganz kurz. Ich, aber auch Ute und unsere zwei Kinder Claudia und Peter Paul, hatten uns sehr schnell, wenn auch unfreiwillig, daran gewöhnt, sehr oft, auch nachts, und damit außerhalb der offiziellen Dienstzeiten, den Klingelton des Haustelefons zu hören. Mit einem Ruck, nach dem ersten Klingelspiel, war meine schon geübte Hand auf dem Hörer. Ich hob ab und fragte *„Pronto?"*. Normalerweise war mein erstes Wort eigentlich „Hallo?", aber zu dieser Stunde konnte der Anruf nur von der Quästur kommen, also antwortete ich auf Italienisch. Es meldete sich der diensthabende Polizeibeamte in der Quästur bzw. Einsatzleiter der Notrufzentrale, damals noch erreichbar mit der Telefonnummer 113: *„Dottor Zelger, abbiamo di nuovo una donna uccisa"* (Wir haben schon wieder eine ermordete Frau). Meine unüberlegt spontane, aber ehrliche Antwort war ein nicht ganz unüblicher, wenn auch wenig vornehmer Fluch: *„Porca putana"* (eine in mir eingeschlichene Schimpfaussage passend für stressige Situationen), *„vengo subito"* (ganz harmlos: Ich komme gleich). Ute, die ebenfalls aufgewacht war, fragte mit ihrem siebten Sinn sogleich: „Ist schon wieder eine umgebracht worden? Bitte schließe auch das Fenster, bevor du gehst!" Sie hatte verständlicherweise, wie viele Frauen in der Stadt, Angst. Es war ja ein Mörder unterwegs.

Ich war damals erst vier Monate Kripochef von Bozen, hatte mich aber bereits mit den alten Akten bisher unaufgeklärter Morde an Frauen intensiv beschäftigt. Uns allen, sowohl der Kriminalpolizei als auch der Bevölkerung, war klar, dass ein Serienmörder aktiv war. Wir mussten den Fall unbedingt aufklären, da der Täter früher oder später erneut zuschlagen würde.

Ich hatte mich schnell angezogen und lief zur Quästur. Ich wohnte seit meiner Geburt nur hundert Meter entfernt. Dort empfingen mich meine beiden ebenfalls sofort aus den Betten geklingelten Mitarbeiter und zwar der Ispettore (Kriminalinspektor) Ugo Lazzara und der Sovraintendente (Kriminalvizeinspektor) Antonio De Gennaro. Letzterer hatte bereits ein Zivildienstauto organisiert, einen in die Jahre gekommenen Autobianchi, der wegen seiner bescheidenen „Größe" nur mit dem alten kleinen FIAT 500 der 1960er Jahre zu vergleichen war.

Von den anderen noch in der Bevölkerung zirkulierenden Autobianchi war dieser – aus Diskretionsgründen absolut nicht gelungen – sofort durch seine überdimensionierte Funkantenne als Dienstfahrzeug der Staatspolizei zu erkennen. Ich quetschte mich auf den Beifahrersitz, beide Knie fast in den Augenhöhlen. Hinter mir bemerkte ich auf dem Rücksitz noch Ispettore Lazzara, der weder vertikal, noch horizontal – in der Geometrie nennt man das diagonal, also irgendwie quer und unbequem – Platz gefunden hatte. De Gennaro, auch nicht der kleinste, übernahm die Rolle des Chauffeurs. Die deutlich kritisch gemeinte und wegen der beengten Platzverhältnisse berechtigte Frage, warum wir gerade mit dem kleinsten Wagen im Fuhrpark der Quästur fahren, eine Frage die ich leicht gereizt noch loswerden wollte, beantwortete mein Fahrer ganz einfach und präzise: „Der Autobianchi stand ganz vorne und alle anderen weit hinten." Schließlich durfte keine unnötige Zeit durch kompliziertes Herumrangieren des halben Fuhrparkes der Quästur verloren gehen. Das klang für mich plausibel. Wir hatten es tatsächlich sehr eilig.

Aber wir mussten nicht weit fahren, denn die gemeldete Frauenleiche lag auf der Bergstraße nach Kohlern (unserem Bozner Hausberg), noch auf dem Gemeindegebiet von Bozen, gleich nach der ersten Rechtskehre. Die Straße ist so eng, dass Entgegenkommende kaum ausweichen konnten, und deshalb standen vor und hinter der Leiche, die seitlich am Straßenrand, aber immer noch auf dem Asphalt lag, schon je zwei Fahrzeuge. Dass jede Rettung zu spät kam, sah man sofort an den Dutzenden, wie sich später herausstellte, insgesamt 27 Stichverletzungen. Es war uns sofort klar, dass es sich wieder um ein Opfer des gesuchten Serienkillers handeln musste. Ich glaubte, die Tote zu erkennen. War sie tatsächlich die heroinsüchtige, junge Prostituierte, die ich einige Wochen vorher im Rahmen einer Razzia angesprochen und gewarnt hatte, sie möchte doch auf sich und ihr Leben aufpassen?

Bergstraße nach Kohlern: Ein Herr zeigt, wo die Leiche von Marika Zorzi gefunden worden war.

Wir vernahmen sofort die geschockten, aber hilfsbereiten Fahrzeuglenker, die in beiden Richtungen vor der Leiche mit ihren Autos standen. Dabei stellte sich heraus, dass den Fahrern auf der Bergfahrt niemand entgegengekommen war, hingegen den Lenkern bergabwärts sehr wohl, und zwar ein roter Autobianchi, also ein Model entsprechend unseres gerade benutzten Dienstwagens. Für die Zeugen war dieser bergaufwärts fahrende Wagen zu rasant und frech an ihnen vorbeigefahren, kurz bevor sie auf die Frauenleiche stießen. Es lag der begründete Verdacht nahe, dass am Steuer dieses roten Pkws der Mörder gesessen sein konnte. Ich erschrak kurz und bekam Gänsehaut, denn mir war diese Gegend mit den einzelnen Bergbauernhöfen bekannt. Die Bergstraße nach Kohlern, steil bergauf und auch immer wieder mal kurz bergab, zwischen hohen imposanten Nadelbäumen, dann noch an tiefen Abgründen und Felsenvorsprüngen vorbei, führt nach wenigen Kilometern zur Bergfraktion Seit. Seit ist die Heimat meines Vaters und damit die Gegend, wo ich einen Teil meiner Jugend verbracht hatte und auch noch später dort in den Gasthöfen an manchen Samstagnachmittagen von Herzen gerne Karten gespielt hatte. Ich kannte jeden dort. Kannte ich auch den Mörder?

Ich gab über Funk die Anweisung, den diensthabenden Staatsanwalt zu verständigen, ebenso wie den Kommandanten der Carabinieri in Südtirol, Oberst Basile, mit dem ich mich gleich zu Beginn meiner Amtszeit gut verstanden hatte. Mit ihm wollte ich in diesem Fall eng zusammenarbeiten und alle Kräfte bündeln, um größere Chancen zu haben, endlich diesen mehrfachen brutalen Frauenmörder zu fassen. Ich wartete aber nicht auf die beiden, sondern wollte sofort diesen roten Autobianchi finden. Lazzara, De Gennaro und ich drückten uns wieder in unseren beigen Autobianchi und rasten den Berg hinauf, um in den umliegenden Höfen Sturm zu klingeln und die Bewohner für eine Befragung aus den Betten zu holen.

Als Erstes wollten wir in Erfahrung bringen, wer dort oben alles einen Autobianchi fährt. Man kann sich die ungläubigen Blicke der übermüdet dreinschauenden Befragten kaum vorstellen, wenn man bedenkt, dass wir gerade mit einem Autobianchi bei ihnen vor der Tür standen und sie fragten, ob sie wüssten, wer in der Gegend einen Autobianchi fahre. Unser Autobianchi war ja nicht gleich als Fahrzeug der Polizei zu erkennen. Zudem waren wir alle auch noch in Zivil gekleidet. Die Situation war schon irgendwie kurios, nur waren wir uns dessen in aller Eile nicht bewusst. Was mögen nur die Menschen, die sich noch im Halbschlaf befanden, über uns gedacht haben? Vielleicht vermutete der oder andere sogar einen Aprilscherz. Aber die Befragung war nicht erfolglos. Aus dem ersten Stock eines Schlafzimmerfensters rief mir einer laut zu: „Ja, ich weiß, wer hier so ein Auto fährt, die Zwillingsschwestern vom Grafhof." Wir drei stiegen sofort wieder in unseren Autobianchi, um nicht weit von dort, beim Grafhof, tatsächlich den anderen zu finden. Gleich kamen mir große Zweifel auf. Zwei nette und liebe Schwestern kamen als Mörderinnen einer Prostituierten nicht infrage! Das schien unmöglich! Was war da wohl passiert? Hatten sie jemandem ihr Fahrzeug geliehen?

Zwischenzeitlich waren auch Staatsanwalt Guido Rispoli und der Kommandant der Carabinieri, Oberst Basile, am Fundort der Leiche eingetroffen und fragten mit Dringlichkeit nach mir. Mein Funkgerät lief heiß – Handys hatten wir noch nicht –, da meine Einsatzzentrale mich ununterbrochen bat, zur Fundstelle der Leiche zu fahren. Ich wollte aber zuerst wissen, wer den anderen Autobianchi gefahren hat. Seine Motorhaube war nämlich noch warm. Am Grafhof habe ich Sturm geläutet und so die Hausbewohner auch sofort geweckt. Ganz erschrocken erzählten mir die beiden jungen netten Damen im Nachtgewand vor der Haustür stehend, wie sie bei der Heimkehr um Mitternacht, nach einem gemütlichen Abend mit Freundinnen, einen blutüberströmten Körper auf der rechten Straßenseite fast angefahren hätten. Beide hatten sich fürchterlich erschreckt, kurz überlegt, was zu tun sei und dann die Entscheidung gefällt, schnell nach Hause zu fahren und von dort aus den Notarzt zu verständigen. Sie fuhren auch deshalb gleich weiter, da sie Angst hatten, sich vor einer möglicherweise vorgetäuschten Szene für einen Überfall zu befinden. Genauso, wie sie es mir berichtet hatten, war es auch gewesen. Die diesbezügliche Nachfrage bei der Notrufzentrale des Rettungsdienstes bestätigte die Aussagen zeitlich wie inhaltlich sogleich.

Währenddessen hatte der Staatsanwalt schon wieder über Funk dringend gebeten, mich zum Fundort zu begeben, um ihn doch endlich über den Ermittlungsstand aufzuklären. Vor mir standen aber immer noch die beiden Zwillingsschwestern, die ich bis dahin als potenzielle Hauptzeuginnen ansehen musste. Und das waren sie offensichtlich auch. Sie erzählten mir, dass ihnen wenige Meter vor dem Fundort der Leiche ein Auto entgegengekommen war und zwar kurz vor der ersten Rechtskehre. In der Kehre war das entgegenkommende Auto gut angeleuchtet und der Fahrer sogar kurz zu sehen gewesen. Die Beobachtungsgabe der beiden Schwestern half weiter, denn sie konnten ihn als blass, jung und mit kurzem schütteren Schnauzbart beschreiben. Die eine Schwester, an Automodellen immer interessiert, identifizierte das Auto als einen roten SEAT Ibiza. Auf dem Nummernschild war BZ für Bozen und als erste Zahl eine 4 zu erkennen gewesen, vielleicht noch eine 4, so glaubte sie sich zu erinnern. Mit diesen wertvollen Informationen fuhren wir zum ungeduldig wartenden Staatsanwalt und Carabinieri-Kommandanten. Den jungen Frauen hatten wir vorab noch erklärt, dass sie gleich noch in die Quästur begleitet werden würden, um die so wichtigen und voraussichtlich sehr hilfreichen Aussagen genauestens zu Protokoll geben zu können.

Zurück bei der Leiche empfingen mich der Staatsanwalt und der Carabinieri-Kommandant. Ich konnte sie über meine ersten erfolgreichen Ermittlungsergebnisse informieren und sie sahen ein, dass sich das lange Warten gelohnt hatte. Zudem erhielt ich von meinen Leuten der Spurensicherung, die auch schon vor Ort waren und in der Zwischenzeit mit ihren Untersuchungen begonnen hatten, wichtige Hinweise. So hatten sie festgestellt, dass der Fundort höchstwahrscheinlich nicht der Tatort war. Auf der Straße war trotz der vielen Einstichverletzungen beim Opfer kaum Blut zu sehen. Die Leiche lag am rechten Straßenrand, und so konnte man vermuten, dass die schon tote Frau vom Beifahrersitz des Täterfahrzeuges hinausgestoßen worden sein könnte.

Ich lud Staatsanwalt Rispoli und Oberst Basile in mein Büro in der Quästur zu einer Lagebesprechung ein. Dort wollten wir unsere bis dahin gesammelten Ermittlungsergebnisse austauschen und eine gemeinsame Strategie planen. Der erfahrene Oberst Basile meinte in diesem Zusammenhang völlig zurecht, wenn wir den Mörder nicht bald finden würden, mache uns die ebenfalls völlig zurecht beunruhigte Bevölkerung die Hölle heiß. Meine Leute hatten inzwischen auch herausgefunden, dass die Ermordete genau an jener Stelle ihrem „Beruf" nachgegangen war, wo 1992 die junge Renate Rauch, die dem gleichen „Gewerbe" angehörte, ermordet aufgefunden worden war. Sie war ebenfalls mit dutzenden Messerstichen auf brutalste Art getötet worden. Auch die Carabinieri konnten mit einigen Erkenntnissen aufwarten. Ihnen zufolge war die jetzt Ermordete zuletzt von anderen Prostituierten mit einem nordafrikanisch aussehenden Mann in einem silbergrauen VW Golf älteren Baujahres gesehen worden, als sie von ihm in Richtung Gewerbezone am Bozner Boden gefahren worden war.

Ich hatte aber immer noch die Aussagen der beiden Zwillingsschwestern vom Grafhof im Kopf und diese stimmten mit den anderen Zeugenangaben überein – exakt in der Aussage, treffend im Geschehnis und logisch insgesamt –, sodass ich mich entschloss, diese und nur diese Indizien als Ausgangspunkt meiner weiteren Ermittlungen zu nehmen. Aufgrund dieser Informationen war es für mich eher wahrscheinlich, dass der europäisch aussehende Lenker des SEAT Ibiza der gemeingefährliche flüchtende Mörder war. Er hatte vermutlich gerade erst hinter der Rechtskehre gewendet, nachdem er dort sein Opfer aus seinem Auto gestoßen hatte. Für eher unwahrscheinlich hielt ich die andere Hypothese, nach der der Fahrer dieses Autos nur zufällig vor Ort gewesen sein könnte und einfach nur aus Angst abgehauen war.

Die Beamten der Spurensicherung hatten in der Tragtasche, die das Opfer noch bei sich hatte, ihre Ausweispapiere gefunden. Es handelte sich tatsächlich um die junge, hübsche, heroinsüchtige Marika Zorzi, die ich ein paar Wochen zuvor bei einer Razzia kontrolliert hatte. Nur so nebenbei, aber ernst gemeint, hatte ich ihr, wie schon erwähnt, den Rat gegeben, auf sich mehr aufzupassen. Sie hatte sich bei mir für die netten Worte sogar bedankt.

Nach welchem Auto sollten wir nun suchen? Nach einem Seat Ibiza oder einem VW Golf? Oder Carabinieri und wir von der Kriminalpolizei zusammen nach beiden Fahrzeugen?

Ich machte Staatsanwalt Rispoli und dem Carabinieri-Kommandanten Basile den Vorschlag, dass jede Ermittlungsgruppe die eigenen Erkenntnisse vertieft, man sich gegenseitig über die Fortschritte informiert, um auf dieser Basis miteinander das weitere Vorgehen abzustimmen.

Marika Zorzi, das letzte Opfer von Marco Bergamo

So gingen wir auch vor. Die Carabinieri nahmen die Spur des nord-afrikanischen Golffahrers auf und wir von der Kriminalpolizei diejenige, die die beiden Zwillingsschwestern gelegt hatten.

Zunächst beschäftigten wir uns umgehend mit der Frage, wenn der Leichenfund und Tatort nicht ein und derselbe sind, wo war dann die Zorzi umgebracht worden? Also galt unverzüglich herauszufinden, wohin sie sich mit ihren Freiern immer zurückgezogen hatte. Das war für die Profis in meinem Team kein schwieriger Auftrag. Sie fanden noch in derselben Nacht heraus, wo das für gewöhnlich war. Ihr „Ruheplätzchen" befand sich in der Gewerbezone Bozner Boden am östlichen Stadtrand nur wenige Kilometer von der Stelle entfernt, wo sie erstochen aufgefunden worden war.

In dieses, zu später Stunde abgelegene Örtchen zogen sich noch andere Prostituierte zurück, was bei unseren weiteren Ermittlungen zu berücksichtigen war. Meinen Leuten durfte nichts entgehen. Vor Ort mussten sie zwischen Dutzenden von gebrauchten Kondomen vorsichtig herumstapfen, wie ein Storch im Salatbeet, und gleichzeitig nach Ermittlungsrelevantem schauen. Schließlich fanden sie etwas, was normalerweise nicht zu allen möglichen erotischen Spielchen gehörte: einen eigentlich unauffälligen Windschutz aus durchsichtigem Kunst-stoff für ein Seitenfenster.

Mir wurde dieses Teil gebracht, und wir nahmen es buchstäblich unter die Lupe. DNA-Analysen waren damals bei uns noch unbekannt. Unter dem Vergrößerungsglas konnten wir auf dem Windschutz einige kleine dunkle Flecken erkennen und mutmaßten, dass es sich um Blutflecken handeln könnte. „Schauen wir mal, ob dieses Teil an die Autotür eines SEAT oder eines VW Golf passt", riefen wir fast gleich-zeitig. Bei uns machte sich immer mehr die Hoffnung breit, dass dieses Plastikteil ein Optional eines SEAT Ibiza sei. Und wie es der „Kommis-sar Zufall" wieder einmal so wollte, hatte der Einsatzleiter der Notruf-zentrale, genau jener, der mich zuvor aus dem Schlaf gerissen hatte, auf dem Parkplatz der Quästur seinen privaten SEAT Ibiza stehen. Sofort stürmten Lazzara und De Gennaro in den Innenhof und warteten ungeduldig auf den Einsatzleiter mit dem Autoschlüssel seines Wagens. B I N G O! Der Windschutz passte genau auf das Seitenfenster seines SEAT Ibiza. Aber die „Anprobe" war nicht vollständig. Wir brauch-ten jetzt auch einen VW Golf und suchten auch nach einem solchen auf dem Parkplatz der Quästur. Wir fanden einen. Der Besitzer war ein junger Polizeibeamter, der wie mehrere seiner Kollegen, die außerhalb von Bozen wohnten, in einem Einbettzimmer des Gästehauses der Quästur nach Spätdienst übernachten durfte. Dieser wurde von meinen *ispettori* ohne irgendwelche Rücksichtnahmen aus dem Schlaf gerissen und gebeten, mit seinem Autoschlüssel in den Innenhof zu kommen und eine Überprüfung zu ermöglichen. Was, welche, wieso und warum ihm zu erklären, dafür hatten Lazzara und De Gennaro keine Zeit. Der junge Polizeibeamte ergab sich in sein Schicksal und ging mit seinen Vorgesetzten zu seinem VW Golf. Nochmals B I N G O! Der am mutmaßlichen Tatort gefundene Windschutz passte nicht. Der junge Kollege konnte sich wieder in sein Zimmer zurückziehen. Ob es ihm noch gelungen war einzuschlafen, hatten wir nicht mehr nachgefragt.

Wir waren nun sehr zuversichtlich. Das mit dem Windschutz war ein Volltreffer. Aus meinem Verdacht wurde nun eine konkrete Spur!

Der Lenker des SEAT Ibiza war also, soviel stand schon einmal fest, bestimmt der primäre Tatverdächtige. Die Zwillingsschwestern am Grafhof auf der Kohlerer Bergstraße hatten alles richtig beobachtet. Gott sei Dank den lieben Zwillingsschwestern! Aber noch hatten wir den SEAT-Besitzer nicht ermittelt. Die neuen Erkenntnisse teilte ich umgehend auch Staatsanwalt Rispoli und Oberst Basile mit. Beide befanden sich noch in meinem Büro. Gleichzeitig gab ich dem Einsatzleiter der Notrufzentrale, der seinen SEAT Ibiza wieder zuschließen und seinen Posten in der Zentrale einnehmen konnte, den Befehl, alle Polizeidienststellen und Polizeikommissariate und alle im Einsatz befindlichen Dienstfahrzeuge zu benachrichtigen, dass ab sofort und bis auf Widerruf alle zirkulierenden SEAT Ibiza aufzuhalten und die Lenker zu kontrollieren wären. Besonders sollten sie auf jene SEAT in roter Farbe und mit Bozner Kennzeichen und einer 4 in der Zahlenreihe achten. Alle diese Fahrzeuge wären mit besonderer Vorsicht und Gründlichkeit zu durchsuchen und es wäre dabei auf eventuelle vorhandene Blutflecken zu achten. Damit uns kein SEAT, besonders kein roter durch die Lappen gehen konnte, wurde um Bozen herum ein engmaschiger Kontrollgürtel gebildet. Dafür musste weiteres Personal angefordert werden und das ging nur, wenn wir alle nur irgendwie verfügbaren Kräfte zum Einsatz brachten. Alle Kriminalbeamten, auch diejenigen, die noch ahnungslos und tief im Morgenschlaf schlummerten, wurden alarmiert und auf meinen besonderen Befehl nun ebenfalls aus den Betten geholt und zum sofortigen Dienstantritt aufgefordert. Mittlerweile war es kurz vor halb sechs Uhr morgens.

Unterdessen wollte ich zusammen mit dem Staatsanwalt und dem Carabinieri-Kommandanten zum Fundort der Plexiglasscheibe und damit zum wahrscheinlichen Tatort fahren. Kollege De Gennaro verstand umgehend meinen Blick. Ihm war klar, dass wir diese Fahrt nicht in dem Autobianchi machen konnten, erstens, weil der Platz nicht für uns alle ausgereicht hätte und zweitens aber auch, weil wir uns gegenüber unseren Kameraden der Carabinieri nicht blamieren wollten. De Gennaro verstellte trotz Müdigkeit zu früher Morgenstunde ein halbes Dutzend anderer Fahrzeuge, um an ein standesgemäßeres Gefährt ranzukommen, und das war in diesem Fall ein Alfa Romeo.

In der Gewerbezone Bozner Boden, so ungefähr um halb sechs Uhr angekommen, ergaben sich keine neuen Gesichtspunkte, aber wir drei versuchten, uns ein Bild von dem zu machen, was dort wohl passiert sein könnte. Ich war mir eigentlich sicher, dass nur eine großangelegte Rasterfahndung nach dem gesuchten SEAT Ibiza zu einem Erfolg führen würde. Das bedeutete in der damaligen Zeit mit der uns zur Verfügung stehenden Computertechnik einen heute nicht mehr vorstellbar großen Arbeitsaufwand. Allein die Überprüfung der sechsstelligen Nummerierung der Autokennzeichen hätte erfordert, 99.999 Fahrzeuge zu überprüfen. Wir trennten uns am mutmaßlichen Tatort von den Kameraden der Carabinieri, die zurück in ihre Kaserne fuhren.

Ich wollt gerade noch mit Staatsanwalt Guido Rispoli, der zwischenzeitlich in unserem Dienstwagen hinter mir Platz genommen hatte, Richtung Landesgericht zu dessen Arbeitsplatz losfahren, da hörten wir über Funk: *„Volante tre a centrale"* (Wagen 3 an Zentrale). *„Avanti volante tre"* (Weiter Wagen 3). *„La nostra posizione – via Volta, zona industriale"* (Unsere Position – Voltastraße, Industriezone). *„Stiamo controllando una SEAT Ibiza color rosso, con targa BZ 446... conduttore cognome Bergamo, nome Marco"* (Wir überprüfen einen SEAT Ibiza, Farbe Rot, mit dem Kennzeichen BZ 446... – Lenker Nachname Bergamo, Vorname Marco). *„Nel bagagliaio si trovano vari oggetti sporchi di sangue"* (Im Kofferraum befinden sich blutverschmierte Gegenstände). Heute noch beim Schreiben läuft mir es eiskalt über den Rücken! Wir vier, Rispoli, Lazzara, De Gennaro und ich, schauten

Der rote Seat Ibiza von Marco Bergamo

uns in die Augen, wir bekamen Gänsehaut vom Kopf den ganzen Rücken runter und waren fast gelähmt und zunächst sprachlos. Ich griff nur noch unter meinen Autositz, wo das Blaulicht untergebracht war, knallte es auf das Autodach und schaute De Gennaro an, der bereits den Motor unseres Alfa Romeo 2000 angelassen hatte. Er verstand mich sofort. De Gennaro trat mit seinem rechten Fuß auf das Gaspedal mit einer Kraft, dass wir alle regelrecht spüren konnten, wie das Hinterteil des Autos nach unten gedrückt wurde und die Vorderseite wie ein angreifender Puma (das Wappenzeichen unserer Streifenwagen) sich arrogant nach oben hob. Mit Vollgas, quietschenden Reifen und lauter Sirene fuhren wir zum gemeldeten Kontrollpunkt in die Bozner Industriezone. Während der relativ kurzen Fahrt wurde kein Wort gesprochen, es herrschte Totenstille. Dort angekommen, sprangen wir aus unserem Dienstauto. Ungewollt, wie in einem Krimifilm!

Die Polizeibesatzung der Streife 3 hatte ganze Arbeit geleistet. Der verdächtige Lenker des roten SEAT Ibiza, ein junger Mann namens Marco Bergamo, saß bereits in Handschellen im Streifenwagen. Zum dritten Mal B I N G O ! Und das innerhalb von zwölf Stunden.

Ein Stein, nein, ein ganzer Felsbrocken fiel mir vom Herzen und nach Bekanntgabe unseres Ermittlungsergebnisses und der folgenden Verhaftung wohl auch der ganzen Stadt.

Marco Bergamo hatte noch in der Nacht, gleich nach dem er Marika Zorzi in seinem Auto bestialisch niedergestochen hatte, den gesamten Sitzbezug abgezogen. Feinsäuberlich baute er sogar die Schaumgummipolsterung des Sitzes ab, auf dem er das junge Opfer ermordet hatte. All diese Sitzbezüge hatten sich mit Blut vollgesogen. Peinlich genau hatte Bergamo alles vom Sitz Abgezogene mit Klebeband zu einigen Paketen zugeschnürt und akribisch im Kofferraum verstaut. Es sah so aus, wie sonst ein sorgfältiger Mensch die Koffer einräumen würde, der vorhat in den Urlaub zu fahren. Allerdings hatte er an diesem Morgen ein anderes Ziel. Er war unterwegs gewesen, alles, was in seinem Auto auf die Bluttat hätte hinweisen können, zu entsorgen.

Dieser Mann hatte erst vor wenigen Stunden eine junge, aus ihrer Not heraus sich prostituierende Heroinsüchtige mit 27 Messerstichen in seinem Auto auf gräuliche Art und Weise getötet. Es war nicht auszudenken gewesen, was noch alles hätte passieren können, wenn es nicht die genauen Beobachtungen der beiden jungen Zwillingsschwestern vom Grafhof gegeben hätte! Sie hatten unwissentlich dem brutalen Frauenmörder, dem Lenker des roten SEAT Ibiza mit dem Kennzeichen BZ 446…, in die Augen geschaut. Nicht einmal einen Meter vom Mörder waren sie entfernt gewesen, so nahe fuhren Autobianchi und der SEAT Ibiza in dieser dunklen Nacht auf der Kohlerer Bergstraße aneinander vorbei.

In der Quästur, es war mittlerweile sieben Uhr morgens, ging es zu wie in einem Ameisenhaufen. Der Staatsanwalt, immer bei mir, konnte den chaotischen Schichtwechsel miterleben. Unter all dem Polizeipersonal hatte sich schon eine geradezu euphorische Stimmung und Genugtuung breitgemacht. Bei jedem einzelnen Kollegen, Mitarbeiter und Vorgesetzten war wegen des schnellen Fahndungserfolges eine noch nie da gewesene Begeisterung zu erkennen. Es herrschte ein allgemeines Glücksgefühl und eine Hochstimmung, hatten wir doch den Mörder und mit an Sicherheit grenzender Wahrscheinlichkeit auch den Serienmörder, der die anderen Frauen, die ich bisher nur aus den Akten kannte, gefasst. Alle fühlten sich wie von einem Albtraum befreit. Wir waren ja auch mit Recht stolz auf die erfolgreiche

Festnahme des – bis dahin juristisch korrekt noch immer nur „mutmaßlich" genannten – Mörders.

Ich war auf der Rückfahrt genauso sehr erleichtert und mir ganz sicher, dass ich den Fall gelöst hatte. Aber das betraf nur den letzten Mord und es stellte sich sofort die Frage, ob Bergamo auch der Täter der vier vorhergegangenen Bluttaten war: zwei nur wenige Monate vor diesem letzten, jetzt aufgeklärten Mord und die beiden Mordfälle im Jahr 1985. War er vielleicht der Täter des grausigen Mordes an dem 15-jährigen Mädchen, das tot bei ihr in der Wohnung gefunden worden war und leider der erste einer barbarischen Serie? Mir wurde bewusst, dass wir mit der überaus schnellen Lösung des Mordes an der Zorzi bisher nur einen Teil unserer Arbeit gemacht hatten, aber eben noch nicht die ganze.

Die Streife mit dem Verhafteten war gleich nach uns im Innenhof der Quästur angekommen und begleitete Marco Bergamo in Handschellen in meine Büros der Kriminalpolizei. Voraus marschierten die uniformierten Polizeibeamten mit Marco Bergamo in der Mitte und einige Meter dahinter der Staatsanwalt und ich. In der Zwischenzeit war Ispettore De Gennaro, ansonsten eigentlich ein ruhiger Mitarbeiter, aber mit feurigem süditalienischem Temperament ausgestattet, vorausgegangen, um eine große Glastür im Vorraum zu unseren Büros zu öffnen, dem letzten Hindernis auf dem Weg in den geschützten Innenbereich der Kriminalpolizei. Dieser Kollege war entsprechend seiner Art von sehr spontaner Natur, und so nutzte er die kleine Lücke zwischen dem festgenommenen Marco Bergamo, dem Staatsanwalt und mir aus, um dem Festgenommenen unversehens einen ordentlichen Tritt ins Hinterteil zu versetzen. Mir war bis dahin nicht bekannt gewesen, dass er neben anderen positiven Eigenschaften auch noch so blitzschnell reagieren konnte. Seine Reaktion war nämlich so schnell gewesen, dass niemand die Chance gehabt hätte, ihn daran zu hindern. Pflichtgemäß und aus formalen Erwägungen heraus und für das Protokoll des uns begleitenden Staatsanwaltes erteilte ich meinem Mitarbeiter eine ordentliche Rüge. Dieser fragte mich ebenso spontan, warum diese Ermahnung nötig gewesen sei und merkte nur an, dass er nichts gesehen habe.

Die Presse war noch nicht vor Ort und hatte den Tritt auch nicht gesehen, aber ich war mir sicher, dass es nicht lange dauern würde, bis

Marco Bergamo wird in das Bozner Schwurgericht begleitet.

sie uns nun wohlwollend überfallen würde. So bat ich meinen jungen römischen Kollegen, der noch in der Polizeimensa beim Frühstücken beschäftigt war und erst wenige Wochen vorher direkt von der Polizeischule von Rom nach Bozen zu seiner ersten Dienststelle abkommandiert worden war, seine noch makellose Offiziersuniform aus dem Koffer zu holen, sie anzuziehen und ausnahmslos mich auf allen meinen Gängen zu begleiten. Er wäre eigentlich noch mit dem üblichen Schnuppergang in allen Abteilungen beschäftigt, so wie ich zwei Jahre zuvor. Aber bei mir zu sein und diesen außerordentlichen Erfolg der Staatspolizei in Uniform zu repräsentieren, war jetzt wichtiger. Das tat er auch gekonnt und mit Stolz. Er wurde an jenem Tag zu meinem Schatten.

Bevor der Staatsanwalt mit dem Verhör des Verhafteten beginnen konnte, musste noch dessen Strafverteidiger ernannt und in die Quästur gebeten werden. Da Marco Bergamo keinen Rechtsanwalt kannte, wurde der an dem Tag diensthabende Pflichtverteidiger in Strafsachen,

Alessio Cuccurullo geholt. Eine Gruppe meiner Leute begab sich in die Wohnung des Festgenommenen, wo er noch mit seinen Eltern lebte, und führte eine gründliche Hausdurchsuchung durch. In der Zwischenzeit begleiteten wir – Beamte der Schutzpolizei, ich und mein uniformierter Schatten – Marco Bergamo in das obere Stockwerk in die Räumlichkeiten der Spurensicherung zur Abnahme der Fingerabdrücke und Erstellung einer Haftkartei. Mit Marco Bergamo in der Mitte mussten wir durchs Stiegenhaus gehen, vorbei an dem großen, offenen Eingangstor am Ende einer monumentalen Treppenrampe aus Granit: ein noch heute imponierendes, architektonisches Meisterwerk aus der Zeit der Österreichisch-Ungarischen k. u. k. Monarchie. Die Quästur war nämlich ursprünglich und bis Kriegsende 1918 das Kommando der Kaiserjäger in Bozen. Zwischen Wachstube und Treppenbereich hatten sich inzwischen ein Dutzend Pressefotografen und Journalisten versammelt. Einem von ihnen gelang es, diesen kurzen Augenblick auszunutzen und das einzige Foto des Festgenommenen inmitten von uns Kriminal- und Polizeibeamte zu schießen.

Der Vertreter des urlaubsbedingt abwesenden Quästors gratulierte mir, informierte anschließend den Chef der italienischen Polizei in Rom fernmündlich und ging dann zum quästurinternen Friseur Lorenzo, der heute noch den Polizeibeamten die Haare schneidet oder den Bart rasiert. Der Quästor musste sich ja zum Oberstaatsanwalt Mario Martin begeben, um sich für die außerordentlich gute Zusammenarbeit von Justiz und Polizei zu bedanken und ein Lob auszusprechen. Bei Lorenzo musste aber noch Platz geschaffen werden, da auf dem einzigen Friseurstuhl schon ein Beamter saß. Dieser stand selbstverständlich freiwillig und höflich auf, noch mit dem Schaum auf der linken Backe, und machte den Stuhl unverzüglich frei. *Bella figura* war besonders wichtig, besonders dann, wenn man zum Oberstaatsanwalt musste und sich dort nach dem Motto *complimenti* gegenseitig beglückwünschen und die Hände schütteln wollte.
Die Medien belagerten währenddessen immer noch die Quästur, da der „mutmaßliche" Mörder Marco Bergamo nach dem Verhör durch Staatsanwalt Guido Rispoli ins Bozner Gefängnis überstellt werden sollte. Aber die übliche Trophäenschau wurde vom Quästor, wieso auch immer, diesmal verboten. Folglich wurde das besagte, einzige Foto von ihm von allen Medien übernommen, mit dem Ergebnis, dass

Pressekonferenz beim Oberstaatsanwalt Mario Martin:
Kripochef Alexander Zelger, Carabinieri-Kapitän
Valentini, Vizekommissar Verna und Staatsanwalt
Guido Rispoli (von links nach rechts)

ich auf demselben alles andere als eine *bella figura* abgab. In allen Zeitungen war ich in dem T-Shirt zu erkennen, das ich die ganze Nacht getragen hatte, unmittelbar nachdem ich aus dem Bett gerissen worden war. Völlig unzureichend, daran änderte selbst die Tatsache, dass mein Schatten-Kollege aus Rom in glanzvoller Polizeioffiziersuniform neben Bergamo klar ersichtlich war, nichts.

Ich hatte es sträflich versäumt, nachts mich mit Anzug und Krawatte zu bekleiden oder nach der Verhaftung schnell nach Hause zu laufen und mich wie sonst frisch einzukleiden. Und das, nachdem ich und meine Leute ja „nur" die ganze Nacht unterwegs gewesen waren, um innerhalb weniger Stunden einen Serienmörder dingfest zu machen. So war es unvermeidlich, dass mir der immer auf ein gewisses vornehmes Auftreten großen Wert legende Quästor nach der Rückkehr aus seinem Urlaub zwar gratulierte, nicht ohne mir aber im vollen Brustton der Überzeugung noch eine Rüge mit den Worten zu erteilen: *„Si riccordi dottor Zelger, che Lei è un funzionario di polizia. E un funzionario di*

polizia agisce sempre in giacca e cravatta" (Erinnern Sie sich, Doktor
Zelger, dass Sie ein leitender Staatsbeamter der Polizei sind. Und ein
leitender Beamter agiert immer nur in Anzug und Krawatte). Er muss
die Zeitungsausschnitte über unseren schnellen Fahndungserfolg und
die Bilder in den Zeitungen genau studiert haben.

Bergamo war hinter Schloss und Riegel und saß im Bozner Gefängnis in Untersuchungshaft, ein alter extrem erneuerungsbedürftiger –
man kann es nicht anders sagen – Kerker. Damit war der Albtraum für
Kriminalpolizei, Justiz und Bevölkerung vorbei. Aber, wie gesagt, die
Arbeit war für uns noch lange nicht getan. Vor mir auf dem Schreibtisch
lagen immer noch die Akten der anderen, bis dahin unaufgeklärten
Frauenmorde. Gab es mehrere Mörder in unserer Stadt oder nur
den einen, der auch verantwortlich war für den Mord an: Marcella
Casagrande, Studentin 15 Jahre jung, ermordet am 3. Januar 1985;
Annamaria Cipolletti, 41 Jahre alt, ermordet am 26. Juni 1985; Renate
Rauch, 24 Jahre jung, ermordet am 7. Januar 1992; Renate Troger,
18 Jahre jung, ermordet am 21. März 1992?

Gleich im ersten Verhör noch in der Quästur hatte Marco Bergamo
den in der vergangenen Nacht begangenen Mord an der 18-jährigen
Marika Zorzi gestanden, aber die an den anderen Frauen geleugnet.
Ich war mir hingegen sicher, dass er auch der Mörder der anderen drei

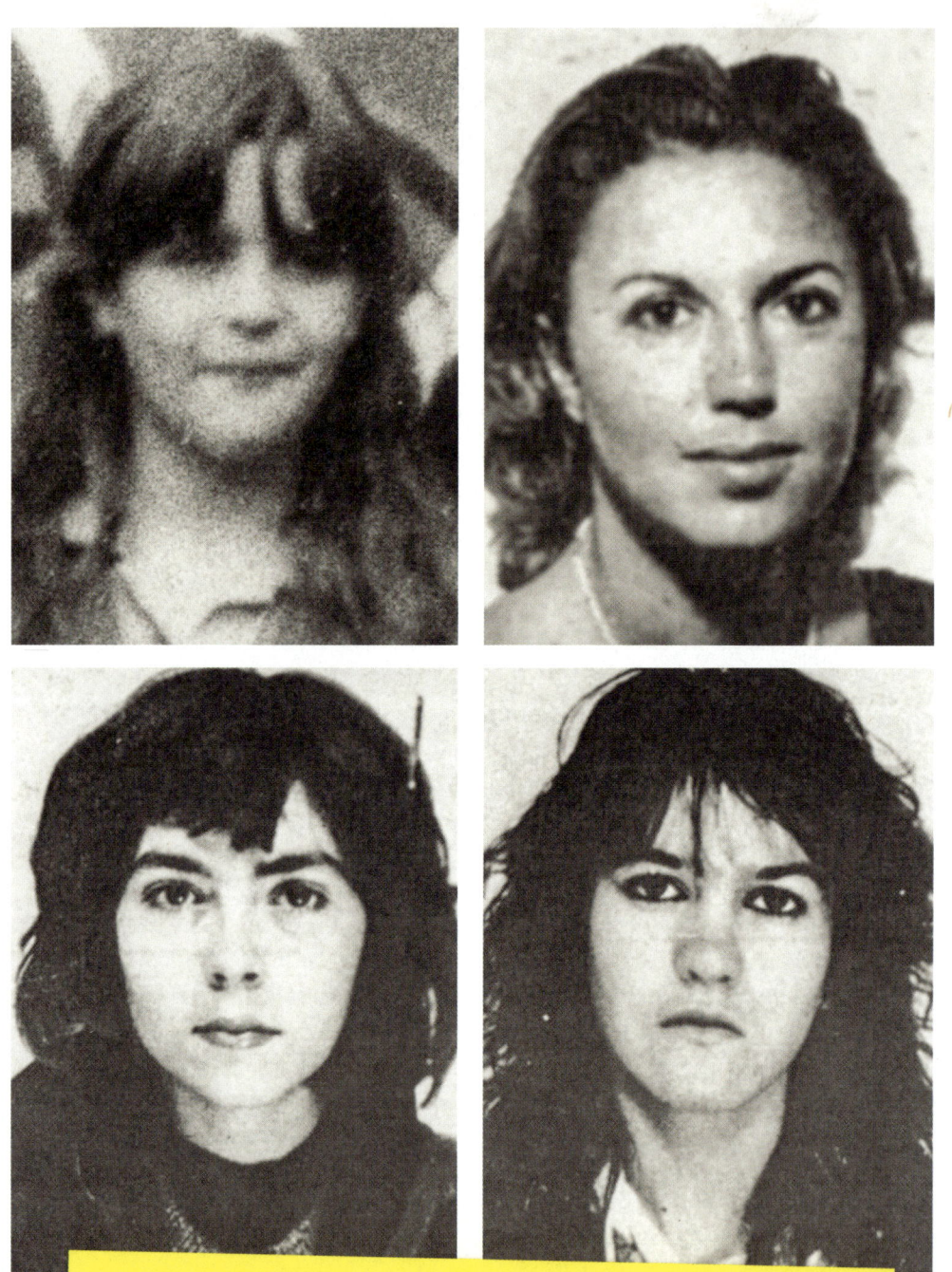

Die vorhergehenden vier Opfer von Marco Bergamo: Marcella Casagrande, Annamaria Cipoletti, Renate Rauch und Renate Troger

Frauen und auch der erst 15-jährigen Studentin Marcella Casagrande war. Es war ganz einfach eine Gefühlssache, denn ich konnte und wollte nicht glauben, dass sich bei uns in Südtirol gleichzeitig so viele Mörder herumtrieben. Und dann war ja vor allem unter fachlichen Gesichtspunkten augenscheinlich klar, dass alle vier Frauen und das unschuldige Mädchen auf ein und dieselbe brutale Art erstochen worden waren. Nun galt es zu ermitteln und nachzuweisen, dass Bergamo auch noch die anderen Tötungsdelikte begangen hatte. Damit ging die Arbeit nochmal so richtig los, denn neben all den Details, die wir noch im Fall Zorzi klären mussten, waren jetzt parallel die alten Mordfälle neu zu überarbeiten. Das versuchte ich gleichzeitig zu schaffen und dafür durften wir keine Zeit verlieren.

Im Fall der am 7. Januar 1992 ermordeten, 24-jährigen Renate Rauch ging das relativ schnell und leicht über die Bühne. Wir hatten eben Glück. Der Täter hatte nämlich auf das Grab des Opfers ein paar Tage nach deren Beerdigung einen Abschiedszettel mit den Worten hinterlassen: „Es tut mir leid, aber das, was ich gemacht habe, musste gemacht werden und du wusstest es. Ciao Renate." Wir verglichen Marco Bergamos Schrift von den Tagebüchern, die wir in seiner Wohnung sichergestellt hatten, mit den Worten auf dem Zettel, der zum Grab gelegt worden war. Für uns war sogleich klar und eindeutig, dass es sich nur um ein und denselben Schreiber der Zeilen handeln konnte. Die Abschiedsworte waren mit Sicherheit von Bergamo geschrieben worden. Das von der Staatsanwaltschaft angeforderte grafologische Gutachten erbrachte eine eindeutige Übereinstimmung der Schreibweise des Rauch-Mörders mit jener von Marco Bergamo.

Renate Rauch war in Bozen in der Brennerstraße in einem abgelegenen hinteren Bereich einer Tankstelle, am 7. Januar 1992 um 23 Uhr tot aufgefunden worden. Sie war auch mit einem Messer ermordet worden. Die Autopsie des Opfers stellte 24 Einstiche fest. Die erst 24-Jährige musste so wie Marika Zorzi das Geld für ihre Drogen auf dem Strich verdienen. Und offensichtlich hatte Marco Bergamo auch mit Renate Rauch in seinem Auto versucht, Geschlechtsverkehr zu genießen. Fatalerweise wurde er aber von der Ermordeten ausgelacht. Wieso? Er hatte wohl Probleme mit seinen Genitalien.

Der auf diese Weise gedemütigte Freier Marco Bergamo hatte dann vierundzwanzig Mal auf den vom Rauschgift geschwächten Körper

der Renate Rauch mit seinem von zu Hause mitgebrachten Küchenmesser eingestochen. Wie sich später herausstellen sollte, nahm Marco
Bergamo bei seinen Spritztouren immer ein größeres Messer mit, mal
bei sich unter dem Pullover, mal unter dem Autositz versteckt. Er war
demnach immer für mögliche Mordtaten vorbereitet, so dass es sein
Strafverteidiger sehr schwer gehabt hätte, für Marco Bergamo lediglich
die Morde als Affekttaten einzustufen. Bei einem Verhör im Gefängnis erzählte er uns, dass das Messer für ihn wie zu einem größeren Bruder geworden sei. Er fühlte sich mit diesem immer sicher und wollte
für „alle Fälle", wie er sich ausdrückte, nicht unvorbereitet sein. Das
präzisierte Marco Bergamo dahingehend, dass er von dem Messer nur
dann Gebrauch machte, wenn er sich von einer Dame nicht genug
respektiert gefühlt hatte.

Diese Aussagen hatten eigentlich schon während der Vernehmung
einer der „Arbeitskolleginnen" im Mordfall Marika Zorzi auf tragische Weise Bestätigung gefunden. Diese hier bewusst namentlich
ungenannte Prostituierte war zum Tatzeitpunkt unwissentlich in der
Nähe des Tatortes von Zorzi ebenfalls beruflich unterwegs gewesen,
nur zwei Autos weiter. Diese Zeugin wusste, dass sich Zorzi in dem in
der Nähe geparkten Fahrzeug befand, weil sie kurz vor ihr mit einem
Freier an denselben abgelegenen Ort in der Gewerbezone Bozner Boden

Auf dem kleinen Parkplatz hinter der
Tankstelle wurde Renate Rauch ermordet.

gefahren war. Die Zeugin hatte auch, wie sie zu Protokoll gab, die Schreie der Zorzi aus diesem Auto gehört. Sie hatte aber gedacht, dass es sich wieder einmal bei deren Freier um einen Perversen mit Neigungen zu besonderen sexuellen Praktiken handelte, der nur auf diese Art sexuell eine Befriedigung erfahren konnte. Deshalb hatte sie auch keine Veranlassung gesehen, eingreifen zu müssen oder um Hilfe zu rufen.

Sie konnte sich auch daran erinnern, dass sich ihr eigener „Kunde" durch diese Schreie gestört gefühlt hat. Aber es handelte sich, wie wir nun herausgefunden hatten, „leider" nicht um irgendwelche perverse erotische Praktiken, sondern um einen grausamen Mord, der gerade nur wenige Meter von ihr entfernt geschah. Während sich unsere Zeugin zwei Autos weiter intim mit ihrem Freier beschäftigte, nahm sie neben den Wehrufen des Mordopfers auch noch andere „störende" Geräusche wahr. Was sie da wahrnahm, meinte sie, war das Zischen von Hieben, als benutzte der Freier gerade eine Peitsche, was in der perversen Szene ebenso nicht ungewöhnlich gewesen wäre. Was sie da hörte, waren aber keine Peitschenhiebe, sondern das makabre Knirschen der Klinge des großen Küchenmessers beim Einstechen im zarten Körper einer Frau, in den der Marika Zorzi. Die Zeugin ahnte also nicht, dass Marco Bergamo gerade brutalst auf die wehrlose junge Frau auf dem

Beifahrersitz einstach. Und so ähnlich musste es wohl auch mit Renate Rauch passiert sein, die das gleiche Schicksal erlitt.

Bevor nun Staatsanwalt Rispoli und ich, es war der 10. August 1992, bei schönstem, aber heißem Augustwetter zu Marco Bergamo ins Gefängnis gingen, um ihn erneut zu verhören, besprachen wir nochmals die neue Lage. Uns war es ja gelungen, herauszufinden, dass es Marco Bergamo gewesen war, der den Abschiedsbrief auf das Grab der Renate Rauch gelegt hatte, kurz nach ihrer Beerdigung. Würde er auch diesen Mord gestehen und zugeben, im ersten Verhör gelogen zu haben?

Rispoli und ich standen vor dem Bozner Gefängnis, beide wie immer trotz Temperaturen um die 35 Grad in Anzug und Krawatte. Mein rechter Zeigefinger drückte auf den Knopf der Klingel. Das metallene Türchen hinter einem Guckloch mit schusssicherem Glas ging auf und der prüfende Blick des Gefängniswärters erkannte uns gleich. Wir betraten den kleinen Vorraum, wo ich meine Dienstwaffe in einem Sicherheitskasten deponierte. Dann gaben wir dem Wärter unsere Ausweise und er trug genau unsere Identität, Grund des Besuches und Uhrzeit in einem großen dicken Merkbuch ein. Mit einem Metalldetektor tastete er uns auf der Suche nach eventuell weiteren versteckten Waffen ab. Vorschrift ist Vorschrift, und bei dem Besuch so hoher Beamter wollte er alles diensteifrig besonders richtig machen. Erst dann ging es zur zweiten Metalltür. Auch unser Gefängniswärter musste an einer Glocke klingeln und dasselbe Ritual wiederholte sich. Nach dem Läuten schaute durch ein ähnliches Guckloch ein neuer Wärter. Nachdem er festgestellt hatte, wer wir waren und, dass wir von seinem Kollegen begleitet wurden, öffnete er diese Tür. Ein paar Schritte und wir standen vor einer dritten Sperre. Diesmal ein Gitter aus dickem Stahl, blau lackiert. Unser neuer Begleiter brauchte diesmal nicht zu läuten, sondern benutzte seinen sonderbaren, dicken Schlüssel, der mit einer Kette an seinem Gürtel befestigt war. Auch er ließ uns durch und sobald wir an ihm vorbei waren, schloss er hinter uns wieder das schwere Gitter. Jetzt konnten wir den Besprechungsraum betreten.

Die angenehme Temperatur hinter den Mauern war uns wirklich willkommen, auch wenn die kühle Luft durch den fetten Duft der Gefängnismensa ziemlich unangenehm roch. Bergamo und sein Strafverteidiger warteten bereits im Verhörraum und wir setzten uns am Tisch den beiden gegenüber. Nachdem die strafprozessrechtlichen Formalitäten

Zeugenaussage von Kripochef Alexander Zelger im Fall
Marco Bergamo. Er erklärt, wie es zur Festnahme des
Täters gekommen ist.

geklärt waren, fragte Staatsanwalt Rispoli den Inhaftierten zuerst einmal, ob er zum Mord an Marika Zorzi noch etwas sagen möchte. Seine
Antwort war kurz und ich weiß nicht, ob auch ehrlich: „Es tut mir leid."
Dann ein paar Sekunden Stille. Der Staatsanwalt übernahm wieder die
Zügel des Verhörs und unterstellte Marco Bergamo bestimmt und mit
klaren Worten unmissverständlich, beim letzten Verhör nicht die ganze
Wahrheit gesagt zu haben. Bergamo blieb aber still und schaute kurz zu
dem doppelt vergitterten Fenster. Sein Blick war leer und es war uns
unmöglich, zu durchschauen, über was er nach der deutlichen Ansage
des Staatsanwaltes dachte. Folglich entschied Rispoli, ihn über unseren letzten Ermittlungserfolg aufzuklären, um ihm deutlich zu machen,
dass ein weiteres Leugnen zwecklos sei. Er wies Marco Bergamo auf die
unzweifelhafte Übereinstimmung seiner Schreibweise mit den Schrift-
zügen des auf dem Grab hinterlassenen Entschuldigungsschreibens hin.
Rispoli konnte somit dem immer noch „nur" mutmaßlichen Täter
Marco Bergamo konkret vorwerfen, dass er im ersten Verhör gelogen
hatte. Für uns würde feststehen, dass er auch die 24-jährige Renate

Rauch umgebracht hatte. Diese Beweisquelle würde vollkommen ausreichen, ihn auch wegen dieser Bluttat anzuklagen.

Marco Bergamo schaute erneut zu dem Kerkerfenster hin und sein Blick fiel dann auf die aus billigem Kunststoff bestehende Tischoberfläche, wo Rispoli eine Kopie des Zettels vom Grab und eine Kopie einer Seite des Tagesbuches von Bergamo gelegt hatte. Spätestens jetzt war auch ihm bewusst geworden, dass es nun auch im Fall Rauch kein Entkommen mehr geben werde. Bergamo richtete seinen Blick nun auf, um denselben bald wieder Richtung Boden fallen zu lassen. Bei gesenktem Kopf flüsterte er dem Staatsanwalt zu, auch Renate Rauch ermordet zu haben.

Er erzählte uns nun emotional ziemlich ungerührt, dass er vom 4. zum 10. Januar 1992 zum ersten Mal alleine einen Winterurlaub hatte verbringen dürfen. Für seine Eltern war er offenbar auch noch mit 26 Jahren immer noch das kleine Kind und durfte bis anhin nur mit ihnen in die Ferien fahren. Am 4. Januar 1992 war er in Vals angekommen, einem bekannten Skiresort bei Mühlbach im Pustertal. Am Sonntag, dem 5. Januar 1992, kamen seine Eltern bereits zu Besuch; sie mussten nachschauen, wie es ihm gehe. Am 7. Januar 1992, nach dem Abendessen in der kleinen Pension, stieg er in seinen roten Seat Ibiza und fuhr nach Bozen. Nicht alleine, er war auch diesmal in Begleitung „seines Bruders", einem großen Messer. In Bozen angekommen, so gegen 22 Uhr, fuhr er in die Rittner Straße, wo die jungen Heroinsüchtigen sich damals prostituierten. Dort traf er auf Renate Rauch, sein nächstes Opfer, und lud sie in sein Auto ein.

Der Gerichtsmediziner wird später am Körper von Renate Rauch 24 Einstiche zählen, alle tief in den Leib eingedrungen, offensichtlich mit voller Kraft, offensichtlich mit ungebändigter Wut zugestochen. Obwohl sein Opfer bereits nach der dritten Messerattacke tot gewesen sein musste, so der Gutachter der Gerichtsmedizin, stach er weitere einundzwanzig Mal ohne Mitleid auf sie ein.

Marco Bergamo konnte keine Details vorbringen. Er erklärte uns, sich im Zeitraum des besagten Abends bis an den nächsten Morgen des darauffolgenden Tages an nichts mehr erinnern zu können. Er sprach von einem „totalen Black Out". Den Tag nach dem Mord verbrachte er auf den Skipisten Mühlbachs. Abends dann, als er seine Skischuhe in sein Auto abstellte, so Marco Bergamo, bemerkte er große Blutflecken

Staatsanwalt Guido Rispoli beim Prozess gegen Marco Bergamo im Schwurgericht von Bozen

auf der Fußmatte unterm Beifahrersitz. Erst dann habe er, so erklärte er uns, realisiert, dass der Mord kein Albtraum gewesen war. Er nahm die Fußmatte und brachte sie in sein Hotelzimmer. Dort habe er die Matte sorgfältig abgeputzt und anschließend auch seine Kleider, die er am Abend zuvor angehabt hatte, denn auch auf seiner Hose und dem T-Shirt hatte er Blutflecken gefunden. Anscheinend waren diese Bemühungen durchaus erfolgreich gewesen, da seine Mama nie was bemerkt hätte.

Rispoli und ich schauten uns nur noch wortlos an und waren über die Gefühlskälte schockiert, mit der Marco Bergamo sein Geständnis über seinen zweiten Mord ablegte. Dabei machte er nicht einen einzigen Versuch, sich zu rechtfertigen oder sein Bedauern über die Tat auszudrücken.

Am Ende der Erzählung wie er Renate Rauch getötet hatte, stellte Rispoli wieder die Frage: „Marco Bergamo, sind wir sicher, dass Sie mit den anderen Fällen nichts zu tun haben?" Wie von uns fast schon erwartet, war seine Antwort nur ein kurzes trockenes „Nein, mit den anderen Morden habe ich definitiv nichts zu tun!".

Staatsanwalt Rispoli organisierte in seinem Büro mit mir, mit den Carabinieri und meinen Leuten der Kriminalpolizei eine Lagebesprechung, um den Stand der Ermittlungen zu analysieren. Wir von der Kriminalpolizei hatten wenige Neuigkeiten, die Carabinieri ebenso. Zwar war es uns gelungen, einen zweiten Mord, den an Renate Rauch, zu klären, aber die Lage sah für die anderen unaufgeklärten Morde bis dahin alles eher als rosig aus. Außer dem Modus Operandi, der bei allen fünf Tötungsdelikten gleich war, blieb nur der dringende Tatverdacht aufgrund unseres Bauchgefühls und des gesunden Menschenverstandes. Immerhin! Aber das Bauchgefühl und der gesunde Menschenverstand waren vor Gericht kaum verwertbar. Keine neuen, noch so wagen Indizien hatten wir sicherstellen können. Wir fassten nochmals zusammen: Ein und dieselbe unmenschlich brutale Vorgehensweise bei den Morden an allen fünf Opfern. Dieselbe Art von Tatwaffe, nämlich ein großes Messer. Die Opfer waren alles junge Frauen, sein erstes eine unschuldige 15-jährige Studentin, drei der anderen vier Opfer junge Prostituierte und das vorletzte, Renate Troger, eine herumstrolchende Rebellin. Das ließ mir eigentlich keinen Raum für anderweitige Spekulationen. Die Besprechung wurde mit dem Versprechen an den Staatsanwalt beendet, alles nur

Erdenkliche zu tun, um Bergamo die Verantwortung für die anderen Morde nachzuweisen.

Einen Tag später traf ich mich erneut mit Staatsanwalt Rispoli, diesmal unter vier Augen. Ich erlaubte mir, ihm gegenüber meine Meinung darüber vorzubringen, dass im Fall der ermordeten Studentin Marcella Casagrande eine so genannte „Borderline (grenzwertige) Strategie" notwendig wäre, um mit unseren Ermittlungen voranzukommen, die offensichtlich in einer Sackgasse gelandet waren. Rispoli schaute mich sofort scharf an. Ich beruhigte ihn umgehend, denn niemals würde ich was Illegales tun und schon gar nicht ihn bitten, das zu billigen. Aber ich teilte ihm vertraulich mit, dass ich was Interessantes erfahren hatte. Ein pensionierter Kriminalbeamter, der im Fall Casagrande ermittelt hatte, besaß vielleicht noch einen Gegenstand, der höchstwahrscheinlich am Tatort gefunden und gegebenenfalls auch vom Mörder angefasst worden war. Also waren auf diesem Gegenstand möglicherweise die Fingerabdrücke vom Mörder. Die vielen „vielleicht" sind gerechtfertigt, denn mir wurde bestätigt, dass in der Wohnung der Familie Casagrande nach der Entdeckung der Leiche von Marcella das pure Chaos geherrscht hatte, als Polizei, Carabinieri, Staatsanwalt, Rettungspersonal, Notarzt und sogar Journalisten sich gleichzeitig in der Wohnung aufgehalten hatten, um ihren jeweiligen Aufgaben nachzugehen.

Was ich dem Staatsanwalt vorschlug, war, dass er mir den mündlichen Auftrag erteilen sollte, eventuell noch vorhandene Beweisstücke im Mordfall Casagrande von Spezialisten der Spurensicherung in Padova analysieren zu lassen, insbesondere in Bezug auf das Auffinden von Fingerabdrücken. Letztere, im positiven Falle, dann mit denen des Marco Bergamo zu vergleichen. Das alles brauchte mit den damals zur Verfügung stehenden technischen Mitteln viel Zeit. Ich schlug dem Staatsanwalt vor, dass wir Marco Bergamo nochmals im Gefängnis zu einem Verhör aufsuchen sollten und ihm diese neue polizeiliche technische Vorgangsweise ankündigen. Viel Zeit, viel Geld, alles nur zu seinen Lasten und auch seiner Eltern, müsste man ihm erklären. Wir wollten ihm dabei nahelegen, dass nur ein Geständnis ihm und seinen Eltern all dieses zusätzliche Leid und weitere Unannehmlichkeiten ersparen würde. „Herr Staatsanwalt, ich bin fest überzeugt, dass diese Strategie die einzige mögliche Chance bietet, um Marco Bergamo festzunageln! Wenn Sie einverstanden sind, würde ich als höherer Amtsträger der Gerichtspolizei den Bergamo beim nächsten Verhör über den diesbezüglichen Sachverhalt aufklären." Guido Rispoli überlegte kurz und stimmte dieser Strategie schließlich zu.

Am 18. August 1992 war es dann soweit. Rispoli und ich standen erneut vor dem eisernen Tor des Bozner Gefängnisses. Die Kontroll- und Sicherheitsmaßnahmen der Gefängniswärter wiederholten sich wie beim ersten Besuch. Pforte auf, Pforte zu, Tür auf, Tür zu und Gitter auf, Gitter zu. Endlich erreichten wir den Besprechungsraum. Wir vier nahmen an dem einzigen Schreibtisch im großen Raum Platz: Marco Bergamo mit seinem Strafverteidiger auf einer Seite, Rispoli und ich ihnen gegenüber. Der Staatsanwalt eröffnete das Verhörprotokoll mit den notwendigen Formalitäten, entsprechend der geltenden Strafprozessordnung. Diesmal fragte Rispoli nicht, ob er ihm nicht etwas Neues mittzuteilen hätte, sondern griff Bergamo direkt an: „Ich glaube sie haben uns immer noch nicht die ganze Wahrheit gesagt!" Marco Bergamo blieb regungslos und apathisch, als hätte Rispoli sich in einer Fremdsprache zu ihm gewandt. „Die Kriminalpolizei hat neue Spuren entdeckt!" Dann richtete der Staatsanwalt seinen Blick zu mir, das war das Signal. Ich fokussierte nun meinen Blick auf Bergamo.

Aber wie ein plötzlicher Bombeneinschlag und in Sekundenschnelle entwickelte sich in mir der Plan, etwas über das mit dem Staatsanwalt Vereinbarte hinauszugehen. Ich war in jenem Augenblick der Überzeugung, dass nur ein guter Bluff Marco Bergamo zum Geständnis weiterer Taten bringen konnte. Auch war ich mir in diesem Moment ganz sicher, dass ich auf diese Weise letztendlich etwas Gutes tun würde, denn Marco Bergamo brauchte ja nur gestehen, was er angestellt hatte. Ein guter Bluff ist meiner Meinung nach nicht nur im Kartenspiel erlaubt. Und der Staatsanwalt, sicherlich von meinen nicht geplanten Behauptungen überrascht, sollte keine Zeit mehr haben, mich daran zu hindern.

„Bergamo! Wir haben jetzt die Beweise, dass Sie auch den Mord an dem 15-jährigen Mädchen Marcella Casagrande begangen haben." Dieser einzige, unvorbereitete Satz, wie aus einer Maschinenpistole geschossen, überzeugend und in strengem Ton ohne Luft zu holen ausgesprochen, hat Bergamo dazu gebracht, nach einer Schrecksekunde und ohne weiteren Widerspruch noch ein von ihm verübtes horrendes Verbrechen zuzugeben. Höchstwahrscheinlich waren wir alle vier, also Bergamo, sein Strafverteidiger, der Staatsanwalt, aber eben auch ich selbst, von meinem anklagenden Ausbruch überrascht.

Auch dieses Mal hatte er nur wenige Sekunden stillschweigend überlegt, bevor er mich wieder anblickte und schließlich auch dieses Verbrechen dem Staatsanwalt gestand. *„Si l'ho uccisa io"* (Ja, ich habe sie umgebracht). Der Mord, weswegen 1985 eine junge, brave Schülerin ihr Leben auf grausamste Weise verloren hatte, war nun endlich auch aufgeklärt.

Die gesamte Bozner Bevölkerung war damals angesichts dieses schrecklichen Dramas in ihrer Stadt verständlicherweise in Angst und Schrecken geraten und tief geschockt. Jeder fragte sich, wie so etwas Fürchterliches in ihrer ansonsten ruhigen und beschaulichen Stadt hat geschehen können. Vor mir saß nun dieser Marco Bergamo, ein an sich unscheinbarer und schüchtern wirkender 26-jähriger Mann. Auf mich machte er sogar einen naiven Eindruck. Er, der sieben Jahre zuvor eine unschuldige Schülerin in ihrer Wohnung bestialisch niedergestochen hatte. Nun saß er endlich im Gefängnis.

Wieder fing Marco Bergamo an zu erzählen und wieder ohne auch nur in irgendeiner Weise Reue oder irgendwelche Gefühlsregungen zu zeigen. Wären wir nicht in der kriminalistischen Wirklichkeit gewesen, sondern in einem Kriminalfilm, dann hätten die Zuschauer anschließend von einem schlechten Schauspieler gesprochen, so surreal kam selbst uns, die wir beruflich doch schon so einiges gewohnt waren und erlebt hatten, die Situation vor. Wir waren schlicht sprachlos. Er hingegen sprach zu uns, ohne jede erkennbare Gemütsregung, nahezu apathisch.

Er erzählte uns von seinem Hobby, der Fotografie, und wie diese es ihm ermöglicht hatte, Marcella überhaupt kennenzulernen. Die beiden waren sich angeblich zum ersten Mal in einem Fotogeschäft in der Bozner Palermostraße begegnet. Es war in der Weihnachtszeit 1984 gewesen. Marcella Casagrande war erst 15 Jahre alt. Er, der ansonsten immer so introvertiert und vor allem in Gegenwart von Mädchen sehr schüchtern wirkte, fand in diesem Laden die Kraft und sprach sie an. Er fragte sie, ob sie auch gerne fotografieren würde. Nur wenige Worte, nicht mehr.

Wenige Tage später kam es dann zu einem zweiten Wiedersehen, nach Marco Bergamos Angaben rein zufällig. Das soll am 3. Januar 1985 kurz nach Mittag, dieses Mal in der Drususstraße im selben Stadtviertel gewesen sein. Doch seine weiteren Angaben erscheinen mir bis heute nicht glaubwürdig. Jedenfalls will er sie kurzerhand nach einem Treffen gefragt und prompt eine Einladung zu ihr nach Hause erhalten haben, sogar am selben Tag noch, gegen 14.30 Uhr. Das passte überhaupt nicht mit dem Charakter von Marcella überein. Er behauptete auch, dass sie ihm ihre Heimadresse mitgeteilt hätte und, dass er Marcella ein Stück auf dem Heimweg begleitet hatte. In der Nähe des Mehrfamilienhauses, wo sie wohnte, soll Marcella ihm das Haus gezeigt haben mit dem Detail, dass sie im letzten Obergeschoss wohne. Ich konnte das alles so nicht glauben und vermutete was ganz anderes. Aber diese Details waren in dem Moment für unsere Ermittlungen nicht ausschlaggebend und so ließen wir ihn einfach weitererzählen. Marco Bergamo ging nach seinen Angaben um 14.30 Uhr, wie ausgemacht, in die Maria-Heim-Straße, wo Marcella wohnte. Die Eingangstür des Mehrfamilienhauses hätte offen gestanden und so betrat er ungehindert das Treppenhaus. Zu Fuß erreichte er das achte und letzte Obergeschoss, wo die Familie Casagrande zuhause war, ohne jemandem zu begegnen. Marco Bergamo erinnerte sich noch, dass die Eingangstür zu Marcellas Wohnung auf der rechten Seite stand. Er läutete und Marcella, allein zu Hause, da Mutter und Ziehvater bei der Arbeit waren, öffnete ihrem Mörder die Tür und ließ ihn herein. Ganz einfach, problemlos, reibungslos, fast spielend leicht, ohne Hindernisse! So war es Bergamo gelungen, sich in die Wohnung von Marcella Zugang zu schaffen. Alle damals befragten Zeugen, waren sich absolut sicher und einig, dass sie nie einem Fremden geöffnet hätte. So einfach wie alles begonnen haben soll, so tragisch sollte dann alles enden. Sie begleitete ihn direkt in ihr Zimmer, wo beide zunächst über Belangloses plauderten. Bergamo fragte sie nach dem gemeinsamen Hobby, das Fotografieren. Sie zeigte ihm noch ein größeres Kameraobjektiv, das sie aus dem Elternzimmer holen musste. Dieses verflixte Teil, das neben der Leiche im Wohnungsflur hinter der Tür aufgefunden wurde, hatte bei all meinen Vorgängern schwere Kopfzerbrechen verursacht, denn niemand konnte verstehen, wieso es dort lag. Und jetzt war ich dabei, die Lösung zu erfahren.

Denn spätestens dann musste Marcella wohl irgendwie gespürt haben, dass mit ihrem Besucher etwas nicht stimmen konnte. Die Situation war ihr wohl unheimlich und unangenehm geworden. Die

Tatort des Mordes an Marcella Casagrande

Anwesenheit von Marco Bergamo muss ihr wahrscheinlich plötzlich unerwünscht und sogar gefährlich vorgekommen sein. Bergamo erzählte uns nämlich, dass Marcella auf einmal aufgestanden und in die Küche zum Telefon gegangen sei. Sie kam kurz darauf zurück und habe ihm gesagt, dass sie jetzt zu ihrer Freundin müsse und ihn gebeten zu gehen. Er hatte sich wahrscheinlich kurz vor seinem Ziel zurückgewiesen gefühlt und versuchte sie zu überreden, sie nochmal besuchen zu dürfen. Doch ihre Antwort, so Bergamo, sei ein kategorisches Nein gewesen. „Wieso nicht?", will er sie gefragt haben. „Darum nicht!" Die im wahrsten Sinne des Wortes fatale Antwort. Dieses Nein war wohl für sein Verständnis zu hart rübergekommen, denn es hatte einen Streit entfacht. Sie ging mit dem Kameraobjektiv in der Hand Richtung Haustür, um ihn hinaus zu bitten und er wütend und verzweifelt hinterher. Kurz vor der Haustür griff er schließlich zu seinem Messer, das er am Gürtel mit der Klinge nach oben trug und unter dem

Pullover versteckt hielt. Niemand konnte ihn mehr aufhalten. Bergamo überfiel die unschuldige Studentin von hinten und umklammerte mit dem linken Arm den Hals. Alles lief nun automatisch ab, erzählte er uns. Mit dem Messer in der rechten Hand bewaffnet stach er ihr tief in die Hüfte. Jede innere Sicherung sei jetzt bei ihm durchgebrannt. Er stach weitere zwanzig Mal auf ihren verletzlichen Körper ein. Erst als sie leblos auf dem Boden lag, neben ihr das Kameraobjektiv, kam er wieder zu sich und geriet in Panik. Ohne sich an ihr zu vergreifen, wie es bei vielen Sexualstraftätern zu erwarten gewesen wäre, floh er aus der Wohnung, schloss die Haustüre, lief die acht Stockwerke wieder nach unten und verließ das Mehrfamilienhaus, offenbar unerkannt und unbemerkt. Niemand hatte ihn gesehen. Das Messer warf er in einen Müllcontainer einige Häuserblocks weiter.

Sogleich stellten wir uns die Frage, warum er das Messer von zu Hause mitgenommen hatte. Trug er immer ein Messer bei sich? Staatsanwalt Rispoli fragte ihn, ob er die Tat geplant hatte. „Nein", war seine nur halb richtige Antwort. Er hätte es nur für einen eventuellen Notfall mitgetragen. „Welcher Notfall", fragte ihn der erstaunte Staatsanwalt und Bergamo versuchte uns aufzuklären. Ihm war einfach bewusst, dass er eine Zurückweisung durch eine Frau nie hätte verkraften können. Somit wusste er, gestand Bergamo uns, sollte Marcella ihn abweisen, dass er sie töten würde und daher trug er das Messer bei sich.

Genau so war es passiert, und die junge Marcella wurde daher Opfer eines grausamen Mordes. Marco Bergamo hatte sich bei ihr nicht sexuell vergangen. Warum er dem schon tot auf dem Boden liegenden Mädchen die Strumpfhosen aufgeschnitten habe, könne er sich heute auch nicht mehr erklären. Für uns war nämlich doch ein perverser sexueller Hintergrund wahrscheinlich.

Aber Rispoli brauchte mehr Informationen über das Tragen des Messers, denn von dem hängte eben ab, ob er sogar von Vorsatz ausgehen musste und nicht nur von einer Tat im Affekt.

Uns kam vor, dass Marco Bergamo gerne auf die Frage rund um die Tatwaffe antworten würde. Emotionaler, im Sinne von aufgekratzter, auf jeden Fall lebendiger wurde Marco Bergamo nämlich, als er auf seine „Waffe" zu sprechen kam. Es wurde uns einmal mehr deutlich, mit was für einem gestörten Menschen wir es zu tun hatten. Bergamo hielt sich nicht zurück, auch Details über seine mitgetragenen Messer zu liefern. Man kann es nicht anders ausdrücken, er erzählte mit Stolz und wichtigtuerischer Miene, dass er für das Treffen mit Marcella bei ihr zu Hause extra einen ganz besonderen Dolch ausgesucht und mitgenommen hatte. Und in einem schon fast belehrenden Ton erklärte er uns auch noch, wieso er den Dolch bei sich mit der Klinge nach oben getragen habe. So könnte man das Messer besser verstecken und bei Bedarf schneller ziehen, so seine Erklärung. Nach diesen schauderhaften Erläuterungen lief es uns nur noch eiskalt den Rücken runter.

Aber wie viele Messer besaß Bergamo überhaupt? Wussten seine Eltern von all den Dolchen? Da fiel mir die Hausdurchsuchung bei der Familie Bergamo wieder ein. Der Vater von Marco hatte uns freiwillig eine Kartonschachtel übergeben, die mehrere Messer, Dolche und Klappmesser enthielt. Er erklärte uns, dass er diese Sammlung von Dolchen und Klappmessern dem Sohn nach dem zweiten Mordfall in Bozen im Jahr 1985 weggenommen hatte, aus Sicherheitsgründen. Er, also der Vater des Mörders, hatte zwar keine Hinweise hinsichtlich einer Täterschaft seines Sohnes, aber offenbar ein ungutes Gefühl gehabt oder doch vielleicht Böses geahnt?

Natürlich stellten wir uns auch die Frage, ob seine Eltern etwas gemerkt haben konnten. Dieselbe Frage stellte sich damals verständlicherweise auch die gesamte Bevölkerung unserer Stadt. „Dein Sohn, der bei dir noch wohnt, bringt fünf Frauen um und du merkst angeblich nichts?" Diese Frage war in aller Munde. Aber viele fragten sich auch, wieso Marco Bergamo erst nach dem fünften Mord dingfest gemacht werden konnte. Waren da Staatsanwaltschaft, Carabinieri und Polizei bei ihrer Arbeit wirklich fehlerfrei? Sind die Ermittlungen vielleicht sogar in die falsche Richtung gelaufen oder sind den Kriminalbeamten sogar Fehler unterlaufen? Wir standen also ebenso in der Kritik.

Die Kriminalstatistiken zeigen allerdings, dass es eine der schwersten und blutigsten Aufgaben bei Verbrecherjagden überhaupt ist, einen Serienmörder zu fassen, und jeder Kriminologe kann das ebenso bestätigen. Der Serienkiller wird von einer Mordlust getrieben, von der er sich nicht befreien kann. Er selbst weiß, dass, was er tut, unmenschlich ist. Er möchte sogar gefasst werden, damit sein Töten endlich mal ein Ende nimmt. Aber er mordet weiter, immer in kürzeren Intervallen und auf eine immer dreistere Weise, schließlich so schamlos und respektlos, bis sich seine Selbstsicherheit in Überheblichkeit wandelt und er zuletzt so fahrlässig handelt, so dass er immer mehr Fehler macht und die die Kriminalpolizei letztendlich auf seine Spur führt. Das Tragische dabei ist nur, dass es bis zu seiner endgültigen Überführung vielen Menschen das Leben kosten kann.

Die engsten Familienmitglieder hatten unisono und überzeugt ausgesagt, dass das Mädchen nur Bekannten die Haustür geöffnet hätte. Sie alle waren sich sicher, zu hundert Prozent, dass Marcella einen Unbekannten nie in die Wohnung gelassen hätte. Und so war unter den Ermittlern zunächst berechtigt der Eindruck entstanden, dass es sich bei dem Täter nur um jemanden aus ihrem engeren sozialen Umfeld hatte handeln können. Die Ermittler hatten die Aussagen der Verwandten so übernommen und es gab keinen Grund, daran zu zweifeln. Folglich kam damals für die Ermittler nur ein Verwandter oder ein näherer Bekannter in Frage, was statistisch gesehen tatsächlich meistens auch der Fall ist.

Auch war damals noch nicht von einem Serientäter auszugehen. Es war ja der erste Mord einer langen Serie über die Zeit von sieben Jahren hinweg, was damals doch absolut nicht abzusehen war. Niemand konnte schon 1985 an die Tat eines Triebmörders denken. Dementsprechend wurde nur innerhalb des Bekanntenkreises der armen Marcella gesucht und deshalb keine andere Spur verfolgt und folglich auch nichts gefunden. Ob der Mord als die Tat eines psychisch gestörten Frauenmörders in Betracht gezogen worden war, ist mir unbekannt. Jedenfalls war in der mir bei Amtsantritt vorliegenden Fallakte nichts dazu festgehalten worden.

Dass man den potenziellen Täterkreis auf die Familie und ihre unmittelbare Umgebung derart eingeschränkt hatte, war für die ganze Familie fatal. Die Gerüchteküche sorgte auch noch lange nach Marcellas Tod für eine böse Rufschädigung der Verwandten. Wenn denn der potenzielle Täter nur aus dem näheren familiären Umfeld hat stammen können, dann war für die Ratschen und besonders dummen Schlaumeier in den Bars und Kneipen automatisch so ziemlich jeder in der Familie der Marcella ein Verdächtiger. Je länger die Ermittlungen der Polizei erfolglos blieben, desto gemeiner wurden die Verdächtigungen oder gar Beschuldigungen. Allein die Aussage, dass sie nur Menschen, die sie gut kannte, die Tür geöffnet hatte, hatte für die Schwätzer schon Beweiskraft für ihre Vermutungen.

Mit Vermutungen konnten wir aber nicht viel anfangen. Rispoli und ich saßen immer noch dem Marco Bergamo gegenüber. Was war aber mit den anderen, auch jetzt noch unaufgeklärten zwei Tötungsdelikten? Am 26. Juni 1985 war die 41-jährige Annamaria Cipolletti erstochen worden und am 21. März 1992 die 18-jährige Renate Troger. Klar war Bergamo für uns auch der Täter dieser beiden Morde. Rispoli und ich wussten aber ganz genau, dass ein weiterer Bluff nicht mehr wirken würde. So dumm war der vor uns sitzende Killer dann auch wieder nicht, im Gegenteil.

Am Ende des Geständnisses für den dritten Mord, blieb also dem Staatsanwalt Rispoli nichts Anderes übrig als ihn zu fragen, ob er auch etwas mit dem Tod der Cipolletti und der Troger zu tun hätte. Die fast lächerlich wirkende, kleine Machtdemonstration, die folgte, war für uns wieder eine Überraschung. Marco Bergamo schaute uns beide mit einem mysteriösen, ernsten und herausfordernden Blick an und antwortete selbstbewusst mit einem „Nein".

Während er sein Nein aussprach, erhob er seinen Oberkörper und sein Haupt in einer militärischen geraden Haltung. Sicherlich wollte er uns zeigen, dass er letztendlich alles im Griff und die besseren Karten in der Hand hatte, als könne er bestimmen, was er zugibt und was nicht. Oder vielleicht wollte er uns gegenüber nur andeuten, dass wir nun genug „Beute" gemacht hätten und uns mit dem zufrieden geben müssten, was wir erreicht hatten. Womöglich hätten wir ihn ansonsten noch als Schwächling angesehen und das ließ sein Stolz nicht zu. Aber das was wir im Sack hatten, reichte vollkommen für eine lebenslange Verurteilung aus. Doch Staatsanwalt Rispoli hatte noch nicht ganz aufgegeben und wollte mit einem strengen Blick nochmals nachhaken: „Marco Bergamo! Sind Sie sich sicher, dass da nicht doch noch was war?" Von Bergamo kam nur noch die Antwort, die ich bis heute noch nicht aus meinem Gedächtnis kriege: „Sicher, zu 98 Prozent!" Was wollte Marco Bergamo damit sagen? Was meinte er? Hatte er doch noch mehr auf dem Kerbholz, denn von einem Gewissen zu sprechen war nach diesen Verhören kaum möglich? Das blieb aber letztlich sein Geheimnis, das er nie enthüllen sollte. Für unseren Serienmörder war das Gespräch beendet. Mit diesem arroganten Verhalten hatte er uns mit Sicherheit zu verstehen gegeben, dass er keine weiteren Geständnisse mehr abgeben werde. Nichts und

Marco Bergamo im Bozner Schwurgericht

Schwurgericht Bozen: ganz links Marco Bergamo und ganz rechts Staatsanwalt Guido Rispoli

niemand werde ihn umstimmen können. Staatsanwalt Rispoli und ich verließen das Gefängnis.

Die Sachverständigen des Schwurgerichtes und der Staatsanwaltschaft waren sich aber einig und befanden, dass alle fünf Frauen durch ein und dieselbe Person ermordet worden waren. Alle Indizien wiesen in diese Richtung. Und so ist er, wie es der Zufall so wollte, ausgerechnet am 8. März 1994, also am Weltfrauentag, auch für alle fünf Morde im Namen des italienischen Volkes, verurteilt worden, obwohl er in den letztgenannten beiden Fällen seine Unschuld immer beteuert hatte. Wir hatten feststellen können, dass Marco Bergamo am 26. Juni 1985, als Annamaria Cipolletti ermordet wurde, gerade seinen Militärdienst ableistete. Zur Tatzeit war er aber nicht an seinem Standort, sondern eben auf Heimaturlaub in Bozen gewesen. Für die Gerichtssachverständigen gab es auch in diesem Fall keinen Zweifel an seiner Schuld, stimmten doch alle Details des Tathergangs mit den anderen vieren überein.

Zwei Indizien konnten wir dem Staatsanwalt für das Hauptverfahren vor dem Schwurgericht im Falle der am 21. März 1992 auf der Brenner-Landesstraße, ungefähr 20 km von Bozen entfernt, ermordet

Atzwang/Bozen: Fundort der Leiche
von Renate Troger am 21. März 1992

aufgefundenen Renate Troger vorlegen. Bei dieser hatte es sich um eine 18 Jahre junge Frau gehandelt, die alles andere als eine Prostituierte war. Renate Troger war fast noch ein Mädchen, das wegen seines außergewöhnlichen Lebensstiles allgemein als kleine Rebellin angesehen wurde.

Sie nahm sich alle Freiheiten, akzeptierte kaum Regeln und gesellschaftliche Konventionen, war zumeist ohne Geld und ohne Selbstdisziplin. Die Schule besuchte sie nur bis zur zweiten Mittelschulklasse. Ihre Eltern und Geschwister waren ihr gegenüber machtlos, wenn sie immer das tun wollte, was ihr gerade in den Sinn gekommen war. Bezeichnenderweise hatte sie von Freunden den Spitznamen „Tochter der Nacht" erhalten. Sie machte gewöhnlich die Nacht zum Tag, besonders wenn sie Diskotheken aufsuchte. Renate Troger hatte bei ihren „Ausflügen" nie Geld bei sich und bettelte deshalb immer um ein Getränk. Um nach Hause zu kommen war sie jedes Mal abhängig von irgendwelchen Männern mit einem fahrbaren Vehikel. Diese Lebensweise konnte schnell lebensgefährlich werden, denn diese Männer sollten sie nach Hause chauffieren und verbargen vielleicht nebenbei ganz andere Erwartungen und erfahrungsgemäß können solche Situationen schnell entgleisen.

Ein Fliesenleger hatte am 21. März 1992 morgens um halb sieben Uhr die Leiche der armen Renate Troger in Atzwang am rechten Straßenrand bei seiner Fahrt zur Arbeit nach Bozen gefunden. Es waren erst ungefähr drei Monate nach dem Mord an der 24-jährigen Rauch in Bozen vergangen. Ich war damals noch nicht Chef der Kriminalpolizei gewesen, aber wegen der urlaubsbedingten Abwesenheit meines Vorgängers vertretungsweise eingesprungen. Bei der Autopsie wurden wieder Dutzende von Stichverletzungen festgestellt und, was bei den anderen Tötungsdelikten nicht der Fall war, diesmal auch Strangulationszeichen. Die Medien widmeten diesem Mord erwartungsgemäß große Aufmerksamkeit und stellten unmittelbare Parallelen zu den anderen Frauenmorden her. So war es auch kein Wunder, dass uns die geschockte Bevölkerung mit vielen Hinweisen zu helfen versuchte. In der Fülle der Informationen kann manchmal der unscheinbarste Hinweis der hilfreichste sein. Und so kann man sich vorstellen, wieviel Arbeit notwendig ist, allen in geeigneter Weise nachzugehen und Relevantes von Unrelevantem zu trennen.

Von den vielen gelieferten Informationen waren die von drei Studenten, die sich bei mir in der Quästur meldeten, nicht nur sachdienlich, sondern letztlich schon „fast" zielführend. Die in der Zeitung veröffentlichte Beschreibung des Opfers traf besonders wegen der etwas seitlich am Kopf getragen auffallenden roten blumenförmigen Haarspange auf jene junge Frau zu, die die drei Zeugen in der Nacht auf den 21. März in ihrer Wohngemeinschaft in Bozen Unterkunft angeboten hatten. Wie die drei Studenten mir erzählten, waren sie am 21. März 1992 gegen drei Uhr nachts, aus einer Diskothek im Eisacktal kommend unterwegs nach Bozen. Kurz nach der Kleinstadt Klausen bemerkten sie eine junge Frau, die „Autostopp" machte. Sie hielten sofort an und nahmen – was zunächst einmal nicht weiter verwundert – die hübsche Anhalterin gerne mit. Während der Fahrt offenbarte sie den Jungs, dass sie eigentlich in Bozen auch kein bestimmtes Ziel hatte und gerne bei ihnen die Nacht verbringen würde. Die drei höflichen Studenten erfüllten ihr diesen Wunsch zunächst und begleiteten Renate zu ihnen nach Hause. Aber bald sollten sie ihre Meinung ändern und ließen sie nur bis ungefähr fünf Uhr morgens bei ihnen etwas ausruhen. Dann wurde Renate von den drei jungen Männern gebeten, die studentische Wohngemeinschaft im Bozner Stadtzentrum zu verlassen. Die drei wichtigen Zeugen taten sich sehr schwer, mir zu erklären, warum sie Renate um fünf Uhr morgens zur Tür gebeten hatten. Dass sie irgendetwas mit dem Mord hätten zu tun haben könnten, stand von Anfang an außer Zweifel. Sie waren ehrlich bemüht, uns zu helfen. Vielleicht schwang sogar ein bisschen ein schlechtes Gewissen mit, denn, hätte sie bei ihnen in der Studentenwohnung doch übernachtet, wäre sie vielleicht noch am Leben gewesen. Das war ihnen klar und es tat ihnen irgendwie leid. Aber ihre Anwesenheit war ihnen damals unangenehm und peinlich geworden. Ihnen war nämlich bald aufgefallen, so erzählten sie mir, dass Renate ziemlich heruntergekommen war und einen sehr ungepflegten Eindruck machte. Irgendetwas stimmte mit ihr nicht. Sie hatten einfach ein ungutes Gefühl und wollten Renate deswegen wieder loswerden. Ohne irgendeinen Protest gegen den Rauswurf hätte sie dann das Haus verlassen. Alle drei Studenten waren während der Zeugenbefragung selbst niedergeschlagen und fühlten sich fast schuldig und entschuldigten sich mehrmals mir gegenüber.

Immerhin hatten wir jetzt das Leben von Renate Troger bis fünf Uhr des 21. März 1992 nachverfolgen können. Nur eine Stunde später, kurz nach sechs Uhr, war sie bereits tot, auf brutalste Art und Weise ermordet worden.

Aber was war anschließend passiert? Wohin war Renate Troger um fünf Uhr morgens gelaufen? Am Verdiplatz, 500 Meter östlich von der warmen Studentenwohnung, die sie hatte verlassen müssen, war sie wegen ihrer roten blumenförmigen Haarspange erneut aufgefallen. Um diese Zeit herrscht in Bozen immer noch Stille und es sind kaum Leute und Fahrzeuge unterwegs, außer die Wenigen, die zur Frühschicht müssen. Und tatsächlich war sie einem berufsbedingt, auch schon sehr früh unterwegs gewesenen Zeitungslieferanten aufgefallen. Auch er wandte sich, nachdem er aus der Zeitung vom fürchterlichen Mord erfahren und die Beschreibung des armen Opfers gelesen hatte, unverzüglich an die Kriminalpolizei in der Quästur und lieferte ebenfalls äußerst wichtige Hinweise. Dieser neue und letzte Zeuge berichtete uns, dass er um zirka fünf Uhr in der Früh des 21. März 1992 mit seinem Lieferwagen an der roten Ampel am Verdiplatz angehalten hatte. Vor ihm hatte ebenfalls ein Auto bei Rot Halt gemacht. Gleichzeitig bemerkte der Zeitungslieferant, wie eine junge Frau mit einer roten Haarspange vor den beiden Autos den Verdiplatz von links nach rechts überquerte und weiter Richtung Zugbahnhof spazierte. Als die Ampel auf Grün schaltete und der Zeuge nach links musste, erinnerte er sich, dass der PKW vor ihm hingegen langsam nach rechts abgebogen war, wo Renate bereits den Gehsteig erreicht hatte. Da er es immer eilig und keine Zeit hatte, das Geschehen weiter zu beobachten, konnte er leider nicht mehr sehen, ob dieser langsam schleichende Autolenker vor ihm die „Tochter der Nacht" in seinem Auto mitgenommen hatte. Eins errechneten wir sofort: Mit dem Zug oder einem anderen öffentlichen Verkehrsmittel hätte sie, zu jener frühen Tageszeit, nie Atzwang – wo sie tot aufgefunden worden war – erreichen können. Also musste sie mit irgendeinem Auto dorthin gebracht worden sein, tot oder lebend.

Dennoch konnte uns der Zeitungslieferant nur ganz wenige, zunächst fast unbedeutend erscheinende, aber wie sich herausstellen sollte, trotzdem wichtige Einzelheiten nennen, die zur endgültigen Aufklärung auch dieses Mordfalles führten. So konnte er sich daran erinnern, dass das Fahrzeug möglicherweise ein dunkler Renault mit einem Bozner Kennzeichen war und in der Nummerierung wohl die Ziffer 4 enthalten war. Da war sie also schon wieder, diese 4, ein wichtiger und nicht zu unterschätzender Hinweis für unsere spätere Beweisführung in diesem Fall.

Marco Bergamo konnte für die infrage kommende Tatzeit nur ein sehr schwaches Alibi liefern. Er behauptete, zu Hause geschlafen zu haben. Und die Eltern bestätigten, nichts von nächtlichen Eskapaden von Marco zu wissen.

Mein Chefinspektor Karl Erlacher übernahm damals mit mehreren Kollegen die Mammutarbeit, alle Fahrzeuge der Marke Renault mit Bozner Kennzeichen und mit einer Zifferkombination, in der eine 4 enthalten war, zu überprüfen. Zunächst mal von 400000 bis 499999 und so weiter. Es ist kaum nachzuempfinden, was das damals für ein Aufwand war, ohne die heute übliche Unterstützung durch entsprechende Software moderner Computer. In Südtirol war es die erste Rasterfahndung in großem Stil.

Sie führte uns aber nicht zu dem gewünschten Erfolg. Heute wissen wir warum. Das Auto des Verdächtigen war kein Renault, sondern ein SEAT Ibiza. Nie zuvor waren wir am Täter so nah dran gewesen, aber doch nicht nahe genug, und das sollte Marika Zorzi das Leben kosten.

Das zweite Indiz, das wir gegen Marco Bergamo für den Mord an Renate Troger in der Hand hatten, war die Schnur. Jene Schnur, die wir bei seiner Festnahme im Kofferraum seines SEAT Ibiza sicherstellen konnten. Der Durchmesser dieser Schnur passte genau zu den Strangulationswunden, die die Pathologen bei der Autopsie von Troger festgestellt hatten. Mit den technischen Mitteln, die uns damals zur Verfügung standen, konnte hingegen nie genau bestimmt werden, ob die biologischen Spuren auf dieser Schnur effektiv Blut waren.

Nun war der Serienkiller endlich und Gott sei Dank festgenommen. Wer war dieser Marco Bergamo? Was war das für ein Mensch, eine Frage, die sich verständlicherweise jeder stellte. Auch für uns als Ermittler, die zunächst nur die Fakten, sprich Beweise für Schuld oder Unschuld, zusammentragen müssen, sind die Motive eines Täters, sein Wesen, sein Gesundheitszustand wichtig. Die Aspekte, die sich vor Gericht möglicherweise strafmildernd oder -verschärfend auswirken und für das endgültige Urteil insgesamt maßgeblich sein können, müssen auch von uns, also von der Kriminalpolizei, der Staatsanwaltschaft geliefert und schlussendlich dem Gericht vorgelegt werden.

Dazu gehört sein Lebenslauf. Ein guter Schüler war er nie gewesen, so viel stand gleich schon einmal fest. Nach Auskunft seiner Eltern war ihr Sohn Marco auch eher ein schüchtern wirkender Einzelgänger, der sehr lange, auch noch im Erwachsenenalter, an seinen Eltern hing. Wenn man so will, war er ein Spätentwickler. Wie das nach solchen Ereignissen in der Nachbarschaft und im Bekanntenkreis der Familie gewöhnlich ist, haben die „Schlaumeier unter ihnen hinterher natürlich schon vorher alles gewusst bzw. vorhergesagt. Die üblichen – wie man in Südtirol zu angeberischen Schwätzern und Wichtigtuern zu sagen pflegt – „Dampfploderer" in seiner sozialen Umgebung hatten ihn angeblich schon beim Onanieren am Fenster beobachtet und dann natürlich gleich gewusst, was alles später mit ihm noch passieren würde. Einen wirklichen Beitrag zur Aufklärung oder Erklärung für die Verbrechen lieferten diese falschen „Stadtleuchten" nicht, vorher nicht und hinterher nicht, auch keine Anzeige, die die Polizei vielleicht schon früher zu Bergamo hätte führen können.

Gleich drei Psychiater, bestellt vom Gericht, versuchten herauszufinden, was seine Motive für die grausamen Morde waren. Er verfügte zumindest über hinreichend Intelligenz, um die Folgen seiner

Verbrechen einschätzen zu können und war damit schuldfähig. Er hatte zum Beispiel auch keine organische Hirnerkrankung wie eine Hirnhautentzündung, einen Hirntumor oder Ähnliches, Krankheiten, die zu intellektuellen Einbußen geführt hätten. Der Mord stellte für ihn vielmehr eine Methode zur Befriedigung dar, aber nicht nur zur sexuellen, so die drei Gutachter: „Für Bergamo bedeutete letztendlich das Töten die extreme sadistische Perversion, die stärkste Art, um eine Frau zu besitzen." Marco Bergamo hatte ihnen unter anderem erklärt: „Mein Albtraum war immer die Frau, nicht ihre Vagina. Eine Frau hat mir immer Angst gemacht, Angst nicht auf gleicher Höhe mit ihr sein zu können. Später ist die Angst in Hass übergegangen." Die nach dem ersten Mord erzielte Befriedigung wollte er immer wieder verspüren. Gleichzeitig hatte er aber auch selbst Angst, dass er es wieder tun könnte, sich wohl immer der Konsequenzen seiner Verbrechen bewusst. So kann auch erklärt werden, warum es eine Zeit in seinem Leben gab, nämlich sieben Jahre, in denen er keiner Frau etwas zuleide getan hatte. Nie hatte er eine befriedigende Partnerschaft oder Beziehung zu einer Frau aufbauen können. Nur das Messer in seiner Hand bezeichnete er als seinen „Bruder" und nahm es immer mit, wenn er zu einer Prostituierten ging. Glücklicherweise hatte er es nicht immer „gebraucht", da nicht alle Prostituierten ihn wegen seiner Genitalien ausgelacht haben, sonst hätte es mit Sicherheit noch mehr Opfer gegeben. Das finale Motiv zuzustechen war immer eine vermeintliche Demütigung durch eine Frau, die er nicht ertrug.

Die Morde des Marco Bergamo waren auch für das ganze weitere Leben von Bergamos Familie auf tragische Weise belastend und bestimmend. Die Mutter wurde unter den Belastungen psychisch krank und musste im Krankenhaus psychiatrisch behandelt werden. Der Vater, dieser arme und ganz offensichtlich von Gewissensbissen geplagte Mann, hatte sich zwei Jahre später mit 72 Jahren am 18. April 1994 nach der Verurteilung seines Sohnes im Keller aufgehängt, und sein richtiger Bruder sah sich gezwungen, das Land zu verlassen und auszuwandern. Bergamo war mittlerweile über Trient nach Turin in das dortige Gefängnis überstellt worden und sollte dort seine lebenslange Haftstrafe absitzen, deren Ende früher kam als erwartet. Er verstarb dort am 17. Oktober 2017 an einer Lungenerkrankung.

VON MOHNBLUMEN UND ANDEREN BLÜTEN

Lieber reich und kriminell als bescheiden und ehrlich

Es gibt zwei Arten von Blüten, die uns Sorgen machten. Die einen kommen von den Mohnblumen, die anderen aus dem Kopierer. Mit unserem täglichen Kampf gegen die Drogen fühlten wir uns buchstäblich wie die Tropfen auf den heißen Steinen. So gesehen, fragten wir uns oft, für was wir uns eigentlich so abmühten und manchmal auch unsere Gesundheit oder sogar das Leben bei gefährlichen Einsätzen riskierten. Aber der Kampf gegen die illegalen Drogen war tägliches Brot, natürlich nur im übertragenen Sinne. Die Einen verkauften es, die anderen verköstigten es, und wir versuchten, es zu vernichten. Es war ein Fass ohne Boden, das muss ich zugeben.

Eigentlich hätten wir uns jeden Tag nur verdeckt am Bozner Bahnhofsareal aufstellen müssen, um fündig zu werden: kleine Dealer, meist selbst rauschgiftsüchtig, die mit kleinsten Mengen ihrem Geschäft nachgingen. Für den Gesetzgeber waren diese Menschen so unbedeutend, dass es immer nur dann zu einer Anzeige kam, wenn sie auf freiem Fuß ertappt wurden. Dass damit Tag für Tag die Gesundheit anderer Menschen gefährdet wurde, war zweitrangig. Zu einem Prozess kam es in der Regel in den seltensten Fällen. Bis die Dealer an die Reihe kamen, waren ihre Straftaten oft schon verjährt. Wir konzentrierten deshalb unsere Kräfte und die wenigen Mittel, die wir für die Drogenbekämpfung zur Verfügung hatten, auf die Ermittlungen bei denen die Sicherstellung größerer Mengen an Drogen und die Festnahme von wichtigen und gefährlichen Kriminellen erfolgversprechender war, als nur den kleinen Dealern hinterherzulaufen.

Dabei gab es so manche kuriose Überraschung, die uns zeigte, dass die Gangster nicht nur mit allen Wassern gewaschen waren, sondern dass auch deren Fantasie keine Grenzen kannte. Eines dieser kuriosen Ermittlungsergebnisse muss unbedingt erzählt werden. So gelang es uns Mitte der 1990er Jahre, zwei Drogenkuriere hinter Schloss und Riegel zu bringen, die mitten im Winter statt mit einem Snowboard mit einem Surfbrett in die Südtiroler Berge gereist und ausgerechnet auch noch aus Istanbul gekommen waren. Auffälliger geht es schon fast gar nicht mehr, und doch waren sie in keine Verkehrskontrolle der Polizei geraten. Erst durch unsere langwierigen Ermittlungen konnten diese Kuriere, ihre Schmuggelware und die gefährlichen Hintermänner ermittelt werden. Gut war, dass die „Wintertouristen" das Surfbrett nicht auf einer der Skipisten in den Dolomiten benutzt hatten, sonst wären sie vielleicht mit den drei Kilogramm reinsten Heroins, welches geschnitten auf den Verbrauchermarkt einen Wert von rund 750.000 Euro erreicht hätte, verloren gegangen. Es handelte sich zur damaligen Zeit um den größten Drogenfund in Südtirol. Dieser Erfolg gelang uns nur, weil wir hartnäckig Tag und Nacht die Verdächtigen beschatteten.

Die Ermittlungen dauerten fast ein halbes Jahr. Ich hatte dafür von der Staatsanwaltschaft die gerichtliche Erlaubnis erhalten, bestimmte Telefone abzuhören und im Fahrzeug des hauptverdächtigen Drogendealers aus Kalabrien eine Wanze einbauen zu lassen, also ein kleines Abhörgerät. Ich glaube, dass das der erste Fall eines Lauschangriffs in Bozen war. Meine Leute mussten deshalb wie professionelle Autoknacker lernen, ein Auto aufzubrechen, ohne es zu beschädigen und in aller Eile mit vorher eingeübten Handgriffen die Wanze im Auto des Verdächtigen einzubauen, und das auch noch bei Nacht in völliger Dunkelheit. Diese Wanze ermöglichte es uns, von den Büros der Kriminalpolizei aus alles mitzuhören, was im Auto gesprochen wurde, damals ein revolutionärer Fortschritt in der kriminalistischen Ermittlungstätigkeit. Aber man kann sich auch vorstellen, welchen riesigen zusätzlichen Zeit- und Arbeitsaufwand diese Abhörtätigkeit von meinen Leuten verlangte. Erstens mussten Schichtdienste eingeführt werden, um zu gewährleisten, dass ein Kriminalbeamter rund um die Uhr, also in Echtzeit, die Gespräche abhören konnte. Die gerade mit dem Lauschangriff beschäftigten Beamten durften nämlich erst dann Feierabend machen, wenn der Hauptverdächtige sich entschieden hatte, schlafen zu gehen. Zweitens mussten die Gespräche, wie die strenge Strafprozessordnung es verlangt, auf Tonband aufgenommen und im Anschluss unverzüglich Wort für Wort niedergeschrieben und wortgetreu protokolliert der Staatsanwaltschaft übermittelt werden. Dann gab es auch noch des Öfteren ein großes Verständigungsproblem, denn die Kalabresen sprachen unter sich logischerweise in ihrem Dialekt, der für uns hier im „hohen Norden" eher wie eine Fremdsprache klingt.

In der Quästur und selbst direkt in meiner Abteilung waren zwar viele Süditaliener beschäftigt, aber wie der Zufall es so wollte, natürlich kein Kalabrese. Es war mindestens so kompliziert, wie wenn bei uns in Südtirol ein Bozner einen aus dem hintersten Sarntal oder Passeiertal hätte abhören müssen. Es hätte immer eines Einheimischen bedurft, der das jeweils abgehörte Gespräch übersetzt und für alle anderen und besonders für das Gericht hätte verständlich machen müssen.

Aber dann waren da noch die unzähligen technischen Überraschungen, die uns allzu oft einen Strich durch unsere Rechnungen machten. Manchmal hörten wir plötzlich nur mehr ein Rauschen oder Pfeifen aus den Lautsprechern der Abhörgeräte zischen. Das verlangte eine sofortige Reparatur des Abhörgerätes, also wieder einen Nachteinsatz, bei dem meine Leute schon nicht mehr nur kriminalistisch, sondern schon fast kriminell als Autoknacker, allerdings mit gesetzlicher Genehmigung, vorgingen. Einmal passierte es, dass meine Mitarbeiter von Nachtschwärmern tatsächlich mit echten Autodieben verwechselt wurden, und diese daraufhin die Polizei verständigten. Die Streife kam, und deren vorab informierte Besatzung musste Theater spielen, damit die Tarnung unserer dienstlichen Autoknacker und deren wahre Gründe für ihren nächtlichen Einbruch nicht aufflogen. Meinen Leuten wurden die Handschellen angelegt und in die Quästur verbracht, wo diese ihnen von ihren schmunzelnden Kollegen wieder abgenommen wurden und die vermeintlichen Autodiebe im Auftrag der Italienischen Republik wieder ihrer Routinearbeit nachgehen konnten.

Aber der Aufwand hatte sich in jeder Beziehung gelohnt. Diese Ermittlung erlaubte uns, trotz der kleinen technischen Pannen, große

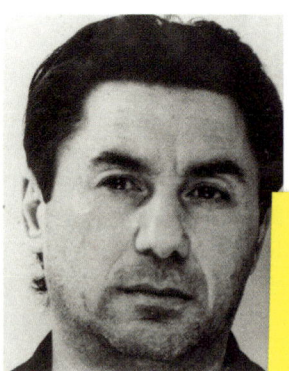

Rocco Pirilli kontrollierte Mitte der 1990er Jahre den Heroin- und Kokainhandel in Südtirol.

Quästur Bozen: Pressekonferenz nach der Festnahme von
Rocco Pirilli und seinen Mittätern, neben dem Quästor
Lo Sciuto Kripochef Alexander Zelger

Mengen an Rauschgift sicherzustellen und auch den Kopf der in
Südtirol im Drogenhandel tätigen kriminellen Organisation festzunehmen: Das war der aus Kalabrien stammende Rocco Pirilli. Eine
Befürchtung stieg in uns auf. Hatte etwa die kalabresische Mafia, also
die berühmt-berüchtigte 'Ndrangheta, wieder oder immer noch seine
Fühler nach Südtirol ausgestreckt? Nachvollziehbar war das schon,
denn das Geschäft mit dem Rauschgift bringt ab einem gewissen
Volumen einfach viel zu hohe Gewinne, viel zu viel und relativ leicht
schmutziges Geld in die Hosentaschen der Verbrecher.

Aber damals hatten wir die Nase vorn, wenigstens dieses Mal. Bevor
das sichergestellte Heroin in einem versiegelten Paket von uns beim
Bozner Landesgericht abgegeben wurde, sollte es für die Pressefotografen auf einem Tisch zur Schau gestellt werden. Bei der Pressekonferenz in der Quästur wurde das Heroin, unsere Trophae, mit Stolz
gezeigt. Dahinter zwei gutaussehende Polizeibeamte in Uniform, das
gehört nun einmal in einem Land dazu, das auf die *bella figura* großen Wert legt und unbestritten auch über elegante Uniformen verfügt.

Bei den Fundstücken aus den Schubladen des gestürmten Etablisse-
ments bei Signora Concetta hatten wir übrigens auf ein solches Presse-
foto bewusst verzichtet. Die immer sehr engagierten Pressefotografen
zeigten für diese Entscheidung weniger Verständnis.

Der Verdacht, dass bei einer so großen Menge Heroin vielleicht doch die 'Ndrangheta ihre Finger mit im Spiel hatte, wurde letztendlich bestätigt. Zusätzliche Lauschangriffe und gezieltere Ermittlungen gaben uns Gewissheit. Zwar waren die meisten Straftäter dieser Mafiabande nach einer Razzia in den Achtzigern schon hinter Schloss und Riegel gebracht worden, aber es hatte anscheinend nicht lange gedauert und die kriminellen Strukturen waren wiederaufgebaut. Dieses Mal hatte unser Rocco Pirilli die Rolle des „Capo" in Südtirol für eine 'Ndrangheta-Familie aus Rosarno übernommen. Die in unserem Lande notwendigen Ermittlungen dauerten sehr lang, denn das natürliche Misstrauen der Kalabresen gegenüber all den anderen Italienern, hatte zu einer totalen Abschottung der kleinen, aber extrem gefährlichen Gruppierung geführt.

Neben dieser zeitaufwendigen Ermittlung musste die Bekämpfung der allgemeinen Kriminalität aber fortgeführt werden und das immer mit der gleichen Anzahl an Kriminalbeamten, die meinem Büro zur Verfügung stand. Meine Mannschaft war mit der famosen ewig zu kurzen Decke vergleichbar. Ziehst du dir die Decke über die Schultern, werden die Füße frei und umgekehrt. Mehrmals hatte ich den Quästor um Verstärkung gebeten, aber ohne Ergebnis. Jede Polizeiabteilung litt unter chronischer Unterbesetzung, so wie jede italienische Quästur auch. Dies zog sich weiter bis ins Innenministerium, wo sich die jeweiligen Minister hinter den notwendigen Sparmaßnahmen der Regierung versteckten.

Meine Leute und ich ließen uns davon nicht demotivieren, denn wir wollten die Sicherheit unserer Bevölkerung weiterhin garantieren. Egal, wer an unsere Tür klopfte und um Hilfe bat, jeder konnte mit unserer Unterstützung rechnen, auch wenn es uns nicht selten schwer viel. Denn manchmal fragten wir uns schon, wie es nur so viel Naivität oder Ahnungslosigkeit in ein und derselben Person geben kann. Solche „Pechvögel" mussten regelrecht die Aufmerksamkeit von Gaunern anziehen, die natürlich eine besondere Nase dafür hatten, solche Personen ausfindig zu machen und aufs Kreuz zu legen.

Dazu möchte ich auch ein Beispiel anführen und von einem Menschen erzählen, der mir trotz seiner Tollpatschigkeit einfach leidtat. Auch solchen Menschen zu helfen, gehörte zu meinen Aufgaben, ohne dass es sich gleich um ein Kapitalverbrechen, Mord und Totschlag handelte.

Immer nach dem Motto „Pecunia non olet", was auf Deutsch so viel heißt wie „Geld stinkt nicht" (das wussten schon die alten Römer), waren der Fantasie von Kriminellen, wenn es ums Geld geht – wen wundert es – keine Grenzen gesetzt. In diesem Fall hatte mich ein Metzger um Hilfe gebeten. Er schämte sich zwar gehörig ob seiner Dummheit, aber die verlorene Geldsumme war einfach zu groß, und er hoffte durch die Polizei seine Ersparnisse wiederzubekommen. Was war ihm passiert? Er gab zu Protokoll von einem ihm unbekannten „Zigeuner" kontaktiert worden zu sein. Er nannte ihn der Einfachheit halber einen Zigeuner, weil er sich bei den Stammeszugehörigkeiten dieser Menschen nicht auskannte, meinte aber ganz offensichtlich einen Sinti oder einen Roma. Dieser bat ihn um Hilfe. Er habe 500.000 Schweizer Franken in bar im Wert von damals umgerechnet 625 Millionen Lire. Damit könne er als Zigeuner, wie er sich selber bezeichnet hatte, nicht in eine Bank gehen und ein Konto eröffnen. Er bräuchte aber dringend Lire, lebte er doch in Italien und könne mit dem Geld in Südtirol nichts anfangen. Deswegen fragte er den Metzger, ob er ihm nicht helfen könne und das Geld in Lire umtauschen würde, und das selbstverständlich zu einem für ihn sehr guten Wechselkurs. Mit 300 Millionen Lire wäre er schon zufrieden. Das klang bei der Gewinnspanne, die der angebotene Wechselkurs versprach, sehr verlockend. Wohl zu verlockend, und das ausgewählte Opfer fiel rein. Das Geschäft ging schnell über die Bühne. So ein Deal glaubte der Metzger sich nicht entgehen lassen zu können. Wie viele arme Schweine hätte er schlachten müssen, wieviel Speck verkaufen müssen, um auf einen Schlag so einen Verdienst zu machen?

Aber das konnte nicht gut gehen. Ein Bankangestellter klärte ihn bald daraufhin auf, dass die ihm vorgelegten fünf Scheine höchstens für ein Monopoly-Spiel geeignet seien. Der Banker dachte noch, der Metzger sei beim Fleischverkauf von einem Kunden über den Tisch gezogen worden, nicht ahnend, dass dieser einen ganzen Koffer voller Blüten in seiner Kühlzelle versteckt hatte. Nur die gute körperliche Verfassung bewahrte wahrscheinlich den Metzger schließlich davor, einen Herzinfarkt zu erleiden.

Bei mir im Büro versuchte der Metzger nun den „Geldwechsler" so gut wie möglich zu beschreiben, in der Hoffnung, dass wir diesem Übeltäter habhaft werden und er so wieder an seine Lire kommen konnte. Meine erfahrenen Mitarbeiter brauchten nicht lange, diesen Sinti wiederzuerkennen und fanden heraus, dass er, entgegen der Nomadentraditionen, schon seit Jahrzehnten sein Lager unweit von Bozen aufgeschlagen hatte. Wir haben ihn uns gleich geholt. Ich griff wieder einmal in die Trickkiste der Kriminalpolizisten und schlug ihm einen Deal vor: Geld zurück, und ich würde mich beim Staatsanwalt um mildernde Umstände bemühen. Doch der Geldwechsler hielt sich für schlauer als ich und belehrte mich dahingehend, wobei er mich zu allem Überdruss auch noch in meinem Rang degradierte: *„Maresciallo, io al massimo mi faccio tre mesi di galera. Lei in tre mesi guadagna trecento milioni di lire?"* Damit hatte er gemeint, dass er für die ihm zur Last gelegte Straftat allerhöchstens für drei Monate in den Knast wandern würde und fragte mich, ob ich im gleichen Zeitraum auch so viel verdienen könne. Mein Wesen, das meine Mutter motiviert hatte, in mir einen zukünftigen Priester zu sehen, verhinderte, dass ich ihm außerhalb des Protokolls versehentlich eine Watschen gegeben hatte. Ich ging wieder einmal völlig desillusioniert in mein Bürozimmer und goss Wasser in den Topf meines Benjaminus Ficus, eine in Büroräumen übliche Topfpflanze, die es in ihrem Leben auch nicht einfach hatte. Bei meinem Ficus hingen allzu oft traurig die Blätter herunter und dies nicht nur, weil er an den Wochenenden alleine gelassen und nicht versorgt wurde. In solchen Momenten hatte es das Bäumchen besonders gut, da es meine ganze Liebe und Zuneigung bekam und ich mich dabei tröstete, es nicht allzu persönlich zu nehmen. Es half immer.

NUR WEG MIT DEN ILLEGALEN EINWANDERERN

Das Bozner Übel unterm noblen Teppich der Stadt

Unser Alltag bestand nicht nur aus Verbrecherjagd oder Präsenzdienst bei Sportveranstaltungen, Ordnungsdienst bei Kundgebungen, sondern auch allzu oft aus Aufgaben, die uns regelrecht frustrierten. Wir von der Kriminalpolizei mussten uns in Bozen um so manchen Schandfleck kümmern, auch wenn uns diese Art der Arbeit oft genug anwiderte. Eine dieser Kehrseiten des Paradieses Südtirols war ein Barackenlager am linken Eisackufer zwischen der Rombrücke und der Palermobrücke, das Anfang der 1990er Jahre, in kürzester Zeit, fast über Nacht, unweit vom idyllischen gotischen, teils frühmittelalterlichen Stadtkern von Bozen entstanden war. Dieses Lager, Ausdruck einer unerträglich hässlichen, aber allgemein verdrängten Wirklichkeit inmitten von Bozen war Folge der ersten größeren Welle illegaler Einwanderer aus dem afrikanischen Kontinent nach Italien. Es handelte sich dabei um völlig mittellose Menschen, die nicht wussten, wo sie sonst hätten bleiben können und die sich innerhalb weniger Monate als illegale Migranten zu Hunderten am Flussbett des Eisack auf Geröllhalden niedergelassen hatten.

Egal, welcher politischer Tendenz oder sozialer Herkunft man war, alle wollten diese unmenschliche Tragödie, die sich in ihrer unmittelbaren Nachbarschaft abspielte, aus dem Blick haben, weg von Bozen, raus aus Bozen. Es gab damals keine öffentliche Einrichtung, die auf so eine Problematik vorbereitet war oder eine Behörde, die sich zuständig fühlte. Alle waren überfordert und jedermann versuchte den schwarzen Peter auf den anderen zu schieben. Es blieben also wieder einmal nur wir von der Polizei, die die Symptome dieser humanen Notfälle unterdrücken sollten, während die politisch Verantwortlichen verzweifelt nach Lösungen suchten, um diese inhumane Situation zu heilen. Der Überlebenskampf dieser armen Menschen – es handelte sich in ihrer großen Mehrheit um Nordafrikaner, die von der Insel der Seligen, also Südtirol gehört hatten – endete aber mit einer brutalen Enttäuschung. Was blieb ihnen anderes übrig, als am linken Eisackufer sich mit primitivsten Mitteln eine Bleibe zu schaffen, wobei die Bezeichnung notdürftig noch übertrieben ausgedrückt ist. Mit offensichtlich auf dem Niemandsmarkt gefundenem Wellblech, Brettern und Nägeln hatten sie sich spartanisch anmutende Hütten zusammengezimmert, die in aller Regel immer nur aus vier Wänden ohne Fenster und einer Eingangstür bestanden. Irgendwann so eng aneinandergebaut, dass die eine die andere gegenseitig abstützte, so, dass der nächste nur mehr drei Wände neu aufstellen musste. Brach aber eine ein, dann fielen meistens immer gleich wie ein Kartenhaus mehrere um bzw. in sich zusammen.

Dort wohnten also diese Menschen, mehrere hundert, versuchten irgendwie zu überleben, sammelten dort das wenige Hab und Gut und ihre kleinen Schätze. In diesen Hütten versuchten sie zu kochen, zu essen und zu schlafen, nicht selten mehrere auf engstem Raum. Keine dieser Behausungen verfügte über irgendwelche sanitären Einrichtungen, selbst der uns allen gutbekannte Nachttopf war in diesem armseligen Lager schon ein seltener Luxusartikel. Die Folge war, dass zwischen den in Reihen aufgestellten Hütten, jeweils parallel nur ein Meter von der nächsten entfernt, sich Rinnsale stinkender Abwässer gebildet hatten, die ungefiltert in den Eisack flossen. Die Situation in diesem Lager war total außer Kontrolle geraten und die lokalen Medien verurteilten die Südtiroler Politiker und die zuständigen staatlichen Institutionen extrem scharf, denn das Barackenlager hatte in der Stadt bald den Spitznamen „cloaca maxima" bekommen – eigentlich ein großes Unrecht den alten Römern gegenüber, die vor über zweitausend Jahren mit der Kanalisierung der „caput mundi" eine Meisterleistung der damaligen Ingenieurskunst vollbracht hatten.

Zu dem Problem der völlig fehlenden Hygiene kam jenes der kalten Wintertemperaturen, die sich gleich neben einem Fluss noch eisiger anfühlen mussten. Auch in Bozen konnten die Temperaturen für mehrere Tage schon auf minus zehn Grad fallen. Die Armen versuchten dann mit Behelfsmitteln wie selbst gebastelten Öfen oder offenen Feuerstellen inmitten ihrer Behausung, sich vor der Kälte zu schützen, einer Kälte, die durch die Feuchtigkeit des Eisacks einem bis in die Knochen drang. Viele Bozner störte aber eigentlich nur der Gestank, der von dort ausging.

Folglich war dort fast täglich die Feuerwehr im Einsatz, um irgendwelche Brände zu löschen, da durch Unvorsichtigkeit oder falsches Handhaben ihrer dürftigen Heiz- oder Kochgeräte die umliegenden Habseligkeiten zuerst und dann die ganze Baracke schnell Feuer fingen. Auch die Feuerwehrleute riskierten oft ihr Leben, besonders dann, wenn sie Gasflaschen aus den Hütten in Flammen bergen mussten, und das war durchaus keine Seltenheit. Einmal war eine Gasflasche explodiert, die folgenden Schrecksekunden fühlten sich wie Stunden an. Aber jene, die wirklich ihr Leben tagtäglich riskierten, waren letztendlich die dort lebenden, sogenannten illegalen Einwanderer. Leider ist es vorgekommen, dass tatsächlich Menschen in ihren in Flammen geratenen Baracken elend verbrannten. In diesen Situationen musste ich auch immer mit meinen Leuten und den Kollegen der Spurensicherung zu einem Lokalaugenschein ausrücken, um ein eventuelles Fremdverschulden festzustellen und gegebenenfalls die Ermittlungen einzuleiten.

Einmal war es besonders tragisch und auch für mich heute noch unvergesslich. Die Feuerwehr hatte den Brand an einer Hütte gelöscht. Die anwesenden Polizeibeamten eines herbeigerufenen Streifenwagens bemerkten hinter der noch stehenden Tür einer teils eingestürzten Wand eine Leiche. Ich wurde sofort verständigt. Während meine Leute schon routinemäßig nach Augenzeugen suchten, traf ich am Barackenlager ein und informierte mich bei den Polizeibeamten der Streife und den Feuerwehrleuten über die vermutliche Brandursache, um ein eventuelles Delikt auszuschließen oder doch feststellen zu können. Sobald die Spezialisten der Spurensuche ihre ersten Bildaufnahmen an der Brandstelle gemacht hatten, konnte ich mich mit ihnen vorsichtig zur Leiche begeben. Meine Leute hatten schon herausgefunden, um wen es sich bei dem Toten handelte, und zwar um einen illegal eingewanderten Nordafrikaner, der schon öfters des Landes verwiesen, immer wieder zurückgekehrt, immer wieder sein Glück versuchend, trotzdem arbeitslos geblieben war. Jetzt lag er total verkohlt, an manchen Körperteilen bis zu den Knochen vom Feuer verstümmelt, auf dem Boden vor mir, mit riesigen aufgeschwollenen weißen Augäpfeln, die noch nach Hilfe schrien. Beide Arme Richtung Tür ausgestreckt und mit den zwei Zeigefingern auf denselben Punkt zeigend, wenige Zentimeter neben der Tür. Diesen Anblick kann man

Einfahrt zum Barackenlager an der
Rombrücke in Bozen

auch als Kommissar, der einiges schon gesehen und erlebt hatte, nie
vergessen. Aber ich fragte mich, wieso war dieser Einwanderer nicht
aus der Hütte flüchtete, als das Feuer ausgebrochen war? Die Tür war,
das konnte ich sofort feststellen, noch von innen mit einem Vorhänge-
schloss zugesperrt. Mein Blick fiel auf den vom Opfer mit den Zeigefingern, von seiner Hand nur wenige Zentimeter entfernt, gezeigten
Punkt. Dort glitzerte es aus der Asche hervor. Ich bückte mich und
erkannte einen kleinen Schlüssel. Es war genau der des Vorhänge-
schlosses, mit dem das Opfer die Tür von innen zugesperrt hatte! Mir
lief es eiskalt den Rücken runter. Der Arme wollte vor den Flammen
flüchten, war aber mit Sicherheit in Panik geraten, und es gelang ihm
deshalb nicht mehr, mit seinen zitternden Händen das Schloss aufzu-
sperren. Höchstwahrscheinlich war ihm dann auch noch der Schlüssel auf den Boden gefallen. Die kleine Baracke hatte sich rasch mit sti-
ckigem Rauch gefüllt und als er bückend versuchte, den Schlüssel zu
greifen, machte er seine letzten Atemzüge. Hoffentlich, dachte ich mir,
war er wirklich vorher schon erstickt und nicht wie im Mittelalter am
Scheiterhaufen langsam auf grauenvolle Art verbrannt.

Nun, ich hatte die notwendigen Informationen gesammelt, um der Staatsanwaltschaft meinen Bericht übermitteln zu können, mit dem Ergebnis, dass es sich um einen tragischen Unfall gehandelt hatte und ich kein Fremdverschulden an dem Tod des Einwanderers feststellen konnte. Damit war der Fall zumindest für die Polizei abgeschlossen. Das Bild dieses Menschen und sein trauriges Ende ging aber lange Zeit mir noch nach.

Der stechende, unappetitliche Geruch neben dem grausigen Anblick der Leiche lud keinen von uns dazu ein, länger als unbedingt notwendig dort zu bleiben. Auch als Leiter der Kriminalpolizei ließen mich solche Szenen eben nicht kalt. Ich fuhr zurück in die Quästur und, da es bereits kurz nach 13 Uhr war und meine Frau Ute, eine fantastische Köchin nebenbei bemerkt, wegen ihrer zwölf Stunden langen Tagesschicht noch im Krankenhaus beschäftigt war, entschied ich mich ausnahmsweise in unserer Mensa in der Quästur das Mittagessen einzunehmen. Dort nahm ich das Tablett und ging direkt zur Abteilung der Hauptspeisen. Das war ein großer Fehler: Auf dem Speiseplan stand an diesem Tag *bistecca di manzo ai ferri*, also gegrilltes Rindsschnitzel. Ich schaute mir das fast angebrannte Stück Fleisch an, das Schnitzel schaute mich an, in meinen Augen spielten sich die gerade erst erlebten Szenen der verkohlten Leiche ab und so entschied ich mich, das Fleisch wieder zurückzustellen, und ging mit leerem Magen in mein Büro retour. Da kann man noch so abgebrüht sein, aber es gab Tage bei der Tätigkeit als Kriminalpolizist, die so unter die Haut gingen, dass man auch trotz großen Hungers auf ein Mittagessen verzichtete.

Die Tage vergingen und das Barackenlager wurde ständig größer, die Hütten wuchsen wie Pilze und die Anzahl der illegalen Einwanderer nahm besorgniserregend zu. Einige hatten ihre ganze Familie mit Kindern mitgebracht, aber meistens handelte es sich um junge Männer, die keine Arbeit fanden bzw. finden durften, da sie keine Einreisegenehmigung erhalten hatten. Und aus diesem Grunde standen sie als illegale Einwanderer ohne Einkommen da. Ein größerer Teil konnte sich und die Familie als Schwarzarbeiter über Wasser halten, aber leider landeten die meisten, mehr oder weniger freiwillig, in der Welt der Kleinkriminalität und versuchten sich auf illegale Weise durchzuschlagen. Das war der Grund dafür, warum dieses Lager auch noch in unsere Zuständigkeit als Kriminalpolizei fallen sollte, obwohl es sich doch in erster Linie um ein soziales Problem handelte, um das sich andere Behörden hätten kümmern sollen.

Mittelfristig waren diese Menschen dann eben doch auch unser Problem, denn bald hatten die Migranten dieses Lagers verstanden, dass durch Schmuggel und Handel mit Drogen viel Geld zu verdienen sei. Andere spezialisierten sich auf Hehlerei mit allen möglichen gestohlenen Gegenständen. Daher entwickelte sich das Barackenlager nach den Gesetzen der freien Marktwirtschaft zu einem Treffpunkt – man muss schon fast sagen – Supermarkt der Mikrokriminalität. Die einheimischen Rauschgiftsüchtigen als Kunden dieses Marktes hatten eigentlich kein Geld, um auf diesem Drogenmarkt einzukaufen. So wurden sie selbst zu Kleinkriminellen, zu Dieben und Einbrechern und gingen mit ihrem Diebesgut direkt ins Barackenlager. Zuerst zu den Hehlern, um ihre Beute zu verkaufen, und sofort hinterher mit dem „frisch verdienten" Bargeld weiter zu den Drogendealern, um es dort gleich wieder auszugeben. Von diesen erhielten sie jede Art von Drogen, meistens von minderer Qualität mit allen damit verbundenen Risiken. Das führte dazu, dass die Zahl der Drogentoten in jenen Jahren enorm hoch war.

Aber das war für den Großteil der einheimischen Bevölkerung anscheinend das kleinere Problem. Ihre Sorgen und lauten Proteste galten nur der steigenden Anzahl von Diebstählen und Einbrüchen. Am liebsten wurden Fahrräder gestohlen, und zwar in Massen. Aber ohne Fahrgestellnummer war kaum nachzuweisen, ob es sich um ein legal erworbenes Rad oder Diebesgut handelte. Bei jeder Razzia, die wir auch mit starker Unterstützung der Carabinieri zwischen den Hütten des Barackenlagers durchführten, fanden wir regelmäßig mehrere Dutzend dieser Fahrräder. Wir beschlagnahmten sie alle und brachten sie ins Fundamt der Bozner Gemeindeverwaltung. Aber auch hier wurde unser Fleiß gebremst: Das einzige Fundbüro der Stadt war bald total überfüllt. Viele der Bestohlenen hatten zwar bei der Polizei eine Anzeige erstattet, aber viel zu wenige nahmen sich auch dann die Zeit ins Fundamt zu gehen, um nachzusehen, ob ihr gestohlenes Fahrrad dort lagerte.

Das Barackenlager war derweilen ein zentrales Problem der lokalen Politiker jeder Partei geworden. Die Politik in Stadt, Land und

Staat bemühte sich sehr mit parteiinternen Besprechungen, mit Diskussionen auf den verschiedensten Verwaltungsebenen, mit Versammlungen innerhalb der Stadt- und Landesregierungen oder mit öffentlichen Diskussionsveranstaltungen. Eine Verhandlung, eine Konsultation, eine Sitzung, eine Debatte, eine Befragung, eine Meinungs- und Feldforschung sowie eine demoskopische Untersuchung löste die andere ab, viel Bla, Bla, Bla und in der Zwischenzeit, die mehrere Jahre lang dauerte, blieb es an uns von der Kriminal- und Schutzpolizei, zu verhindern, dass das soziale Problem des Lagers nicht vollends außer den Fugen geriet.

Die Politik und die Gesellschaft waren damals, vielleicht auch heute noch in geringerem Ausmaß, komplett überfordert. Es gab keine Asylantenheime oder Ähnliches, um eine ordnungsgemäße Unterbringung zu organisieren. Es hieß immer nur, die Polizei solle die Illegalen abschieben, aber, dass dies kaum möglich war, da selbst die eigenen Ursprungsländer sie nicht mehr zurücknahmen, konnte oder wollte niemand verstehen. Folglich kam durch die verständlicherweise missmutige Öffentlichkeit auch der Quästor unter Druck und der konnte nicht anders, als ebenso missmutig seine Funktionäre und Polizeibeamten wiederholt mit Kontrollen im Barackenlager zu beschäftigen. Meine Wenigkeit wurde dabei meistens zum Einsatzleiter gekürt und der allgemeine Missmut übertrug sich dann immer auch auf mich und meine ansonsten meistens gute Laune.

In immer kürzer werdenden Abständen, zuletzt nahezu wöchentlich, landete eine *ordinanza*, also ein Erlass des Quästors auf meinem Tisch. Diese hatten in großer Regelmäßigkeit nur den sich ständig wiederholenden Befehl zum Inhalt, die Identität der Illegalen festzustellen und das Lager nach Waffen und Drogen zu durchsuchen. Waffen und Drogen fanden wir fast immer, aber die echte Identität der Illegalen festzustellen, war ein unmögliches Unterfangen, denn die hatten in aller Regel keine Ausweisdokumente. Folglich mussten sie ausnahmslos zur Identifizierung in die Quästur begleitet werden. Dort wartete auf die Beamten der Spurensuche eine Sisyphusarbeit, nämlich eine lange Prozedur zur Feststellung der Identität jedes Einzelnen. Es wurden Fotos gemacht, Fingerabdrücke abgenommen, eine äußerliche Beschreibung aufgenommen und das alles in dreifacher Ausführung auf ebenso vielen Dateikarten festgehalten. Ich erinnere mich noch, wie damals einfache mechanische Schreibmaschinen benutzt wurden und die Beamten, ohne dass sie jemals einen Schreibmaschinenkurs belegt hatten, nach der allgemein bekannten Christophorus-Columbus-Technik tippten, jede Taste eine Entdeckung.

So ein Sondereinsatz, der für uns nichts Besonderes, sondern irgendwann zur Routine geworden war, begann um fünf Uhr morgens, mit Treffpunkt Quästur in der Bozner Marconistraße. Eine Hundertschaft von Polizeibeamten, mehrere meiner Kriminalbeamten und meistens auch eine Hundestaffel waren im Hof der Quästur angetreten. Dann ging es los und ein Teil des Lagers wurde umzingelt. Jeder einzelne wurde kontrolliert, wobei sich die meisten nur mit einem Ausweisungsbefehl ausweisen konnten, uns dabei, das muss ich auch leider sagen, auch noch frech angrinsten und wir uns auf den Arm genommen fühlten. Zum x-ten Mal wurden sie von der Spurensicherung fotografiert, Fingerabdrücke abgenommen und dann von der Abteilung für Ausländer der Quästur übernommen. Die Kollegen von dort freuten sich genauso wenig wie wir über diese nur noch als unnütze Beschäftigungsmaßnahme erlebten Tätigkeiten zu früher Morgenstunde. Auch den Kollegen von dieser Abteilung waren die Migranten schon seit Längerem bekannt, das heißt, man kannte sich schon gut. Der eine oder andere hatte mittlerweile schon eine ganze Sammlung an Ausweisungsbefehlen, die alle zusammen vielleicht nicht einmal mehr in seiner Hosentasche Platz hatten.

Aber nur über die aufwendige und zeitintensive Abnahme der Fingerabdrücke an jedem Einzelnen konnte in der Zentrale der erkennungsdienstlichen Datenbank in Rom die echte Identität festgestellt werden. Diese gigantische Struktur war damals noch nicht computergestützt, jeder einzelne Fingerabdruck musste händisch katalogisiert werden und das respektive Dateikärtchen von einem der vielen Beamten in einem der Hunderten von Karteikasten abgelegt werden. Das heißt, nur unter großem personellen Aufwand konnte festgestellt werden, dass es sich bei dem gerade erst letzte Woche überprüften Abdul jetzt um den Mohammed von vorletzter Woche, aber auch um den gleichen handelte, der sich diesmal als Ali vorgestellt hatte. Es war ohne zu übertreiben schon fast der Normalzustand, dass es immer wieder welche gab, die einem sechs, sieben oder acht Alias anboten. Wenn man bedenkt, dass angesichts der vielen Tausenden von illegalen Einwanderern dieses Verfahren durchgezogen werden musste, dann kann man sich gut vorstellen, wieso das System irgendwann Monate brauchte, um ein verwertbares Ergebnis zu liefern. Solche Zustände waren für die Beamten nicht nur stressig, sondern erniedrigend und zehrten an ihrer Motivation und mit der Zeit irgendwann auch an der eigenen psychischen Gesundheit.

Deshalb gebe ich gerne zu, dass ich froh war, wenn wir etwas Rauschgift fanden und ich wenigstens ein paar von ihnen verhaften durfte. Ab dann war aber der Staatsanwalt zuständig, dem auch die Hände gebunden waren und der diese nach Erstattung einer Anzeige wegen der meistens geringen Menge des Rauschgiftes wieder auf freien Fuß setzen musste. Selbstverständlich sollte nach Aufarbeitung der vorher aufgelaufenen Fälle nach voraussichtlich ein bis zwei Jahren vor Gericht das Verfahren gegen sie eröffnet werden, aber oftmals waren sie bis dahin längst in ein anderes Barackenlager, in eine andere Stadt mit einem anderen Namen entschwunden.

Mittlerweile hatte sich das Hüttenlager so weit ausgedehnt, dass inmitten von diesem, selbstverständlich ohne Baugenehmigungen, auch kleine Tante-Emma-Läden „eröffnet" wurden. Das war der Grund dafür, dass ich einmal die Entscheidung traf, Beamte des zuständigen Amtes für Hygiene und Lebensmittelkontrolle der Stadtverwaltung Bozen bei einer Razzia hinzuzuziehen. Bei diesem Einsatz vermengten sich wieder einmal tragische mit komischen Szenen, wie sie so das Leben manchmal spielt. Mittlerweile routinemäßig wurde ein Teil des Barackenlagers umzingelt, genau jener Teil, aus dem uns gemeldet worden war, dass dort ein kleiner Lebensmittelladen aufgemacht hatte. Ich bat die Beamten der Lebensmittelkontrolle, sich dieses Geschäft von innen anzuschauen und zu prüfen, ob es den Normen der geltenden gesetzlichen Bestimmungen entsprach. Die zwei Beamten des Hygiene- und Lebensmittelamtes übernahmen pflichtbewusst ihre Aufgabe, sodass ich mich gleich auf all die anderen Probleme, die in meinen unmittelbareren Zuständigkeitsbereich fielen, konzentrieren konnte. Aber es dauerte nicht lange und ich hörte Schreie, Flüche und laute Proteste und glaubte herauszuhören, dass die, die aus dem Tante-Emma-Laden kamen, alle auf Arabisch waren. Plötzlich wurde die Tür der Baracke von innen aufgerissen und ganz erstaunt musste ich

mitansehen, wie die beiden Beamten der Stadtverwaltung die Flucht
ergriffen hatten. Selbst überrascht musste ich aber auch beobachten,
wie aus dem gleichen Laden, durch besagte aufgerissene Tür, den beiden Lebensmittelhygienikern mehrere Limonaden- und Coca-Cola-
Dosen hinterhersausten. Eine dieser Coladosen war wohl schon offen
gewesen und bekam im Flug eine rotierende Bewegung, dass sie durch
die langsame Entleerung das außergewöhnliche Bild eines braunen,
sich in der Luft drehenden Windrades abgab. Der herausfließende süß-
pickige Inhalt landete letztendlich klatschend auf der beigen Uniformjacke eines der zwei flüchtenden Beamten und hinterließ einen langen dunkelbraunen Streifen, vom Kragen bis hinunter zur Hose. Die
Uniformjacke des zweiten Beamten blieb zwar unbefleckt, aber wies
zwischen Brusttasche und Knöpfe einen großen Riss auf, der auf eine
zuvor stattgefundene tätliche Auseinandersetzung hindeutete.

Soviel zur Atmosphäre bei der Lebensmittelüberwachung in einem
Teil Bozens und der Kooperationsbereitschaft zwischen diesen erwerbs-
tätigen Ausländern und der Stadtverwaltung.

Im vorliegenden Falle lag immerhin der dringende Verdacht des
Widerstandes gegen die Staatsgewalt bzw. deren Vollzugsbeamten vor
und war damit Grund genug für eine Festnahme des Ladenbetreibers.
Doch auch das war schon routinemäßig: Nach Bestätigung der Verhaftung durch die Staatsanwaltschaft musste der Täter freigelassen
werden, und es blieb bei der Anzeige auf freiem Fuß. Ein weiteres
praktisches Problem tat sich auf: Die Stadtverwaltung fand nach diesem Vorkommnis kaum noch Freiwillige für Einsätze dieser Art in
der sich entwickelnden Nebenstadt.

Es gab bei solchen großangelegten Polizeikontrollen aber noch
bedrückendere Szenen, die die Seele auch des hartgesottensten Beamten richtig schwer belastete, und auch die galt es auszuhalten. Manchmal fühlte ich mich in den schaurigen Film „Wir Kinder vom Bahnhof
Zoo" versetzt, und das nicht in Berlin, sondern in meiner Heimat-
stadt im Herzen der Alpen. Hübsche, sehr junge Südtirolerinnen,
aber drogenabhängig und mittellos, gerieten in die Fänge der illegal
eingewanderten Nordafrikaner. Diese zwangen die jungen Südtirolerinnen, bei ihnen zu schlafen und sich in dem Barackenlager
als Prostituierte zu verdingen. Nur so kamen sie zu dem Geld, das sie
brauchten, um sich das Heroin finanzieren zu können.

Manchmal wunderten wir uns über uns selbst, wie nervenstark wir sein sollten und mussten, wenn wir in einer Hütte zwischen mehreren schlafenden jungen Nordafrikanern ein junges zärtliches Mädchen fanden. Meine Hände ballten sich in den Hosentaschen zu Fäusten, und es brauchte eine große innere Kraft, um sie nicht herauszuholen und gegen diese Kriminellen zu richten. Allzu gern hätten ich und meine Leute diesen Gaunern eine richtige Lektion verabreicht. Aber wir blieben immer standfest. Ihre Opfer erklärten uns zudem regelmäßig, immer freiwillig dort zu übernachten.

Was tun? Ich versuchte unsere Fahndungserfolge und das Miterlebte über Zeitungsmeldungen der Bevölkerung nahezubringen. Für mich war es äußerst wichtig, sie auf diesem Weg über all diese dramatischen Situationen im Barackenlager zu informieren und zu signalisieren, dass wir uns um deren Sicherheit bemühen, aber dass eine andere Lösung dringend gefunden werden musste. Keiner sollte mehr in der Stadt seine Augen vor dem Lager verschließen können. Schließlich sollte von unserer Polizeiarbeit auch ein Signal in zweifacher Hinsicht ausgehen; es sollte allarmierend und beruhigend zugleich sein: „Leute, schaut mal her, was da alles passiert, wir von der Polizei arbeiten für eure Sicherheit, aber das alleine reicht nicht."

Es sollte allerdings noch Jahre dauern, bis die für diese Zustände verantwortlichen Behörden endlich alle illegalen Einwanderer in neuen, eigens für sie eingerichtete Unterkünfte human untergebracht hatten und dieser Schandfleck, dort, wo teilweise das Gesetz des Dschungels und nicht das des Staates herrschte, endlich aus dem Stadtbild verschwunden war.

Bis dahin war uns nichts anderes übriggeblieben, als wöchentlich zum Einsatz in die Latrinen am Eisackufer auszurücken. Nur, wenn wir dort unseren Dienst mit auf den Boden gesenktem Blick versahen, blieb uns mancher „Fehltritt" erspart, denn wir mussten immer auf der Hut sein, nicht buchstäblich in den Dreck zu treten, während uns die „Klienten" entweder grantig begrüßten oder frech ins Gesicht grinsten.

Alexander Mitterer hatte am 15. Januar 1994 seine Bekannte, Frau Harpf, ermordet.

EIN MÖRDER, DER DEM RICHTER ENTKAM UND SICH SELBER RICHTETE

Ein bekannter Psychiater erklärte mir einmal, dass das Potenzial, straf-fällig zu werden, nicht von der psychischen Verfassung abhängig ist – auch wenn das viele nicht glauben mögen. Das heißt, der Anteil an Straftätern aus der sogenannten „normalen" Bevölkerung ist vergleich-bar mit jenem unter psychisch kranken Menschen. Es handelt sich in beiden Fällen um Subgruppen, bei Gesunden wie bei Kranken, das stehe wissenschaftlich fest.

Diese beiden Gruppen, also psychisch gesunde von psychisch kran-ken Straftätern zu unterscheiden, obliegt den Psychiatern. Die kom-men aber meistens zu spät, nämlich erst dann, wenn etwas schon „passiert" ist, genauso wie auch ein Kriminalpolizist nicht Gedanken lesen kann und erst dann tätig wird, wenn etwas vorgefallen ist. Eine gute ärztliche Behandlung hätte so manches Tötungsdelikt verhindert, wenn die Psychiater den Menschen vorher gekannt hätten und er sich von ihnen hätte helfen lassen. Einige solche Fälle in Südtirol sind mir schmerzlich in Erinnerung geblieben.

Straftäter halten sich bekanntlich nicht an unsere Dienstzeiten. Es war gegen Mitternacht des 15. Januar 1994. Froh, endlich der Kälte der Eishockeyhalle entkommen zu sein, wurde ich nach meinem Ordnungs-dienst in unserem städtischen Eisstadium zurück zur Quästur chauf-fiert. Der Frost war bei mir bis tief in die Knochen eingedrungen, da ich schließlich dienstlich unterwegs gewesen war und nicht wie alle Fans aufspringen, schreien, mitfiebern konnte, was auch bei mir die innere Wärme gesteigert hätte. Das war die direkte Folge des formal absolut korrekten Auftretens eines leitenden Polizeibeamten. Auch bei einem Sportereignis musste ich immer eine *bella figura* abgeben.

Die wollene Unterwäsche, die ich anhatte, war für mich immer ungenügend. Aber ich wusste dann auf der Heimfahrt auch, dass ich mich in wenigen Minuten zuhause mit einem heißen Tee aufwärmen und anschließend im Bett unter das wärmende Federbett schleichen würde, ganz leise, denn meine Frau Ute sollte nicht geweckt wer-den. Dieser wohltuende und entspannende Gedanke wurde durch immer lauter werdende und aufgeregter wirkende Einsatzbefehle über Polizeifunk schließlich ganz unterbrochen. Die Einsatzzentrale der Quästur beorderte mehrere Polizeistreifen in Richtung Rentsch, einem östlich liegenden Bozner Stadtviertel. Dort sei eine ältere Frau erstochen aufgefunden worden.

Mein Fahrer hatte schon den Blinker zum Rechtsabbiegen betätigt, da wir gerade über die Drususbrücke, wenige Meter vor dem Eingang zur Quästur, gefahren waren. Er sah mich fragend an, wartete dann aber doch nicht auf meine Anweisungen, da er bemerkte, dass ich schon unter den Sitz griff, wo das Blaulicht deponiert war. Der süße Traum vom wärmenden Tee und dem wohligen Federbett war dahin.

Rechter Blinker wieder rein, linker raus, und es ging geradeaus weiter, jetzt mit Sirene am Zugbahnhof vorbei, weiter nach Rentsch. Vor der Pizzeria Old Rentsch angekommen, stand dort bereits der Notarztwagen. Im ersten Stock, im Flur ihrer Wohnung, lag die Leiche einer 63-jährigen Frau. Das Opfer war schon von den vorher eingetroffenen Kräften identifiziert worden. Es handelte sich um die Mutter des Eigentümers der darunterliegenden Pizzeria. Ja, wo war er denn jetzt, fragte ich die Polizisten? Sich fast entschuldigend mit Schultern zuckend, meinten sie, ich könnte ihn unten in der Pizzeria finden, er sei auch der Pizzabäcker.

Wir trafen den Betreiber der Pizzeria, also den Sohn des Mordopfers vor dem Pizzaofen. Der Arme war wegen der Wirtschaft voller Gäste, trotz der fürchterlichen Geschehnisse im Haus nur ein Stockwerk über ihm, dazu gezwungen gewesen, erst einmal weiter Pizza zu backen. Die Pizzeria war bis zum letzten Tischplatz besetzt, und er stand sichtlich unter Schock und war kreidebleich. Wie ein Roboter belegte er die „Pizzen" mit seinen mehligen Händen, als sei er eine seelenlose Maschine. Das war er aber nicht. Zwischen der einen und der anderen Pizza, die er in den Ofen schob, erzählte er mir, dass kurz vorher ein junger Bekannter der Familie namens Alexander Mitterer plötzlich, nach jahrelangem Verschwinden, aus dem Ausland aufgetaucht war und ihm gegenüber den Wunsch geäußert hatte, seine Mama zu besuchen, was er dann auch gemacht hatte.

Es war wieder einmal ein grausiges Bild, das sich uns im oberen Stock bot, an das man sich nie gewöhnen wird, selbst dann nicht, wenn es sich wiederholt. Während nur ein Stockwerk darunter das Geschirr klapperte, es nach leckeren Pizzas duftete und die Gäste nichtsahnend

das Nachtleben genossen, musste ich die dringenden Ermittlungen in diesem neuen Mordfall einleiten.

Die arme Getötete lag mit unzähligen Messerstichen im Hausflur in einer Blutlache. „Der ist mir gleich irgendwie komisch vorgekommen, irgendwie verändert, irgendwie seltsam", sagte der Sohn dann bei seiner anschließenden Vernehmung. Neben der Toten lag noch der Rucksack des mutmaßlichen Täters und die Tatwaffe, ein Küchenmesser. In der Küche bemerkte ich sogleich die offene Schublade, aus der der Täter offensichtlich das Küchenmesser entwendet hatte. In der Tragtasche des Alexander Mitterer, die er dort liegengelassen hatte, fanden wir mehrere von ihm angefertigte auffällige Zeichnungen mit ermordeten Kindern und erstochenen Menschen, deutliche Hinweise auf psychische Auffälligkeiten des Mörders.

Zwischen unserem Eintreffen am Tatort und der Tat selbst lag höchstens eine Stunde. Er konnte demnach noch nicht weit sein. Alle einsatzbereiten Kräfte wurden zum Zugbahnhof, Busbahnhof und in die Umgebung von Rentsch geschickt, ausgestattet mit einem mittlerweile vervielfachten Fahndungsfoto.

Vom Tatverdächtigen aber keine Spur. Wir haben ihn nie gekriegt.

Alexander Mitterer wurde in Abwesenheit zu 18 Jahren Gefängnis verurteilt. Hätte das Gericht schon damals alles wissen können, hätte es sich die Verurteilung sparen können, trotz der erwiesenen Schuld. Viele Jahre später wurde der Suizid von Alexander Mitterer, den wir damals bereits als möglichen Grund für das spurlose Verschwinden des Täters postuliert hatten, endgültig bestätigt.

2011, 17 Jahre später also, wurde nämlich im Wald zwischen Kohlern und dem Virgl, Luftlinie 500 Meter vom Tatort entfernt, der Schädel eines Menschen und weitere Knochenreste gefunden, die durch DNA-Abgleich erwiesenermaßen nur von Alexander Mitterer stammen konnten. Dieser hatte sich nach der Tat selbst gerichtet, an einem Ort mitten im dichten Gebüsch, weit weg von Straßen und Wanderwegen. Ein Jäger hatte die Knochenreste gefunden.

Das Gericht hatte in Abwesenheit des Angeklagten Alexander Mitterer gehandelt, aber aufgrund der von uns der Staatsanwalt vorgelegten Informationen über die seelische Gesundheit etwas strafmildernd geurteilt. Hilfreich waren dafür auch die sichergestellten Zeichnungen, die wir im Rucksack des Täters gefunden hatten, die schon allein Vieles über seine Persönlichkeit und seinen psychischen Gesundheitszustand ausgesagt hatten.

Die gleiche Art von Skizzen und Zeichnungen hatte ich schon bei zwei weiteren dramatischen, ansonsten völlig unterschiedlichen Bluttaten vorgefunden; nach Bozen/Rentsch auch in Meran und in Brixen. Es handelte sich zwar jedes Mal nur um einfache Skizzen, als wären diese Zeichnungen von einem Erstklässler gemalt worden. Aber dennoch sind sie sehr eindrucksvoll und hinweisend auf eine Gewalttat, vor allem wegen ihres brutalen Inhaltes. Da waren an Galgen erhängte Personen, Tote, in deren Körpern große Messer steckten, Leichen in Blutlachen, tote Kinder und Babys, und diese Motive mehrmals auf einem einzigen Blatt Papier wiedergegeben. Von diesen Papierblättern hatte ich bei all den erwähnten drei Fällen mehrere sichergestellt, alles eindeutige Alarmsignale für Psychiater, wenn diese nur davon in Kenntnis gesetzt worden wären.

Die Strafe hätte Alexander Mitterer wahrscheinlich nie in einem Gefängnis absitzen müssen, sondern wäre in eine Einrichtung für psychisch kranke Straftäter eingewiesen worden, wo er fachgerecht therapiert hätte werden können. Entscheidend und schicksalswendend wäre vielleicht nur eine fachgerechte Behandlung vor der Tat gewesen.

WENN DER AMTSSCHIMMEL WIEHERT
Die Geschichte von den Motorrädern der Bozner Kriminalpolizei

Ich hatte bereits einige Jahre als Kripochef hinter mir, da bekam ich ganz nebenbei mit, dass meiner Abteilung für kriminalpolizeiliche Ermittlungen auch drei Motorräder zur Verfügung standen. Nicht die neuesten Modelle, aber, wie man so schön sagt, noch einsatzfähig. Es handelte sich dabei um drei Motoguzzi, mit denen in engsten Gassen des Landes die Bösewichte leichter zu verfolgen waren, wie man mir sagte. Allgemein kann man dazu sagen, dass sie vor allem bei verdeckten Ermittlungen sehr gut eingesetzt hätten werden können. Dennoch wurden die wunderschönen Motoguzzi selten benutzt. Sie waren in einer hinteren Ecke der Garage abgestellt, wo sie Staub ansetzten und in Vergessenheit gerieten. Typisch Kommissar, ich ging der Sache nach. Dass sie kaum gefahren worden waren, war auch an den Tachos ablesbar, die einen äußerst niedrigen Kilometerstand zeigten. Als ich meine Leute nach dem Grund fragte, bekam ich viele, teils kuriose Antworten, letztendlich den Hinweis auf die seit zwei Jahren gültige neue Straßenverkehrsordnung, nach der die schönen Motorräder nur noch mit einem dafür zugelassenen Motorradhelm gefahren werden dürfen. Leider hatten wir noch keine dienstlich geliefert bekommen. Das vom italienischen Parlament entsprechende Gesetz war bereits zwei Jahren zuvor erlassen worden. Da wir als Gesetzeshüter selbstverständlich die gesetzlichen Vorschriften immer sehr ernst nahmen, ließ ich von meinem Ispettore De Gennaro überprüfen, ob dieses neue Gesetz für die Kriminalpolizei eine Ausnahme vorsehen würde. Die negative Antwort kam prompt. Folglich durften wir die Motorräder eben nicht benutzen und mussten sie weiterhin in der Garage, abgestellt lassen.

Was macht man in einem solchen bürokratischen Fall? Man wird bürokratisch und setzt ein Schreiben an das zuständige Ufficio della Motorizzazione della Polizia di Stato (Motorisierungsabteilung der Staatspolizei) in Rom, Sezione Padova, auf. Ich brauchte auch nicht viel Zeit, um die notwendige Anschaffung zu begründen, und nannte ganz einfach die letzten Gesetzesvorschriften, die für alle, also auch für uns von der Kriminalpolizei, die Helmpflicht beim Motorad-fahren vorschreibt. Das war zunächst nicht weiter kompliziert. Die zuständige Sezione di Padova, also die Sektion Padua, war sofort ein-verstanden, genehmigte meinen Antrag umgehend und leitete den Kauf der Motorradhelme unverzüglich ein. Soweit so gut, zunächst einmal.

Aber damit war unser Problem nicht gelöst. Was war passiert? Wie-der war es die traurige Aufgabe des Ispettore Antonio De Gennaro, mir in dieser Angelegenheit Meldung zu erstatten. Kaum stand er in meinem Büro, mit einem vielsagenden gebrochenen Augenaufschlag, verkündete er mit einem etwas feierlichen Ton und einem kräftigen Durchatmen, dass die Helme bei der Sezione di Padova, eigentlich nur zwei Stunden Autofahrt entfernt, abholbereit seien. Aber warum dann nur der traurige Blick, wo er doch endlich eine erfreuliche Mitteilung machen konnte. Das fragte ich ihn natürlich, noch nichts Schlimmes ahnend: *„De Gennaro, perché allora quella faccia?"* (Wieso dann die-ses Gesicht?). Dieser antwortete mir, aber ohne sich dabei zu trauen mir in die Augen zu blicken: *„Dottore, ieri ci hanno detto che i caschi possono essere ritirati"* (Gestern haben sie uns mitgeteilt, die Helme wären abholbereit). „Ja, ok, wo liegt das Problem", fragte ich ihn. Und dann rückte er endlich mit der Sprache heraus: *„Ma oggi Padova ci ha ritirato le moto, per via dello scarso utilizzo"* (Aber heute hat uns Padua die Motorräder eingezogen, weil wir sie zu selten benutzt hät-ten). Er konnte immer noch nicht so richtig über uns selber lachen und meinte nur: *„Ora abbiamo i caschi, ma non abbiamo piu le moto"* (Nun haben wir die Helme, aber keine Motorräder mehr).

Was blieb uns anderes übrig, als so etwas resigniert hinzunehmen, mit den Schultern zu zucken und keinen Gedanken mehr an den Amtsschimmel unserer vorgesetzten Dienststellen in Padua und Rom zu verschwenden. Hier war wieder einmal das eingetreten, was man in einer Bürokratie, bekanntlich die stärkste Staatskraft, seit es Men-schen gibt, nie wird ändern können: Oft weiß die rechte Hand nicht, was die Linke tut – oder auch umgekehrt. Das Positive an dieser Geschichte war, dass wir so ganz nebenbei auch erfahren durften, dass ein Jahr zuvor innerhalb der Sezione di Padova eine weitere Unter-gliederung eingeführt worden war, die fünf zusätzliche „sottosezioni" also Subsektionen vorsah. Die Sottosezione A.1 war für den Ankauf und Verwaltung der Fahrzeuge, also auch für den Kauf von Motorrädern zuständig und die Sottosezione A.4 für alle Bestandteile der Dienstfahrzeuge, angeblich auch für die Anschaffung von Helmen.

Übrigens, wir entschieden uns daraufhin, die Motorradhelme nicht mehr in Padua abzuholen und auch keine neuen Motorräder zu bestellen, ein Schelm, der dabei Böses denkt.

Ernst Schrott auf dem Weg zum Gerichtssaal

DIE ANSCHAFFERIN IM BACHBETT
und die Ehre eines einfachen Mannes

Eines Tages, ich glaube es war 2019, fuhr ich nach Kardaun, einer Ortschaft unweit von Bozen, zu einem Baumarkt. Dort traute ich meinen
Augen nicht. In diesem Baumarkt war gerade ein älterer Mann dabei,
ein Kilogramm Eisennägel zu kaufen, und ich fragte mich gleich, was er
damit wohl tischlern wollte? Ich war überrascht, ihn zu sehen, ganz im
Gegensatz zu der Verkäuferin, die ihn gerade seelenruhig, ohne irgendwelche Anzeichen von Ängstlichkeit, bediente. Sobald er das Geschäft
verlassen hatte, fragte ich sie, ob sie denn wisse, wer das sei. Die Antwort in erstaunlicher, nicht vorgespielter Gelassenheit und ganz cool
war nur: *„Jo freilich woaß i wer des isch! Des isch der Ernst, Ernst Schrott,
der zwoa Schnollen umgebrocht hot."* Für Nicht-Südtiroler: „Natürlich
weiß ich, wer das ist. Das ist der Ernst, Ernst Schrott, der zwei Huren
ermordet hat." Sie beschrieb auf ihre Weise einen annähernd richtigen Sachverhalt, den ich Jahre zuvor ermittelt hatte. Zwei Prostituierte
waren von einem Südtiroler getötet worden und zwar tatsächlich von
ihm, dem Käufer der Eisennägel.

Er war nur für eines der Tötungsdelikte rechtskräftig verurteilt worden, denn die Leiche der anderen Frau konnte nie gefunden werden.
Ohne zweite Leiche sah sich wohl das Schwurgericht nicht in der Lage,
ihn für zwei Morde zu verurteilen. Viele Jahre später, also, begegnete
ich diesem Schrott, der für das Verschwinden dieser beiden Frauen verantwortlich war, zufällig wieder und zwar in besagtem Baumarkt in Kardaun. Er hatte wohl seine langjährige Freiheitsstrafe schon abgesessen
und versuchte, wieder ein normales Leben zu meistern.

Aber zurück in meine Amtszeit, im Jahr 1995. Der fünffache
Serienmörder Marco Bergamo war bereits seit einigen Jahren hinter
Schloss und Riegel, und erneut waren zwei Frauen in diesem „heiligen Land" auf mysteriöse Art und Weise verschwunden. Die diensthabende Turnusleiterin der Einsatzzentrale, des Streifendienstes und
für die sogenannte Anzeigenstelle, eine dynamische, kluge und kom-
petente Polizeiinspektorin namens Paola Zani, war eines Tages zu
mir in mein Büro gekommen. *„Dottor Zelger, è sparita una prostituta.
Sicuramente le è successo qualcosa"*, teilte sie mir mit. Es sei eine

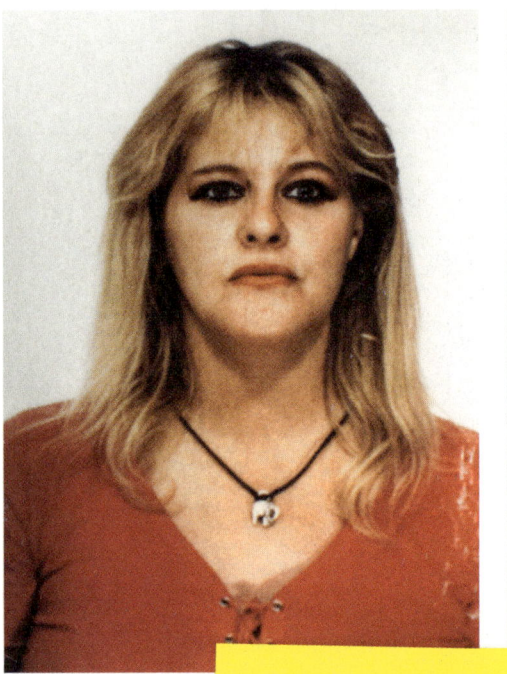
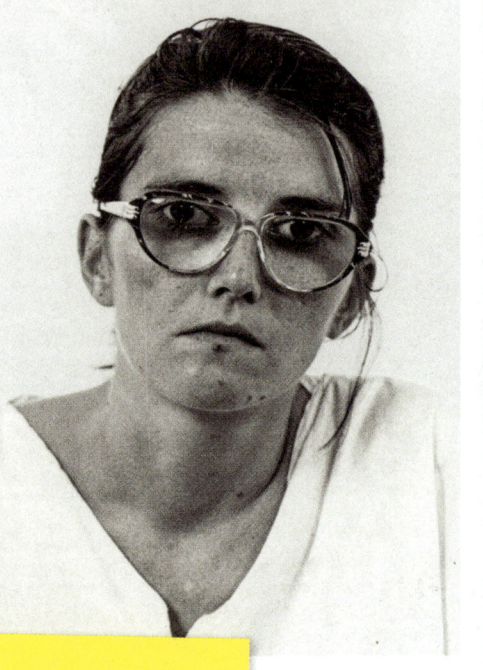

Heidi Niederbacher und Petra Lunardi

Prostituierte verschwunden, und sicher sei ihr etwas passiert, erzählte sie mir in ruhigem Ton. War da wirklich wieder was mit einer Prostituierten passiert?

Die Anzeige war durch zwei „Kolleginnen" der Vermissten gemacht worden. Nicht schon wieder, dachte ich mir, total gestresst durch die vielen Ermittlungen, die ich gerade mit meinen Leuten gleichzeitig führen musste und zudem grantig, weil ich schon wieder meinen Namen in der Verordnung des Questore gelesen hatte. Er hat mich damit verpflichtet, als Einsatzleiter die für den darauffolgenden Tag angekündigte politische Kundgebung zu begleiten. Ich sollte mit einer Hundertschaft von Polizeibeamten für Ordnung sorgen, gleichzeitig das Demonstrationsrecht schützen und die Meinungsfreiheit garantieren. Unentschuldbar unhöflich und wenig einfühlsam und vor Begeisterung nicht gerade sprühend antwortete ich ihr: „Was soll der Rauschgiftsüchtigen schon passiert sein? Ich habe keine Zeit und

Wo Ernst Schrott daheim war ...

keine Leute, mich jetzt damit auch noch abzugeben und eine Suchaktion zu starten." Was mag wohl die Inspektorin damals über mich
gedacht haben? Nichts Gutes, denke ich mir in der Rückschau. Ich
bereute meine gereizte Reaktion sofort, aber es war schon passiert. Ich
rettete die Situation dann doch noch, in dem ich sie bat, erste Vor-
ermittlungen einzuleiten, um ihren durchaus gerechtfertigten Vermutungen schneller nachgehen zu können.

Die zierlich im Aussehen, aber stark im Wesen wirkende Inspektorin
kam ein paar Tage später zurück und berichtete mir ausführlich. Sie war
ausgesprochen gut aufgelegt. Sie hatte herausgefunden, dass es sogar
eine zweite Prostituierte gab, die offensichtlich auch verschwunden war,
allerdings schon vor zwei Jahren. Sie hieß Petra Lunardi, war rauschgiftsüchtig und hatte ein Baby zurückgelassen, das bei der Mutter der
neu Vermissten aufwuchs. Warum aber war nun meine Inspektorin
so beflügelt? Der Grund: Die erst als vermisst Gemeldete hatte den

Im Inneren der Baracke, wo Ernst Schrott wohnte

gleichen Freund (oder wie auch immer man das formulieren möchte) wie diese Lunardi, die schon länger als vermisst galt.

Der Freund dieser beiden Frauen war jener Ernst Schrott, den ich im Baumarkt in Kardaun viele Jahre später wiedersehen sollte. Es handelte sich bei ihm um einen zurückhaltenden, verschrobenen Tagelöhner mit minimaler Schulausbildung, ohne festes Einkommen und ohne fixen Wohnsitz. Er lebte wie ein Einsiedler und fand auf Bergbauernhöfen gelegentlich Arbeit. Für Otto Normalverbraucher war er ein äußerst komischer Kauz.

Die Inspektorin hatte mich nicht lange überzeugen müssen, dass wir nun dringend ein offizielles Ermittlungsverfahren einleiten sollten. Mein junger, nimmermüder kompetenter Kriminalinspektor Alberto Gazzani, zuständig für Tötungsdelikte, mit einem Gardemaß von 193 Zentimeter Größe, mit dem in keiner Kneipe irgendjemand Streit angefangen hätte, schien mir für die Fortsetzung der Ermittlungen,

Hier kochte Ernst Schrott.

in enger Zusammenarbeit mit der zierlichen Polizeiinspektorin, der Geeignetste zu sein. Denn es brauchte nicht viel Spürsinn, um zu verstehen, dass mit größter Wahrscheinlichkeit ein Kapitalverbrechen vorliegt, und das Ganze über eine reine Vermisstenanzeige hinausgehen würde. Meine Nase, welche anatomisch gesehen an Ausmaß sicherlich über den Durchschnitt liegt, hatte wohl richtig gerochen.

Zunächst stellte sich die Frage, wo sich dieser Ernst überhaupt aufhalten könnte, denn von ihm wollte ich erst einmal nähere Informationen über die beiden verschwundenen Damen bekommen. Alles, was wir zunächst herausfinden konnten, war, dass er sich in einer baufälligen Baracke im Eisacktal in der Umgebung von Atzwang, ungefähr 30 Kilometer von Bozen Richtung Norden entfernt, aufhalten sollte, und dass diese Behausung nur über einen schmalen Forstweg zu erreichen und schwer zu finden sei. Noch kannten wir ihn nicht, aber schon tat er uns fast leid, denn es war schon Herbst. Es war kalt und seine Bude machte, als wir sie zunächst von außen in Augenschein nahmen, nicht nur einen armseligen, sondern auch einen eiskalten und feuchten Eindruck.

Seine Schlafstätte war gefunden und der Zeitpunkt gekommen, den Staatsanwalt miteinzubeziehen. Wir benötigten einen Hausdurchsuchungsbefehl. Aber Ernst Schrott war bis dahin immer noch als Zeuge zu behandeln, denn wir hatten keine Leiche der Verschwundenen, und somit konnte es tausend Gründe für das Verschwinden der beiden Frauen geben. Wir hatten die Behausung von Ernst Schrott, aber ihn noch nicht. Jetzt ging die Suchaktion nach ihm los.

Mit der Hilfe der örtlichen Carabinieri wurde Ernst Schrott bald gefunden. Mit ihm suchten wir in seiner Hütte, eigentlich gehörte diese einem Bauern, der ihn gefälligkeitshalber dort wohnen ließ, nach Gegenständen, die zum Wiederfinden der Vermissten führen könnten. Wir stießen auf ein total verwahrlostes Inneres in dieser Baracke. Das Wort Unordnung wäre verharmlosend gewesen. Überall in dieser Baracke war Dreck und es fanden sich herumliegende Essensreste. Sie gaben ein bezeichnendes Bild von den Lebensumständen unseres Ernst wieder.

Wir erzielten einen Teilerfolg. Wir fanden nämlich die Halskette, Brieftasche und ein Foto von der zuletzt verschwundenen Heidi Niederbacher. Eine weitere Brieftasche, die wir entdeckten, sowie eine Sehbrille konnten von der Mutter der verschwundenen Petra Lunardi mit Gewissheit als die ihrer Tochter wiedererkannt werden. Wir hatten nun Gegenstände der beiden Frauen gefunden, nur von ihnen selbst gab es kein Lebenszeichen. Unsere Suchaktion hätte natürlich auch noch ganz anders ausgehen können, denn wir alle kennen die, wenn auch seltenen Fälle, in denen Frauen und Mädchen jahrelang in dunklen Kellern festgehalten worden waren. So lange nicht eine Leiche gefunden wurde, besteht zumindest eine theoretische Chance, dass sie noch leben. Unsere Fundstücke in der Baracke waren zumindest starke Indizien dafür, dass der Schrott mit großer Wahrscheinlichkeit mit dem Verschwinden der beiden zu tun hatte.

Mit den aufgefundenen Gegenständen konfrontiert, gab Schrott ohne Umschweife zu, dass er die beiden Damen gut gekannt hatte und dass beide öfters bei ihm „zu Hause" zu Besuch waren, er sie aber seit längerer Zeit nicht mehr gesehen hätte. Er war eigentlich ein armer

Mensch und von sehr bescheidenem Intellekt. Einerseits war er eine unauffällige Gestalt, zumindest hinsichtlich seiner Kleidung, besonders mit einer alten nie in Mode geratenen Jacke, aber zumindest mit einem ansonsten landesüblichen blauen Schurz bekleidet. Andererseits stand eine wegen seiner struppigen Haartracht, des deutlich vernachlässigten Pflegezustandes und einem speckigen Hut auf dem Kopf, eine auffällige Figur vor uns, alleine schon wegen seiner dicken Hosen, die so mit Fettflecken beschichtet waren, dass sie ausgezogen mit Sicherheit alleine stehen konnten.

Schon eine erste oberflächliche Befragung lieferte alle Informationen, die wir als Kriminalisten brauchen, um ein klares Bild über eine Person zu erhalten. Wer war Ernst Schrott? Ehrlich, über ihn könnte man ein Buch schreiben.

Sein ganzer Stolz und einziges Fortbewegungsmittel war ein Ape Car von Piaggio, ein motorisiertes Dreirad mit einer kleinen Ladefläche hinten, wofür man damals noch keine Fahrerlaubnis brauchte.

Er sehnte sich trotz seines wenig ansprechenden Äußeren nach einem normalen Leben, und dazu gehörte für ihn auch eine Frau. Wenn er hin und wieder etwas Geld hatte, fuhr er gern mit seiner Ape nach Bozen in die Bahnhofsgegend und suchte seine dort auf der Straße arbeitende „Freundin", zuerst die Lunardi, dann die Niederbacher, wie er sie bezeichnete. Mehrmals hatte er seine „Freundinnen" in seine Baracke eingeladen. Er hatte Zweisamkeit gegen seine Einsamkeit gesucht und wollte sie sogar überzeugen, mit ihm in der Baracke zusammenzuleben, die für ihn ein wohliges Liebesnest hätte werden können. Seine Freundinnen hingegen suchten nur das Geld und dementsprechend verhielten sie sich auch. Zunächst sagten Petra und Heidi angeblich immer zu, aber sobald das Geld in ihren Brieftaschen geschlüpft war, waren sie auch schon wieder abweisend zu ihm, so der jedes Mal enttäuschte und tief verletzte Ernst.

Einmal unternahm er mit seiner Heidi in seinem Ape Car sogar einen Ausflug auf die noble Seiser Alm, ein Urlaubs- und Wanderparadies in Südtirol, Winter wie Sommer. Die beiden müssen dorthin wohl den halben Tag unterwegs gewesen sein, denn sein Gefährt war kein Rennwagen und hat bergaufwärts wohl kaum die dreißig Stundenkilometer erreichen können. Schrott war nicht groß, aber ziemlich breitschultrig, so wie man es sich von einem Landarbeiter erwartet. Somit war die Sitzkabine des Ape Car mit einer Lenkstange statt Lenkrad für zwei Personen einfach zu klein, aber für Ernst, der gezwungenermaßen mit nach rechts schräg gestreckten Armen lenken musste, so eng, dass er den Körperkontakt genießen konnte.

Auf dem Plateau der Seiser Alm angekommen, wurde er von einem ihm bekannten Bauern übertrieben freundlich begrüßt. Bei der Vernehmung hatte ich nicht ganz verstanden, ob Schrott die Spöttelei seines Bekannten wahrgenommen hatte, denn dieser hatte ihm wegen seiner weiblichen Begleitung Komplimente nachgerufen: „Hoi, Ernst, heit hosch wohl a Schneidige mit" (Ernst, da hast du aber eine Hübsche bei dir). Leider war seine Sonntagsbegleitung durch ihre Rauschgiftsucht nicht besonders gepflegt und ihr Lächeln nahezu zahnlos; so war der Hohn des Bauern wohl vorsätzlich und für den einfachen, aber empfindsamen Mann spürbar. Ernst Schrott stieg nicht ohne Stolz in einem Gasthof auf der Seiser Alm ab und das Paar trank sogar einen Kaffee zusammen. Aber irgendwann war der Abend gekommen und

Lagebesprechung mit den Feuerwehren von
Atzwang, Kastelruth, Seis und Bozen kurz
vor dem Start der Suchaktion

alle Hoffnungen des Ernst Schrott lösten sich wieder in Nichts auf.
Schließlich hatte er dafür gezahlt, dass sie mit ihm den Sonntagsausflug unternahm und nicht nur für den Kaffee. Er fühlte sich beleidigt,
als sie ihm ohne Umschweife und vielleicht auch mit etwas Zynismus
zu verstehen gab, dass sie mit ihm in sein Heim nie einziehen würde.

Der Sonntagsausflug, anscheinend nicht der erste, hat für Schrott
nicht nur wieder mit einer Enttäuschung geendet, sondern war, wie
andere Male, sehr teuer geworden und hatte ihn einige hunderttausend
Lire, also nach heutigem Wert wohl einige hundert Euro gekostet.

Wir standen unter Druck, denn die Stunden vergingen und wir hatten keine Leiche, um dem Tatverdächtigen endlich die Handschellen
anlegen zu können, obwohl für uns alles bereits klar war.

Schon vormittags hatte ich deswegen eine Suchaktion in der
Umgebung seiner Behausung angeordnet. Die Freiwillige Feuerwehr
war sofort unterstützend wie immer präsent, um die Vermisste oder
deren Leiche zu suchen. Die Freiwilligen der Atzwanger Feuerwehr

trugen viele Fundstücke zusammen und brachten sie in die Quästur. Leider ergab sich, dass keines der gefundenen Dinge sich unmittelbar der Toten zuordnen ließ.

Mittlerweile war es Mittag geworden und Ernst Schrott saß vor mir in meinem Büro der Quästur Bozen. In der langen Zeugenbefragung wiederholte mir Schrott ständig, dass er mit den zwei Damen befreundet war, aber ihnen nichts angetan hätte. Wohlbemerkt, ohne dass ich ihn diesbezüglich irgendwie beschuldigt hätte. Gedanklich war ich mir aber sicher, dass er sehr wohl ihnen was angetan hatte. Meine Fragen beschränkten sich inhaltlich auf die gefundenen Gegenstände aus seiner Hütte, die der Lunardi und Niederbacher gehörten. Ich wollte den Grund wissen, wieso seine vermissten „Freundinnen" diese persönlichen Wertgegenstände bei ihm zurückgelassen hatten. Dazu konnte oder wollte er nichts Genaues zu Protokoll geben, stattdessen wiederholte er wie ein Leierkasten immer dieselbe Antwort, welche mir bereits aus den Ohren hing: „Petra und Heidi waren Freundinnen von mir, ich habe ihnen nichts getan."

Jede ungefragte Wiederholung seiner Unschuld verstärkte in mir die Überzeugung an seiner Schuld. Wer saß aber wirklich vor mir? Doch nur ein armer Mensch, dem von seinen Flitscherln alles Geld abgenommen worden war, der von ihnen immer zurückgewiesen wurde und sich dadurch tödlich verletzt gefühlt hatte?

Jetzt erwischte ich mich selbst dabei, wie ich ihn schon fast bemitleidete und seine Erklärungen zwar nicht als Rechtfertigung akzeptierte – Mord bleibt Mord –, aber irgendwie mit ihm mitfühlen konnte, trotz der schlimmen Taten, die er, da war ich mir sicher, begangen, jedoch immer noch nicht gestanden hatte. Ich hatte mich unfreiwillig in ihn hineinversetzt und versuchte jetzt wahrscheinlich mein schlechtes Gewissen, ihn vielleicht im Zeugenverhör auch noch zu streng behandelt zu haben, zu beruhigen. Aber, und da ist nicht nur die Rechtsprechung, sondern auch unser Rechtsempfinden unerbittlich, ging es ja schließlich um zwei verschwundene Frauen, die höchstwahrscheinlich von ihm ermordet worden waren. Mein Auftrag blieb es im Namen des Gesetzes und der Bevölkerung diese Sache aufzuklären und nicht Mitleid mit einem armen, oder besser gesagt, armseligen Menschen zu pflegen.

Aber wir von der Kriminalpolizei waren an einem toten Punkt angelangt. Nichts schien mehr weiterzugehen. Es gab zwischenzeitlich keine neuen Fakten, die die Ermittlungen weitergebracht hätten. Schrott saß da, ganz alleine vor mir in meinem Büro und blickte stillschweigend ins Nichts. Ich saß in meinem Bürosessel ihm gegenüber, hinter meinem Schreibtisch und schaute ihm ständig tief in seine Augen und versuchte zu verstehen, was er wohl gerade dachte. Plötzlich verstand ich, dass vor mir äußerlich ein erwachsener Mann, geistig und emotional eigentlich ein Kind saß, und, dass ich es eigentlich mit einem Erstklässler zu tun hatte, der etwas angestellt hatte und sich dafür schämte. Ja, genau, eine Mischung an Verlegenheit, Schamgefühl und Angst bestraft zu werden, schien ihn überwältigt zu haben. Er wusste, dass das, was er seinen „Freundinnen" angetan hatte, etwas ganz Schlimmes war, dass er es auch gestehen wollte, aber sich zu sehr vor mir schämte. Was würden wohl seine Verwandten über ihn denken, wenn er ins Gefängnis landete. Das waren die Gedanken, die ihn jetzt zu quälen schienen. Im Gefängnis, im Kerker, im Zuchthaus, im Knast, im Loch, da werden ja nur die Bösen eingesperrt, so wurde es ihm von klein auf gelehrt.

Ich brauchte irgendetwas, das dem Ernst Schrott sein Schamgefühl und seine Angst mindern und dann seine Schweigemauer zum Fall bringen könnte. Aber ich wusste auch, dass mir sowas nur dann gelingen könnte, wenn ich mich in einer juristisch heiklen Grauzone bewegen würde, in jener Zone zwischen Rechtmäßigkeit und Gesetzeswidrigkeit, zwischen Pflichtbewusstsein und Erfolgsdruck, zwischen Helfersyndrom und Paragraphendschungel und zwischen Ehrlichkeit und Schlauheit, wo die Gefahr eines folgenschweren Ausrutschers gleich hinter der Ecke steht. Geht es gut, dann hätte ich bloß meine Aufgabe erfüllt. Geht es aber nicht so, wie ich mir es vorgestellt hatte, dann wäre ich der Bösewicht, zumindest vor dem Gesetz. So wählte ich einen Mix vom Angebot der Grauzone aus und eigentlich blieb mir nur noch das Beten, dass mein Trick funktioniere. Vielleicht hätte ich doch noch Priester werden sollen?

„Ernst ich kann dich gut verstehen", so begann meine neue Strategie. „Deine Freundinnen haben dich nur ausgenutzt, sie waren eigentlich böse zu dir, nicht du zu ihnen." Ernst Schrott schaute mich an, mit einem ganz anderen Blick. Er war sichtlich überrascht. „Wie kann man nur so gemein zu dir sein?", führte ich mein Gespräch mit ihm weiter. Sein verdutzter Blick löste sich nicht mehr von mir. Er wollte wohl fragen, wie es möglich sei, dass der strenge Kriminalkommissar ihm gegenüber solidarisch und nett ist. „Wie kann ich dir nur helfen?" Jetzt verstand er die Welt nicht mehr und war verwirrt. „Wie, habe ich richtig verstanden, du Kommissar willst mir helfen?" Jetzt musste ich dranbleiben und durfte keine Zeit verlieren. Jetzt durfte ich mir keinen Fehler erlauben!

„Ernst, wenn du mir jetzt gleich hilfst, die Leichen deiner Freundinnen zu finden, verspreche ich dir, dass du heute nicht ins Gefängnis kommst." Irgendwie fühlte er sich sogleich erleichtert, weil ich wahrscheinlich der Erste war, der ihm einmal zugehört hatte und dem er seine Leidensgeschichte erzählen konnte. Seine Anspannung löste sich allmählich. Bei mir sah es umgekehrt aus, denn ich wurde immer ungeduldiger und war extrem gespannt, auch weil ich überhaupt noch nicht wusste, wie ich mein Versprechen einhalten sollte, eine Frage der Ehre. In meinem Büro herrschte für einige ewiglange Minuten absolute Stille. Zum Glück läutete das Telefon nicht, das ansonsten ständig störte und die entstehende günstige Atmosphäre sicher kaputt gemacht hätte. Dann erhielt ich seine erste spontane Antwort auf mein Angebot, ganz leise geflüstert: „Die Heidi habe ich begraben, aber die Petra, die finden wir nicht mehr." So das war's, danke lieber Herrgott, er hatte geholfen, mir, aber eben auch ihm, und wohl uns beiden fiel ein Stein, nein, ein Felsbrocken vom Herzen.

Mein Versprechen, dass er heute nicht mehr ins Gefängnis müsse, hatte sozusagen als Türöffner perfekt funktioniert. Ich hatte ihn in Sicherheit gewogen, und er fing an, mit mir zu plaudern. Ich musste ihn aber zunächst mal kurz stoppen, denn ich war gesetzlich nun verpflichtet, offiziell die Zeugenaufnahme zu unterbrechen und ihn zu belehren, dass er nun als Tatverdächtiger keine Aussagen mehr machen bräuchte, dass er Anrecht hatte, einen Strafverteidiger zu ernennen, aber wenn er möchte, doch aus freien Stücken Erklärungen leisten könnte, die allerdings vor Gericht, und das versuchte ich ihm vorschriftsmäßig mehrmals klarzumachen, in einem Strafprozess aber überhaupt keine Berücksichtigung finden würden. Er wollte wirklich mit mir weiter über seine Taten „plaudern".

Es war dem Ernst Schrott anzusehen, wie verlegen er wegen der ihm damals zur Last gelegten Taten war. Aber seine Erleichterung darüber, sich die auf ihm lastenden, grausamen Geheimnisse endlich mal von seiner Seele reden zu können, war anscheinend noch größer und entlasteten ihn. Und so begann er mir zu erzählen, und ich konnte seine aus freien Stücken gemachten Erklärungen protokollieren.

Schrott versuchte zunächst sich nochmals zu rechtfertigen. Die Gründe für das Verschwinden seiner Freundinnen wären immer die gleichen gewesen; ich sollte das absolut verstehen. Immer hatten sie Streit und immer sei der Auslöser der Auseinandersetzungen auch derselbe gewesen: „Sie versprachen, mit mir zusammen leben zu wollen und kaum hatte ich dafür ihnen Geld gegeben, wollten sie nichts mehr davon wissen. Manchmal fuhren sie mit mir sogar im Ape Car zur Bank, verlangten, dass ich Geld von meinem Sparbuch abhebe und es ihnen übergebe. Dann passierte es wieder, sie blieben mit mir wenige Stunden und kurz darauf verlangten sie, dass ich sie wieder nach Hause fahre. Ständig wurde ich von Ihnen verarscht, weil es den beiden Weibern ja nur um das Geld ging, aber mir umso viel mehr." Da schaute er mich mit einem ganz besonders traurigen Blick an. Würde er nun gleich weinen? „Ich wollte sie ja ehrlich heiraten", und fuhr mit seiner Erzählung fort: „Jedes Mal nach einer Spritztour in meinem Ape Car, kurz nach dem ich ihnen etwas Geld geschenkt hatte, ließen sie mich sitzen. Das tut sehr weh."

Zunächst war er das Opfer, was ich als Kommissar oft hören musste, gar nicht unbedingt als Rechtfertigung vorgetragen, sondern von den Tätern so tatsächlich geglaubt. „Aber irgendwann war es mir zu viel. Das letzte Mal mit Petra, meiner ersten Freundin, war ich über die Landesstraße von Bozen Richtung Atzwang gefahren, zur Autobahnraststätte Schlern der A22 an der Nordfahrbahn. Angrenzend zur Raststätte ist ein nicht asphaltiertes freies Gelände, wo kaum mal jemand hingeht und wo Petra und ich uns öfters in meinem Ape Car aufhielten. Ich hoffte immer auf Liebkosungen, auch nur auf ein Busserl. Aber an dem Tag war Petra, obwohl sie wieder etwas Geld von mir erhalten hatte, nur abweisend."

Das war wohl ihr letzter Streit, dachte ich sofort, im Dreirad Ape Car unterhalb der Autobahnraststätte Schlern. Ich versuchte mir die beiden in dem kleinen Vehikel vorzustellen, das nur eine fixe Sitzbank aus billigem orangem Kunstleder und eine metallene Lenkstange anzubieten hatte. Wie hätte diese blecherne und teils verrostete Enge zu einer kuscheligen Atmosphäre führen sollen? Hier passierte aber die Tragödie, vielleicht gerade aufgrund der Enge, aus der es dann so schnell auch kein Entkommen geben konnte. Bei ihm gingen wohl plötzlich alle Sicherungen durch. „Eingeengt in meinem Ape Car entfachte sich zwischen uns beiden ein heftiger Streit. Ich wollte das Geld zurück, aber sie gab nicht nach. So holte ich mit meinem rechten Arm aus, und mit der Faust schlug ich sie mitten ins Gesicht. Mein Schlag war mit Sicherheit zu fest für die schmächtige Petra. Ihre Sehbrillen fielen auf den Boden, aus der Nase tropfte Blut und sie sackte zusammen. Sie reagierte nicht mehr, sie antwortete nicht mehr."

Bis dahin hatte ich schweigend zugehört und Ernst Schrott bewusst nicht unterbrochen, aber jetzt ging er mit seiner Erzählung nicht weiter und ließ den Kopf nach unten hängen. Ich wartete einige Sekunden und dann bat ich ihn ganz einfach, tief einzuatmen und nur, wenn er wolle, ganz ruhig weiter zu plaudern. Ernst blickte zu mir, nahm meinen Ratschlag an, atmete tief durch und packte weiter aus: „Petra sprach nicht mehr, saß neben mir auf den Sitz des Ape Car wie ein halbleerer Getreidesack, ihr Kopf war seitlich an die Fensterscheibe gelehnt. Ich war geschockt und verstand nichts mehr. Ich stieg schnell aus dem Dreirad, öffnete die Wagentür auf Petras Seite und sie fiel mir in die Arme. In meinem Kopf schlug der Gedanke wie ein Kopfschuss ein, ich musste sie wegtun. Das machte ich auch. Ich erinnerte mich, dass nur wenige Meter von meinem Ape Car, angrenzend zur Autobahnraststätte, der Tisenser Bach fließt, jener Wildbach der von dem darüberliegenden Tisenser Hügel (1235 ü. d. M.) normalerweise gemütlich zwischen den steilen, hohen Bergfelsen runterrauscht und nur wenige Meter darunter in den größeren Eisack mündet. Ich trug Petra in meinen Armen zur Ufermauer des Baches und ließ sie ins Wasser fallen."

Spontan fragte ich ihn, ob Petra überhaupt tot war, ob er ihren Atem kontrolliert hätte, ob sie nur bewusstlos war, aber er ließ mich nicht ausreden und antwortete: „Nein, ich weiß nicht, war sie tot oder lebte sie noch, ich weiß es nicht." Schrecklich, war Petra Lunardi vielleicht nur in Ohnmacht gefallen? Hatte er sie noch lebend in diesem kleinen Wildbach geworfen?

Diese Geschichte war schon bewegend und konnte keinen kalt lassen, aber gleich schaltete sich in mir wieder der Profi ein und mir ging der Gedanke durch den Kopf, dass es ohne Leiche vor Gericht fast

Die Stelle, an der Ernst Schrott Petra Lunardi in den Bach stürzte.

unmöglich ist, einen zwar schon des Mordes überführt geglaubten Täter auch verurteilen zu können. Deshalb wollte ich einfach nur wissen, wo diese abgeblieben war. „Die finden wir nicht mehr, an dem Tag war der Bach zu einem reißenden, gefährlichen Gewässer gewachsen. Das Wasser hat sie weg." Der Wildbach, der normalerweise eher als Rinnsal bezeichnet wird, war nach einem heftigen Gewitter am Vortag, so Schrott, zu einem reißenden Bach angeschwollen und donnernd wenige Meter danach mit seinen riesigen Mengen Wasser in den Eisack gemündet. Das war nicht gut! Denn ohne Leiche wären diese Aussagen von Schrott, mir gegenüber getätigt, vor dem Richter nicht einmal einen Pfifferling wert gewesen.

Vielleicht durch meine Verzweiflung, in der ich gerade geraten war, da ich bis jetzt nur ein – gerichtlich gesehen – unbrauchbares

Geständnis hatte und mir sicher war, die Leiche von der armen Petra Lunardi nie mehr zu finden, rutschte mir die Frage laut heraus: „Und die Heidi, in welchen reißenden Bach hast du diese Arme geschmissen?" Ich hatte ganz vergessen, dass Ernst, am Beginn seiner Erzählung, von einem Grab gesprochen hatte. Er ließ mich nicht lange auf seine Antwort warten. „Die Heidi habe ich begraben, im Finsterbach bei Atzwang. Die finden wir schon noch."

Ich rief sofort meine zwei Inspektoren Gazzani und De Gennaro. Sie freuten sich zunächst darüber, dass Schrott mir die Morde gestanden hatte, ohne wissen zu wollen, wie es mir wieder mal gelungen war. Ich gab ihnen gleich alle Informationen von Schrott weiter, wo die vergrabene Leiche zu finden war. Der Finsterbach, so heißt das Rinnsal, befindet sich auf der orografisch rechten Seite des Eisacks – also genau auf der gegenüberliegenden Talseite, auf der die arme Petra Lunardi ihr Leben verloren hatte, erklärte mir Schrott. Am nördlichen Dorfende von Atzwang mündet er dann in den Eisack. Dort, nordwestlich der Straßenkehre, die zur ehemaligen Berggastschenke Urbankeller führt, startet parallel zum Finsterbach ein Steig Richtung Lengstein am Ritten. Unweit der Kehre hätte er extra zwei markante große spitze Steine inmitten des Bachs aufgestellt, wo er die Leiche der getöteten Heidi begraben hatte, damit er die Stelle immer wieder finden konnte. War er immer noch ein bisschen verliebt und trauerte um sie?

Dann ging alles in gewohnter Routine Schlag auf Schlag. Ich wollte keine Zeit mehr verlieren und Schrott bitten, mir zu berichten, wie er seine zweite Freundin, die Heidi Niederbacher, getötet hatte, sondern befahl meinen Männern sofort, die Leiche im Finsterbach zu suchen. Ich rief auch Staatsanwalt Guido Rispoli an und informierte ihn über die Ermittlungserfolge. Gleichzeitig wurde der diensthabende Rechtsanwalt bzw. Strafverteidiger verständigt, denn der besitzlose Ernst Schrott hatte keinen Vertrauensanwalt, geschweige denn, dass er sich hätte einen leisten können.

Gazzani und De Gennaro waren mittlerweile vom Lokalaugenschein zurück und meinten fast verzweifelt und nicht ganz emotionsfrei: *„Dottore, il ruscello e pieno di grossi sassi appuntiti diritti che spuntano fuoro dall'acqua, è come cercare l'ago nel pagliaio"* (Doktor Zelger, der Bach ist voll großer spitzer Steine, die aus dem Wasser ragen, es ist wie die Nadel in einem Heuhaufen zu suchen).

Es rutschte mir mal wieder ein *porca puttana* aus, ohne das jetzt auch noch übersetzen zu müssen und ohne bewusst irgendeinen direkten Zusammenhang zu unseren beiden Opfern herstellen zu wollen. „Was soll ich jetzt nur tun?", fragte ich mich. Immer noch keine Leiche, und sowohl der Staatsanwalt als auch der Strafverteidiger waren schon zu uns unterwegs. Da saß ich schon wieder in meinem Büro, vor mir der Schrott. Der Rechtsanwalt würde diesem mit Sicherheit raten, nichts mehr auszusagen und der Staatsanwalt würde mich fragend und vielleicht rügend anschauen und durchblicken lassen, dass unbedingt eine Leiche her musste, da die ganze Prozedur ansonsten sinnlos wäre. Schrott war immer noch mit seinem abwesenden, traurigen Blick Richtung Fußboden beschäftigt. „Ernst, würdest du nicht so nett sein und mich zum Grab deiner Heidi begleiten?" meinte ich so ganz nebenbei. Er blickte mich beinahe dankend an und stimmte sofort zu: *„Jo, gerne!"* Sein schlichtes Gemüt war mein Glück.

Guido Rispoli war noch vor dem Rechtsanwalt da, und ich konnte ihm mitteilen, dass Schrott mir die Taten gestanden hatte und uns gerne zeigen würde, wo er die Leiche von der Niederbacher begraben hatte. „Das soll er unbedingt tun", meinte Rispoli sofort, „das ist jetzt ganz sicher das Wichtigste!"

Inzwischen war auch sein Strafverteidiger angekommen, und ihm teilte der Staatsanwalt Guido Rispoli die Ermittlungsergebnisse in aller Ausführlichkeit mit. Strafverteidiger und Schrott unterhielten sich einige Minuten unter vier Augen. Würde Schrott nach dem Gespräch mit seinem Rechtsanwalt jetzt sein Angebot zurücknehmen? Das tat er zum Glück nicht. Da blieb uns trotz der fortgeschrittenen Tageszeit nichts anderes übrig, als mit dem Geständigen so schnell wie möglich zu besagtem Bach zu fahren. Die Presse hatte schon Wind bekommen und sollte uns möglichst nicht dorthin begleiten.

In meinem Dienstauto nahm Schrott, Staatsanwalt Rispoli und ich Platz. Vorne, neben Inspektor Angerer als Chauffeur, Staatsanwalt Guido Rispoli, hinten ich mit Ernst Schrott. Die Kindersperre hatte ich aktiviert, damit er nicht doch noch aus dem Wagen fliehen konnte, denn die Handschellen hatte ich ihm immer noch nicht angelegt. Hinterher im zweiten Dienstauto meine Leute mit De Gennaro, geführt von Ispettore Gazzani. Dank der exzellenten Fahrkenntnisse meines Inspektors Angerer konnte die Presse hinter uns schon bald nach Bozen abgehängt werden. Ich war es gewohnt, aber Staatsanwalt Rispoli bevorzugte immer eine gemütlichere Fahrweise. Daher hielt er es als angebracht, sich doch anzuschnallen, was damals wir von den Sicherheitskräften nie taten.

Sicher und ohne Presse in Atzwang angekommen, fuhren wir gemütlich die Bergstraße zum ehemaligen Urbankeller hoch. Wie bereits in meinem Büro erklärt, mussten wir in der letzten Straßenkehre Halt machen und aussteigen. In einer engen Schlucht führte uns Schrott entlang des Finsterbaches bergaufwärts, über einen kaum erkennbaren sehr schmalen Wanderweg, mitten durch einen dunklen und dichten Mischwald. Von wegen einige Meter Richtung Ritten, wie er angekündigt hatte. Die paar Schritte wurden bald zu einem echten Marsch, zumindest für uns Bürohocker. Nicht nur unsere schönen italienischen Ausgehschuhe mit glatten Ledersohlen litten zunehmend, sondern auch unsere Lungen, die von uns Kettenrauchern eh schon jeden Tag viel aushalten mussten. Trotzdem, beinahe heldenhaft – so empfanden wir es zumindest – ging es mit hängender Zunge immer weiter steil nach oben.

Der Staatsanwalt hatte immer mehr Zweifel, ob wir von diesem Ernst Schrott nicht doch nur an der Nase herumgeführt würden. Ich hingegen fragte mich, wie man überhaupt auf diesem steilen und rutschigen Hang eine Leiche auf den Schultern dort hinauftragen kann. Wir rutschten tatsächlich des Öfteren aus und kamen im Rhythmus von „zwei Schritte vor und einen wieder zurück" nur sehr langsam vorwärts. Irgendwann blieb unser noch nicht „ganz verhafteter" Schrott, in der neuen Rolle eines Bergführers, stehen, aber nicht, um Luft zu holen, wofür wir mittlerweile sogar auch dankbar gewesen wären, sondern um uns endlich dann doch mitzuteilen: *„Do drunter isch sie."* Wir sahen aber nichts Verdächtiges, sondern nur fließendes Wasser und Steine im Finsterbach. Er zeigte erneut und überzeugt auf eine Stelle und bestand darauf: „Da unter den Steinen, da liegt sie." Er hatte sie anscheinend mitten im tosenden Finsterbach begraben. Verrückt, kriminell oder genial?

Der uns begleitende Feuerwehrkommandant ließ Schaufel und ein Bergeisen (Pickel) holen. Dann traf auch der Rechtsanwalt in Anzug, Hemd und Krawatte und ebenso eleganten Schuhen ein. Seinem Gesichtsausdruck war zunächst nur zu entnehmen, dass auch er

wegen der nicht geeigneten Bekleidung mit den gleichen alpinistischen Problemen wie wir zu kämpfen gehabt hatte, und ich glaubte auch zu erkennen, dass er in diesem Augenblick auf den Auftrag als Strafverteidiger gerne verzichtet hätte. Aber das half ihm jetzt auch nicht mehr. Denn er war zum Pflichtverteidiger ernannt und irgendwelche Hinderungsgründe für dieses Mandat anzuführen, dafür war es zu spät.

Der Staatsanwalt konnte nun endlich und noch kurz vor Einbruch der Dunkelheit die Grabungsarbeiten beginnen lassen. Stein für Stein gingen die Feuerwehrleute äußerst vorsichtig vor, ohne dass zunächst etwas zu finden war. Wir hatten erneut Zweifel, doch Schrott bestand darauf: „*De liegt do*" (Sie liegt hier) und zeigte wieder auf die Stelle. Wir ließen weiter Steine von den im Wasser stehenden Feuerwehrmännern wegräumen. Es war bereits ein größerer Graben entstanden, und die Feuerwehrleute standen bis weit über die Knie im Wasser. Langsam fing auch ich an zu zweifeln. Aber nachdem zwei weitere Steine beseitigt waren, war es so weit und ein Kleidungsstück kam am Bachgrund unter dem fließenden Wasser zum Vorschein.

Meine beiden Ispettori Gazzani und De Gennaro waren zumindest schon einmal entschuldigt. Wie hätten die beiden unter diesen vielen schweren Steinen, unter dem rauschenden Wasser mitten im Finsterbach etwas finden können?

Die Feuerwehrleute legten den Fundort mühsam frei und immer deutlicher waren die Umrisse einer Leiche zu erkennen. Ernst schaute nicht nur traurig, sondern ich glaubte sogar Tränen in seinen Augen zu erkennen. Seine Nase lief gleichzeitig und das richtig dick, alle sahen es und keiner traute sich, ihn darauf aufmerksam zu machen. Da brauchte es wieder Mal den Commissario Capo, um dem unappetitlichen Schauspiel zwischen Schrotts Nase und Mund so schnell wie möglich ein Ende zu setzen. Was irgendwie lächerlich wirkte, war gleichzeitig unendlich traurig. Um ihm gegenüber verständlich zu sein und ihm zu helfen, klärte ich ihn auf gut Tirolerisch auf: *„Ernst, putz dir die Nosn, a Klachl hängt oar."* Kommentarlos schaute mich Schrott an. Wir waren alle greifbar nahe an der bald ganz freigelegten Frauenleiche. Er bückte sich, nahm Wasser in die Hände und putzte sich damit schamlos ab. Dann säuberte er sich mit lautstarkem Gebläse durch seine Nase, erst links und dann rechts, und das mit gutem Erfolg. Wir waren nur alle froh, dass diese tragikomische Situation endlich vorüber war, auch aus Respekt vor der vor uns liegenden Frauenleiche, die in der Zwischenzeit vollkommen freigelegt war. Die ganze Szene, die sich gerade vor uns Kriminalpolizisten, dem Staatsanwalt und den Feuerwehrleuten abgespielt hatte, ließ keinen von uns unberührt.

Die Leiche, die schon mehrere Wochen im Bach unter dem Geröll lag, war noch in einem sehr guten Zustand, da das kalte Wasser eine Verwesung verhindert hatte. Die fleißigen Helfer der Atzwanger Freiwilligen Feuerwehr legten sie auf eine Trage und trugen sie zu Tal. In Atzwang wartete neben dem Leichenwagen auch schon die Presse.

Nun war es noch der Wunsch des Staatsanwaltes jenen Ort in Lokalaugenschein zu nehmen, wo Schrott die Petra Lunardi in den Bach geworfen hatte. Diese Ortschaft befindet sich ja nur auf der anderen Talseite des Eisacks, ein paar Kilometer flussaufwärts.

Ich sollte dafür sorgen, dass wir von der Presse nicht verfolgt werden können. Also schlug ich vor, dass der Staatsanwalt, der Strafverteidiger

Bergrettung und Polizei auf der Suche beim Tisenser Bach

mit Ernst Schrott und ich in einem roten Einsatzwagen der Atzwanger Feuerwehr, der im Bachbereich bereits wartete, einsteigen und so unentdeckt auf der anderen Talseite zur Autobahnraststätte Schlern fahren. Es klappte auch. In gebückter Haltung im VW-Bus der Feuerwehr hockend, fuhren wir an der Gruppe von Journalisten, die in Atzwang auf die Ermittler warteten, unerkannt vorbei.

Unter der Autobahnbrücke, unweit der Autobahnraststätte Schlern angekommen, führte uns Schrott genau an die Stelle, wo er sich vor zwei Jahren der Petra „entledigt" hatte. Wir sahen alle sofort ein, dass wir hier nicht fündig werden würden. Einmal, weil die Tat schon Jahre

Die kleine Brücke über den Tisenser Bach neben der Autobahnraststätte bei Atzwang, wo Ernst Schrott Petra Lunardi in den Bach stürzte

zurücklag und zum Zweiten, weil die Tote mit Sicherheit, wie Schrott uns nochmals bestätigte, vom tosenden Tisenser Bach in den Eisack gerissen worden war.

Diese schlimme, traurige und manchmal sogar komische Geschichte ist aber noch nicht ganz zu Ende erzählt. Da war noch was. Ein Versprechen. Zurück in der Quästur ordnete Staatsanwalt Guido Rispoli durch einen Haftbefehl nun formal die Festnahme des Ernst Schrott und die Überführung ins Bozner Gefängnis an. Rispoli drückte mir das Schriftstück in die Hand, gratulierte mir für die erfolgreiche Ermittlung und verabschiedete sich ins verdiente Wochenende. Der Rechtsanwalt machte es ähnlich und zog sich zurück. So, da stand ich nun alleine mit Ernst Schrott, dem Haftbefehl und mit meinem Versprechen ihm gegenüber. Ich hatte ihm doch zugesagt, dass er an diesem Tag nicht mehr ins Gefängnis müsse. Was tun? Schrott versuchte verschämt an mir vorbei zu schauen. Ich schaute ihm in die

Augen und mich plagte mein Gewissen ihm gegenüber. Kaum zu glauben, ich ein schlechtes Gewissen einem in Verdacht stehenden zweifachen Frauenmörder gegenüber? Die Stille in meinem Büro lastete auf mir schwer wie Granit. „Ein Mann ein Wort", pflegte ständig mein Vater mir zu lehren. *„Le promesse vanno mantenute"* (die Versprechen müssen eingehalten werden), predige ebenso dauernd meine Mutter. Und vom Himmel, glaube ich, kam wieder die richtige Lösung: Die Grauzone muss wieder her. Ich musste jetzt also etwas tun, was sicher nicht so ganz korrekt war, aber auch nicht gesetzeswidrig. Ich war mir sicher, dass mit einem kleinen Theaterspiel mit dem Titel „Die Notlüge" alle leben konnten: Gesetz, Staatsanwalt, Richter, mein Gewissen und vor allem der Ernst.

Die Show ging los! „Ernst, wie geht es Dir?", war meine einführende Frage. Er antwortete mir gegenüber sitzend etwas absolut Unverständliches und mit einem grunzähnlichen Laut. Also musste ich deutlicher ihm zu verstehen geben, was ich aus seinem Munde hören wollte. *„Gell es geat dir net guet?"* (Es geht dir doch nicht gut, oder?), fragte ich ihn nochmal. Diesmal aber versuchte ich durch meine variierenden Betonungen und vergewissernden Tonlage auf seine Antwort Einfluss zu nehmen. *„Na, wirklich net"* (Nein, absolut nicht). Na endlich hatte er mich verstanden. Er war sogar fleißig und gab selbst noch eines drauf! Oder war ihm wirklich nicht gut? Egal. *„I hon olm Kopfwea"* (Ich habe ständig Kopfschmerzen). Jetzt ging es für mich nur mehr leicht und bergabwärts, denn er hatte mitbekommen, was ich von ihm wollte. Beinahe mit einem rügenden Ton, ja fast drohend und immer lauter werdend, fragte ich ihn jetzt definitiv: *„Isch dr eppar tirmisch?"* (Ist dir schwindelig?). Ich wartete nicht einmal auf seine Antwort, sondern drängte ihn mit Mimik und Gestik dazu auch meine nächste Frage zu bejahen. Mit gleichem Nachdruck, gleicher schauspielerischer Leistung und kräftigen Sprachvolumen wollte ich wissen: *„Tuesch Du eppr a schwar schnaufen?"* (Tust du dich schwer beim Atmen?). *„Jo, schun* (Ja, genau). *Mir isch norret tirmisch und teiflisch hort schnaufen tui a!"* (Mir dreht der Kopf und ich atme sehr schwer!).

Schrott hatte wirklich überblickt, dass er in diesem, meinem Theater mitspielen muss. Nun wurde ich absolut deutlich und mit der Energie eines Orchesterdirigenten, der auf Zehenspitzen und ausgebreiteten Armen zum Ausklang dirigiert, setzte ich zur letzten entscheidenden

Schwurgericht Bozen, Prozess gegen Ernst
Schrott: Inspektor Gazzani, Kripochef Alexander
Zelger, Rechtsanwalt Rössler und Staatsanwalt
Paul Ranzi (von links nach rechts)

Frage an: *„Ernst, isch es Dir so letz, dass Du mir do glei no auf den Boden hinfolsch?"* (Ernst, ist dir so übel, dass du mir jetzt noch zu Boden fällst?). Keine Sekunde und schon lag er auf dem Boden, schwer „schnaufend".

Bei aller Schlichtheit seiner geistigen Fähigkeiten, so schlau war er dann doch, um mein Spiel zu durchschauen. Somit konnte ich mein Versprechen einhalten und ihn „heute" nicht ins Gefängnis überstellen, sondern in einem für Inhaftierte gesondertes Einbettzimmer im Krankenhaus Bozen einliefern lassen.

Ich persönlich verständigte die Rettung und bat um einen dringenden Einsatz. Meine Leute, welche nichts von meinem Deal mit Ernst wussten und erschrocken in mein Büro eilten, wollten mich aufklären, dass der Schrott sicherlich das alles nur vorspielen würde. Aber ich musste ihnen begreiflich machen, dass die gesundheitliche Lage des Ernst Schrott „ernst" sein könnte und wir schließlich sicher sein mussten, dass ihm nichts passiert. Wir könnten uns ansonsten noch wegen unterlassener Hilfeleistung strafbar machen.

Die Rettungssanitäter kamen, befragten ihn, und er spielte seine Rolle perfekt zu Ende. So konnte ich erreichen, dass er in der Bozner Krankenhausabteilung für Inhaftierte mindestens die erste Nacht verbringen durfte. Ich begleitete ihn dorthin, hatte damit mein Wort gehalten und mein Gewissen entlastet. Er bekam von den sich um ihn bemühenden Krankenschwestern noch eine warme Suppe, die er herzlich gerne zu sich nahm. Eine Belohnung für sein Geständnis?

Am nächsten Tag fand im Krankenhaus vor dem Untersuchungsrichter in Anwesenheit des Staatsanwaltes und meiner Wenigkeit die Haftprüfung statt. Ernst Schrott bestätigte seine Aussagen, die er aus freien Stücken gemacht hatte, und gestand, die Heidi Niederbacher totgeschlagen und Petra Lunardi in den Tisenser Bach geworfen zu haben. Nachdem alle wieder weg waren, fragte ich Ernst, wie es ihm ginge, und er meinte „Mir geht es gut" und lobte die warme Suppe

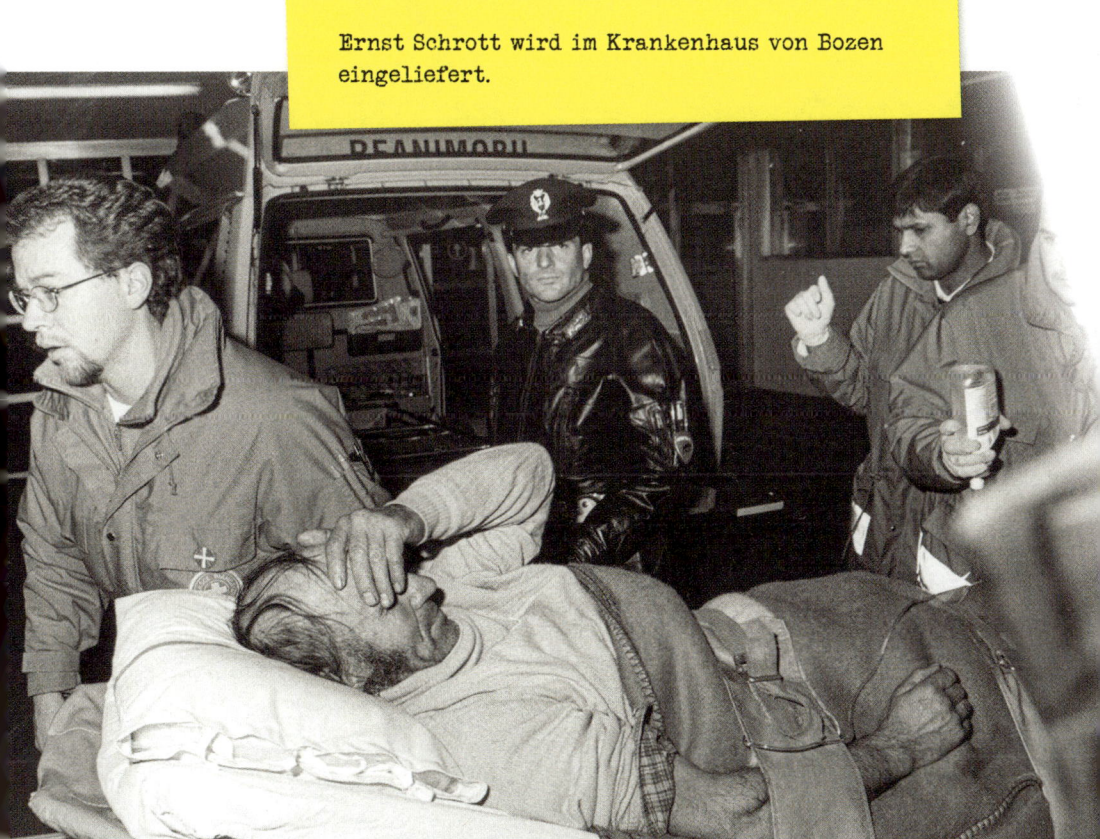

Ernst Schrott wird im Krankenhaus von Bozen eingeliefert.

Edoardo Mori, Richter für die Voruntersuchungen, im
Gespräch mit Kripochef Alexander Zelger bei der Haftprüfung im Krankenhaus von Bozen

vom Vorabend, denn „ich liebe warme Suppe über alles, egal welche!"
und freute sich schon auf das warme Mittagessen. Er gestand mir, dass
er in der Regel eigentlich nur kalte Mahlzeiten zu sich nahm, da er
kaum kochen konnte und für sich alleine es sowieso nicht wert war.

Ernst fühlte sich offensichtlich wohl, aber ich durfte nicht vergessen, dass er immerhin zwei junge Frauen getötet hatte und deshalb
für den zweifachen Mord bald vor dem Schwurgericht stehen wird.
Paradoxerweise hatte erstmals in seinem Leben jemand sich intensiv um ihn gekümmert. „Mir fehlt nichts. Da kann ich in einem wei-
chen Bett schlafen und mein Zimmer ist sogar beheizt!" Er wollte mir
wohl mitteilen, dass es ihm hier viel besser gehe als in seiner heimat-
lichen Baracke, die sogar im Hochsommer kalt und feucht war. Bis
jetzt hatte er nur Benachteiligungen erlebt. Auch die Krankenhausärzte
wollten sich keine Vorwürfe machen lassen und waren auf Nummer
sicher gegangen. Sie behielten ihn noch für einige Tage im Spital und

unterzogen ihn an allen möglichen Untersuchungen. Ernst Schrott ließ sich richtig verwöhnen.

Ein Jahr später wurde er vom Schwurgericht für den Mord an Heidi Niederbacher verurteilt, aber von jenem an Petra Lunardi freigesprochen, da ihr Tod nicht mit Sicherheit festgestellt werden konnte.

In zweiter Instanz wurde die Verurteilung wegen Mordes an Heidi Niederbacher auf fahrlässige Tötung abgestuft.

Viele Jahre später durfte er endgültig als freier Mann das Gefängnis verlassen. Ich war in der Zwischenzeit zum Verbindungsoffizier des italienischen Innenministeriums ernannt und nach Wiesbaden zum Bundeskriminalamt abkommandiert worden. Meine Leute der Quästur Bozen erzählten mir, dass Ernst Schrott sie kurz nach seiner Entlassung besuchte. Kollege Gazzani, in der Zwischenzeit zum Chefinspektor befördert, dachte sich, schau mal an, er will sich bei uns dafür bedanken, dass wir ihn damals so korrekt und einfühlsam behandelt hatten. Der Grund war aber ein anderer. Ernst Schrott wollte sein Fernglas und die Motorsäge zurückhaben und beschuldigte meine Mitarbeiter quasi des Diebstahls, da sie seine Gegenstände nach der Haus- oder besser ausgedrückt „Baracken"-Durchsuchung mitgenommen hätten. Meinen Leuten und mir blieb nichts anders übrig als „traurig zu lachen".

Weniger lustig empfand ich aber die Informationen darüber, dass er 2012 doch noch geheiratet hatte und wie diese Ehe dramatisch endete. Denn 2014 wurde Schrott wegen Misshandlung unter erschwerenden Umständen an seiner Ehefrau angezeigt. Es wurde ein Notarzt zum Ehepaar gerufen, da es der Frau von Schrott nicht gut gehe, hieß es in der Notrufzentrale. Ich durfte das Protokoll des eintreffenden Notarztes lesen. Ganz einfach schrecklich war, was der Arzt in seinem Einsatzbericht protokollieren musste. Unter anderem notierte er: „Die Frau lag in total erschöpftem Zustand in einem voll verdreckten Bett, auf urinnassen Laken, inmitten von menschlichen Exkrementen, Essensresten und blutbefleckten Bekleidungsstücken." Anscheinend durfte die Ehefrau von Ernst Schrott schon lange nicht mehr diesen verwahrlosten Raum verlassen haben.

In der Zwischenzeit ist Ernst Schrott verstorben.

KRIMINELLE UND KULINARISCHES IM TIEFEN SÜDEN ITALIENS

Kalabresische Mafiosi in Bozner Handschellen

Das Grundproblem mit der Mafia im tiefen Süden des Staates haben wir von Bozen, also vom hohen Norden aus auch nicht gelöst, aber zumindest unseren kleinen Beitrag dafür geleistet. Sie erinnern sich: Surfbrett im Winter, drei Kilogramm reinstes Heroin, der Kalabrese Rocco Pirilli und die 'Ndrangheta von Rosarno, einem Ort unweit des wunderschönen Urlaubszieles Tropea ganz im Süden Kalabriens. Letzterer saß mittlerweile schon ein, überraschte uns aber bald mit seiner Bereitschaft, Aussagen über seine Hintermänner, die in Kalabrien „tätigen" Gebrüder Agostini zu machen und uns wichtige, polizeilich verwertbare Hinweise zu liefern. Die waren sogar so konkret, dass der zuständige Richter in Bozen für die Voruntersuchungen beim Bozner Landesgericht gegen die zwei Tatverdächtigen Clanmitglieder in Kalabrien gleich Haftbefehle ausstellen konnte.

Wie es ein ungeschriebenes Gesetz in Italien vorsieht, wurde meistens die ermittelnde Kriminalpolizei von der Staatsanwaltschaft beauftragt, diese auszuführen, vor allem, wenn es sich um besonders wichtige Festnahmen handelt. So waren wir von der Bozner Kriminalpolizei nun für diese Festnahmen im tiefsten Süden Italiens zuständig. Dies bedeutete für uns, nach Kalabrien fahren zu dürfen – pardon – zu müssen.

„Dottore, wir müssen alles in den Kofferraum packen, was man dort unten so alles brauchen könnte." Es sollte ja nach Kalabrien gehen, und das war schon ein ganz anderes Pflaster, als die beschaulich wirkende, aber auch nicht immer ganz friedliche Gegend bei uns zuhause im Norden. Zu dem, was wir dort im extremen Süden so alles brauchen könnten, gehörten schusssichere Schutzwesten, Maschinenpistolen samt Munition und nicht zu vergessen, die Haftbefehle. Dann brauchten wir nur noch die Unterstützung der Kollegen vor Ort. Mit der Organisation der Dienstreise beauftragte ich meine zuverlässigen Männer der NARCO, so hieß meine Sektion der Kriminalpolizei, die im ewig währenden Kampf gegen die Drogenkriminalität stand. Erwähnenswert ist in diesem Zusammenhang auch, dass mein bewährter Mitarbeiter Ispettore De Gennaro in der Zwischenzeit auch dieser Ermittlungseinheit angehörte und mit uns auf der Dienstreise nach Kalabrien dabei war.

Wir waren insgesamt zu sechst, also vier meiner Leute aus dem Bozner Team, ich und der Sprengmeister unserer Quästur. Denn, sollten uns dort die Türen nicht freiwillig geöffnet werden, würde er diese Aufgabe übernehmen müssen. Beim Sprengen war er gewöhnlich immer gut drauf bzw. er verstand sein Geschäft absolut, und mit ihm kamen wir überall verlässlich hinein.

Sehr früh am Morgen in Bozen in zwei Alfa Romeos gestartet, kamen wir erst bei Dunkelheit im 950 Kilometer entfernten Rosarno, zwischen Catanzaro und Reggio Calabria, Städte die so mancher aus einschlägigen Mafiafilmen kennen mag, an. An der letzten Autobahnraststätte vor der Ausfahrt Rosarno trafen wir uns mit den kalabresischen Kollegen, die uns zur örtlichen Polizeidienststelle lotsten.

In dieser 14.000-Seelen-Gemeinde, in die es gehen sollte, war ein gewisser Vize Questore Aggiunto E. A. Leiter des Polizeikommissariates. Er hatte uns eine Unterkunft organisiert. Nur, die auch zu finden und das nachts und nach einer Fahrt von fast 1000 Kilometern durch nahezu ganz Italien, wäre für uns allein kaum möglich gewesen. Ich muss in diesem Zusammenhang daran erinnern, dass es damals noch keine Navigationssysteme gab, zumindest bei uns in Italien. Sich dort orientieren zu können, hätte sich als eine fast unüberwindbare Herausforderung herausgestellt. Wie erwartet, konnten die Verhältnisse, besonders die der Infrastruktur, mit denen in Südtirol nicht im Geringsten verglichen werden. Die Straßen waren ohne Straßenschilder, die Häuser ohne Hausnummern, die Verkehrsschilder unleserlich, weil verrostet, und einige sogar mit Pistolenschüssen durchlöchert. Eine Warnung? Eine an uns? Wir waren viel zu müde, um es persönlich zu nehmen, und einen Verfolgungswahn hatten wir auch nicht, schließlich waren ja wir die Verfolger.

Als Ortsfremde, ohne die lokale Unterstützung, wären wir total aufgeschmissen gewesen. Das Erste, was ich damals dachte, als wir ankamen, war, das kann wohl nicht in Rosarno sein. Mein hinter mir sitzender Sprengmeister fragte sich das Gleiche, nämlich wo wir hier eigentlich gelandet waren. Sein Vergleichsvorschlag war Beirut, jedenfalls irgendwo mitten im zerbombten Libanon. Die Dunkelheit hat mit Sicherheit dazu beigetragen, dass wir alles „schwarz" sahen. Die Straßen kaum beleuchtet, die Häuser bescheiden und nur mit bröckelndem Verputz verkleidet, der Straßenasphalt so beschädigt, dass ein Weiterfahren nur mit Schritttempo möglich war. Wir sahen ein heruntergekommenes Haus und fuhren bei diesem um die Ecke. Wir witzelten noch „Stell dir vor, das ist die Polizeidienststelle", und oh Schreck, sie war es tatsächlich, außen verwahrlost wie die übrigen Häuser von Rosarno.

Es herrschte eine surreale Atmosphäre. Irgendwie waren wir uns sicher, dass der ganze Ort schon wusste, dass Polizei aus dem Norden im Ort war und nun rätselte, wen es am nächsten Tag wohl erwischen würde.

In einer Pizzeria sollten wir das Abendessen zu uns nehmen. Sie war von außen ebenfalls kaum als solche zu erkennen, aber der Koch sei sauber, hieß es. Wie das gemeint war, wussten wir nicht: ob mit „sauber" hygienisch gemeint war oder der Strafauszug des *pizzaiolo*, also der des Pizzabäckers. Ich wollte mir vor dem Essen „sicherheitshalber" noch die Hände waschen, aber das war ein Fehler. Die Toilette *alla Turca* war eine im Boden eingelassene Hocktoilette, welche für das Benützen ein gewisses akrobatisches Talent erforderte. Dass nicht ein jeder Benützer diese sportliche Technik beherrschte, wurde mir sofort klar. Mir verging der Appetit endgültig, als ich unter dem Waschbeckenspiegel einen Kamm sah, der nicht nur voll Haare war, sondern auch voll Schuppen, die sicher nicht von Fischen stammten. Ich schloss die Augen und machte kehrt. Trotz allem, der Hunger war groß und die Pizza erstaunlich gut, und somit konnte die weltweit beliebteste Speise die unappetitlichen Bilder vergessen machen.

Vier Uhr war Wecken, fünf Uhr Dienstantritt, schlimmer als beim Militär, und das soll was heißen. Meine Mitarbeiter standen im Gang unserer bescheidenen Unterkunft schon in voller Kampfausrüstung, in Schutzweste, mit MPi und waren topmotiviert, zur Tat schreiten zu können. Ich im Anzug, mit weißem Hemd und Krawatte – schließlich verband doch das Bedürfnis nach einer *bella figura* alle Teile Italiens und es hätte wieder ein Pressefotograf auch hier zuschlagen können. Wir wollten uns als „Gastpolizisten" vor unseren Gastgeberpolizisten nicht blamieren und erst recht nicht vor den Leuten dort. Ich kam mir wirklich wie in einem der vielen bekannten Mafiafilme vor. Nur der erhöhte Adrenalinspiegel, wahrscheinlich verursacht durch die Spannung oder die Angst, es könne was schieflaufen, waren nicht gespielt, sondern echt und am folglich erhöhten Puls deutlich spürbar.

Ich rief meine rechte Hand, den Chefinspektor Karl Erlacher zu mir und bat ihn um meine schusssichere Schutzweste. Er schaute mich ganz perplex an und rief sofort Inspektor De Gennaro zu sich und fragte ihn um die Schutzweste des Dottore. Er, seinerseits mit einer Unschuldsmiene im Gesicht, drehte sich um und wollte auch einen Kollegen holen und ihn dasselbe fragen, aber es war keiner mehr da. So schaute er zuerst den Chefinspektor, dann mich an und mit ausgebreiteten Armen gab er zu, nur an die Ausrüstung der Kollegen gedacht zu haben. Mir gingen alle nord-, mittel- und süditalienischen Flüche durch den Kopf, die ich schriftlich an dieser Stelle nicht wiedergeben will. Ich hatte einen Sprengmeister mit TNT organisiert, vier schwerbewaffnete Kollegen, zwei Alfa Romeos, aber meine Leute hatten nicht an eine Schutzweste für mich gedacht, was ich in diesem Moment auch wahnsinnig nett fand, sprich, ich war fuchsteufelswild.

Die Kollegen von Rosarno waren logischerweise mit von der Partie und mit ihnen erreichten wir das zu erstürmende Haus. Es schien baulich in einem landesüblichen mangelhaften Zustand. Der Hinterhof war polizeilich gesichert. Ich, auch wenn ohne Schutzweste, ging laut Protokoll voraus. Ich klopfte und klingelte energisch und lange. Hinter mir stand mein vertrauter Sprengmeister Marco Berton mit dem Sprengstoff griffbereit, in der Hoffnung, wieder einmal eine Tür in die Luft jagen zu können. Er war eben ein Mann, der eine gewisse Leidenschaft für seinen eigentlich gefährlichen Beruf empfand. Er hatte vor allem den Norden Italiens im Herzen und hoffte, nun endlich einmal und das mit Herzblut – er brannte förmlich darauf – in Süditalien mit seinem Sprengstoff zum Einsatz zu kommen. Die Sekunden vergingen, und ich schaute meinen Berton schon an, um ihm den Befehl zu erteilen, die Eingangspforte in die Luft zu jagen. Doch wieder einmal kamen wir durch eine Tür ohne rohe Gewalt, und wieder zur Enttäuschung zumindest eines Mannes in unserem Team.

Es öffnete eine Frau in einem seidenen Schlafmantel, wenn auch nicht ganz so keck wie unsere Signora Concetta in Bozen. Innen volles Kontrastprogramm zum äußeren Zustand des Hauses. Die Wohnung präsentierte sich mit teuersten Marmorfußböden, überall prunkvolle

Keramiken auf edlen nusshölzernen Tischen, vergoldete Nippes und andere kostspielige Zeichen des Reichtums. Allerdings nicht nach meinem Geschmack, Mafiabarock eben, kam mir in den Sinn, eine Wortneuschöpfung, die bis dahin noch in keinem Wörterbuch zu finden gewesen war.

Wir nahmen die beiden Brüder, auf die die Haftbefehle ausgestellt waren, ohne Widerstand fest. Mit einer Verhaftung hatten sie offensichtlich nicht gerechnet, zumindest nicht durch die Polizei ihrer unmittelbaren Umgebung. Dass sich die Kriminalpolizei aus dem so weit entfernten Bozen ihretwegen auf einen so langen Weg machen würde, scheint zumindest eine unangenehme Überraschung für sie gewesen zu sein. Deren Anwalt wurde geholt, und als er eintraf, war das erste, was er unternahm, der Griff in ein Einkaufssackerl aus Plastik, das er mitgebracht hatte. Eine filmreife Szene: Aus diesem entnahm er zwei Stangen Zigaretten und drückte sie in die Hände der Verhafteten. Seine Mandanten waren festgenommen, und er ahnte augenscheinlich schon vorher, dass das länger dauern könnte und dass die beiden wohl nicht mehr so schnell in der Lage sein würden, sich selbst mit den Rauchstengeln zu versorgen. So viel praktische und nicht nur juristische Fürsorge eines Anwaltes als erste Maßnahme hatte ich bis dahin noch nicht erlebt.

Ich konnte das alles gut verstehen, denn ich war zur damaligen Zeit auch ein Kettenraucher. Erinnerungen an meinen ersten Urlaub in dieser wunderschönen Region wurden wach. Sie hatten nicht unwesentlich mit Zigaretten zu tun.

Ich war im Jahre 1981 mit meiner Liebe, die damals schon Ute hieß, in einem roten Alfa Sud nachts nach Kalabrien in den Urlaub gefahren. Sie neunzehn, ich zweiundzwanzig. In den ersten Morgenstunden kamen wir übermüdet in einer nur durch eine Straße vom Meer getrennten Hotelanlage an, als gerade der Sonnenaufgang uns willkommen hieß. Märchenhaft! Aber damals war es umgekehrt wie heute: Außen alles perfekt, schön und einladend. Als wir das gebuchte Ferienapartment bezogen, war unsere Enttäuschung riesengroß und die Träume eines romantischen Urlaubs unter südlicher Sonne zerplatzt. Die Zimmer und besonders das Bad waren derart verschmutzt, dass wir dort nicht auch nur eine Sekunde bleiben wollten. In der Küche war es noch schrecklicher. Der Gasherd war, nicht übertrieben, unter einer dicken Kruste von Essensresten als solcher fast nicht mehr zu erkennen. Wir fragten uns, welche schweinische Touristenfamilie hier wohl vor uns ihren Urlaub verbracht hatte und wer hier für den Service verantwortlich war? Ich fragte Ute nicht lange um Erlaubnis, sondern lief – „zornig" ist gar kein passender, allenfalls untertriebener Ausdruck – zur Rezeption und wollte gleich lautstark protestieren, dass uns ein schmutziger Saustall als Ferienapartment gegeben worden war. Nur war das Büro jetzt leer.

Auf der Suche nach einem Verantwortlichen bemerkte ich, dass die Dame der Rezeption in der Zwischenzeit ihren Beruf gewechselt hatte und nun in dem Gemischtwarenladen der Ferienanlage als Kassiererin tätig war. Obwohl immer noch kampfbereit und zornig, hatte ich meine Fassung einigermaßen zurückgewonnen, betrat in diesem geistigen Zustand den Laden und schnappte mir ohne jede Zurückhaltung die teuersten Putz- und Reinigungsmittel, einen Besen samt Kehrschaufel, verschieden große Wischlappen, Tücher zum Trocknen und einen Eimer. Ich war wild entschlossen, unsere Ferienwohnung in Eigenregie in einen einigermaßen bewohnbaren Zustand zu versetzen. So bewaffnet ging ich zur Kassiererin und sagte ihr in bestimmtem und lautem Ton, noch immer gereizt: „Ich nehme das mit, aber zahlen tue ich es nicht. Denn ich brauch das alles, um die Wohnung zu putzen, die mehr einem Saustall ähnelt, seid uns dankbar, dass wir unser Apartment saubermachen."

Sie schaute nicht mich an, sondern ganz verblüfft über meine Schultern hinweg. Ich drehte mich um und erblickte einen bis dahin von mir unbemerkten, durchaus vornehm aussehenden Herrn. Die Rezeptionistin oder Kassiererin oder wie auch immer, vielleicht Mädchen für alles, schaute diesen Signore wortlos, aber fragend an und der gab ebenso wortlos nur durch Kopfnicken der folgsamen Frau zu verstehen, dass er mit dieser Lösung einverstanden sei. Wir brauchten dann doch Stunden, um das Appartement sauber zu bekommen und in einen bewohnbaren Zustand zu versetzen. Ende gut, alles gut.

Aber warum erwähne ich das alles hier, wo es doch nicht um Urlaubserlebnisse geht, sondern um Kriminalfälle in Südtirol? Jetzt kommt's.

Ich war damals noch Raucher und Ute Gelegenheitsraucherin. Unser Zigarettenvorrat war mit der Ankunft in Kalabrien zur Neige gegangen. Ich musste, um schnelle Abhilfe zu schaffen, mich dazu überwinden, nochmals in den besagten Laden zu gehen. Was man nicht alles für die Gesundheit tut?

Wieder traf ich dort auf den Respekt einflößenden Mann und wieder war da ein Problem: Sie verkauften keine Zigaretten. Der Signore verständigte sich nur über Gesten mit einem ebenfalls anwesenden, jüngeren Mann, der mir ebenso unterwürfig gegenüber den offensichtlich einflussreichen Älteren vorkam wie zuvor die Verkäuferin. Wo war ich nur gelandet? Der respekteinflößende Ältere wandte sich an mich, um mir mit geheimnisvoll klingender, leiser Stimme in wenigen Worten zu bedeuten, dass er gerade keine habe. Der Jüngere meinte dann, mit wenig Mimik und Gestik, aber irgendwie ebenso geheimnisvoll und fast feierlich gesprochenen, wenigen Sätzen, dass er sich selbstverständlich um alles Notwendige kümmern würde und hatte dabei ebenfalls einen sehr ernsten Gesichtsausdruck, als würde sich das „Zigarettenproblem" ab jetzt um eine für die ganze Region, nein, für die ganze Republik wichtige Staatsangelegenheit handeln.

Draußen im Freien stellte er sich als den jüngeren Bruder des Chefs vor und bedauerte, nun sichtlich offener und befreiter, wortreich und frei in alle Himmelsrichtungen gestikulierend den Zustand der von uns bezogenen Wohnung. Dann erklärte er sich bereit, mich in seinem Auto, das bemerkenswerterweise vorne und hinten ohne Kennzeichen war, dorthin zu fahren, wo ich zu meinen Zigaretten kommen würde. Auf dem Weg ins Nachbardorf zeigte er mir stolz noch die vielen Hotels und Einfamilienhäuser, die seine Familie am „Lungomare" gebaut habe und die noch in deren Besitz sei. Mir schwante Schlimmes. In welche Hände hatte ich mich nur begeben? In wessen Begleitung war ich nun geraten? Konnte meine bisher reine weiße Weste ungewollt in eine schwärzende Situation rutschen? Wir hielten am Strand von Scalea vor der Bar Stella Marina an. Dort saßen ein paar Einheimische, die meinen Fahrer mit „Don Antonio" begrüßten und sich sogar leicht verneigten. Ich musste ordentlich schlucken und tief durchatmen, um anschließend meine Nikotinabhängigkeit zu verdammen wie sonst noch niemals vorher. In der Bar schlürften die ersten einheimischen Gäste ihren „caffè espresso" und dort zeigte er vor allen Anwesenden auf mich. Ich dachte, jetzt sei es aus mit mir. Zum Glück verstand ich dann doch die Situation und begriff, was sich hier abspielte, nachdem er mit fast strenger Stimme dem Barista mitteilte: *„Il signore ha bisogno di sigarette"* (Der

Herr braucht Zigaretten). Die Antwort des Barbesitzers war knapp, aber eindeutig und bestätigte somit, wer in dieser Gegend das Sagen hatte: *„Certamente, ben volentieri."* Er griff unter die Theke, holte eine Stange Marlboro hervor und überreichte sie mir. Don Antonio gab dem Barista auch noch zu verstehen: *„Vanno sul conto mio."* Die Zigaretten sollten also auf seine und nicht auf meine Rechnung gehen.

Nun war mir endgültig klargeworden, wie dort der Hase lief. Das war, vermutlich mein erster Kontakt mit der 'Ndrangheta. Umso erstaunlicher, wir blieben doch die ganze vorgebuchte Woche und konnten es uns richtig gut gehen lassen. Vielleicht hatte ich gelernt, wie man mit den Menschen aus dem Süden umgehen muss und wie man hier nicht nur gut lebt, sondern auch überlebt? Nein, ich glaube, ich hatte nur großes Glück!

Am letzten Abend unseres Urlaubes mit der „Hoteliersfamilie", deren Verhalten wir unter lokaler Folklore abgehakt hatten, waren wir noch im Restaurant unserer Ferienanlage. An den Nebentischen feierte eine Gruppe von Freunden und Bekannten der Familie irgendeinen Namenstag. Mit dabei waren auch die beiden Brüder. Was uns sofort auffiel, war, dass die illustre und lustige Gesellschaft schon mehrere Flaschen des einheimischen Rotweins Cirò geleert hatte. Die eine oder andere Gesangsdarbietung konnte auch uns aufheitern. Der Wein floss und floss, bis wir schließlich bald auch gebeten wurden, mitzusingen und mitzutrinken. Ute wollte nicht singen und der Alkohol schmeckte ihr damals überhaupt nicht. Auch die Erinnerung daran, wer hier der Boss ist und dessen Wunsch hier immer auch gleich Befehl sei, konnte sie nicht umstimmen. Da musste ich herhalten, beim Singen und beim Trinken! Es gab keine Alternative, als dem „Wunsch des dortigen Kommandeurs" zu entsprechen. Dann kam die nächste Überraschung. Mein Singsang gefiel ihnen so gut, dass das Familienoberhaupt aufstand und uns für das kommende Jahr einlud, auf Kosten des Hauses wiederzukommen. Besonders gut hatte den Calabresi das Lied „Stille Nacht, heilige Nacht" gefallen, für sie passend zu der ausgelassenen Stimmung und dem sonstigen Krach der Familienfeier in der Ferienanlage, auch wenn es erst September war.

Ich war damals noch nicht bei der Kriminalpolizei tätig. So hatte ich mich zumindest nicht der Vorteilsnahme oder sogar der Bestechlichkeit im Amt schuldig machen können. Wir waren belustigt und hatten zuhause einiges zu erzählen, aber ganz unbeschwert hatten wir damals Kalabrien nicht verlassen.

Die nächste Reise dorthin war dann mit Schutzwesten und schwer bewaffnet. Wenn das unsere Gastgeber von damals gewusst hätten. Wer weiß. Oder sie hätten uns schon damals die „Königssuite" ihrer Ferienanlage angeboten.

Zurück zu meiner Dienstreise nach Rosarno viele Jahre nach diesem Urlaubserlebnis. Wir waren schon wieder auf der Rückfahrt, zufrieden mit uns selbst, hatten wir doch unseren Job gemacht und waren, auch ohne den Einsatz von Sprengstoff oder Maschinenpistolen, erfolgreich gewesen. Womit ich aber nicht gerechnet habe, war etwas anderes. Einer meiner Leute war aus Apulien. Er machte mir, nach Absprache mit all den anderen schlauen Mitreisenden, den Vorschlag, doch einen „nur" kleinen Umweg zu machen und, anstatt die Autobahn über Neapel, Rom und Florenz nach Bozen zu nehmen, bei seiner Mama kurzfristig vorbeizuschauen. Die Mama ist die wichtigste Person in einer italienischen Familie und in Süditalien sogar noch etwas mehr. Sie ist für einen Sohn das Gesetz schlechthin und das zu brechen, also das Herz einer süditalienischen Mama, wahrscheinlich auch ein Verbrechen. Was ich aber zunächst nicht wusste, war, dass das Dörfchen, in dem er das Licht der Welt erblickt hatte, alles andere als in Richtung Norden lag, sondern ganz am Ende des Stiefelabsatzes von Apulien. Der besagte kleine Umweg bedeutete fast 300 Kilometer mehr.

Er versuchte, uns die für ihn sichtlich wichtige Angelegenheit im wahrsten Sinne des Wortes schmackhaft zu machen. Seiner Ansicht nach würden sich die paar Kilometer absolut lohnen, denn seine Mutter koche sehr gut. Wir waren also doch schnell zu überzeugen gewesen und stimmten seinem Antrag zu. Er rief erleichtert bei Mama an und teilte ihr mit, dass wir „nur" zu sechst zum Mittagessen kommen würden. Diese schien sich zu freuen und würde eine Kleinigkeit vorbereiten. Sie war nur ein wenig besorgt, weil ihr Sohn sie nicht schon etwas früher verständigt hatte, um mehr Zeit zu haben, vorzukochen. Wir landeten schließlich in einer kleinen idyllischen Ortschaft in der Nähe von Gallipoli.

Mir ging auf der Fahrt dorthin das Problem nicht aus dem Kopf, wie ich das Mehr an Kilometern gegenüber dem Quästor rechtfertigen könnte. Zudem hatten wir auch nur eine begrenzte Zahl an

Benzingutscheinen mit. Ich nahm meine ganze Fantasie zusammen und ging eine Reihe von Erklärungen und Rechtfertigungen durch den Kopf, verwarf aber immer wieder alle, weil sie zum Teil so dümmlich und durchschaubar gewesen waren. Aber der Hunger war größer und irgendetwas würde mir auf der langen Heimfahrt schon noch in den Sinn kommen. Die Wahrheit wäre doch die beste Lösung: Die Spesen für die paar Kilometer mehr hatten sich mit dem ersparten Restaurantbesuch ausgeglichen. Ich gab meinen Leuten Anweisung, langsam zu fahren, um den Benzinverbrauch unserer Alfas zu drosseln, damit wir mit unseren Benzingutscheinen bis nach Hause kommen. Im Nachsatz wies ich auch noch mit strenger Miene daraufhin, dass ich keine Alfa schieben würde.

Statt mittags in Rom oder Florenz zu sein, steckten wir noch am Absatz des italienischen Stiefels und waren damit gefühlt immer noch Afrika näher als Bozen.

Die reine Natur, die warme Sonne und die Blumenpracht, die uns in diesem kleinen niedlichen Ort empfingen, erfreuten unsere Augen und unsere Seelen. Die ungezwungene Herzlichkeit dieser freundlichen Menschen charakterisierte ihre Lebensweise. Die Einfachheit und die Bescheidenheit störten uns nicht, im Gegenteil. Vorhänge statt Türen und recycelte leere Pelati-Aluminiumdosen, die die teuren Blumentöpfe ersetzten, bildeten eine für uns im Norden verwöhnte Menschen, unerwartet, kaum vorstellbare warme Kulisse.

Endlich! Vor uns stand in bunter Schürze die Signora Mama, und wir konnten alle zusammen miterleben, mit welcher Freude und Liebe sie überglücklich ihren Sohn umarmte. Uns gegenüber rechtfertigte sie sich vorbeugend, nicht ohne gleichzeitig dann doch noch einen etwas strafenden Blick auf ihren Sohn zu werfen, dass sie in der Kürze der Zeit nicht in der Lage gewesen war, sich so vorzubereiten, um uns wirklich angemessen verwöhnen zu können.

Ich versuchte sie mit den Worten zu trösten, dass wir ja auch bald wieder fahren müssten und ein zu voller Magen nicht gerade der Konzentration für eine unfallfreie Rückfahrt diene. Mein höfliches Entgegenkommen stellte sich nach einem zweieinhalbstündigen Mittagessen als völlig unnötig und sinnlos heraus. Die vor uns liegende, durch höhere Gewalt – der Wille einer süditalienischen Mama – verlängerte Heimfahrt würde ja kein kleiner Spaziergang sein.

Wir setzten uns in der Küche um den Speisetisch, und die kulinarische Kleinigkeit, wie die Signora Mama das Mittagessen bezeichnete, nahm seinen für mich nicht vorhersehbaren Verlauf. Als Erstes wurde der „fiasco" – so nennt man dort die Zwei-Liter-Flaschen – mit apulischem Wein gefüllt, fast schwarz in der Farbe und vom Nachbarn stammend, mitten auf den Tisch gestellt. Der Wein fand dann öfters seinen Weg in vergleichsweise große Wassergläser. Dem Wein folgten auf ebenso großen Tellern Rohschinken, Salami *dai nostri maiali*, dazu landesüblicher Käse wie Cacioricotta und Caciocavallo, Oliven in allen Größen und Farben, Artischocken, in Olivenöl gelegte Melanzane und Peperoni; spätestens jetzt waren wir schon überzeugt, dass sich der „bescheidene" Umweg gelohnt hatte. Wir schlugen ordentlich zu, während die Mutter Bruschette vorbereitete. Jeder bekam zwei davon, und wer schon einmal in Apulien war, der weiß, dass dort eine Bruschetta riesengroß ist, nämlich drei Zentimeter dick und handbreit über den Teller hinausragend. Bessere Tomaten, direkt von Mamas Gemüsegarten gepflückt, auf der Bruschetta hatte ich vorher nie gegessen. Der wider Erwarten nur dezent riechende Knoblauch in großen Mengen schmeckte fabelhaft. Die Schärfe dieses einfachen, aber schmackhaften Gerichtes verlangte konstant nach einem weiteren Glas Rotwein. Jetzt waren wir satt, wollten uns den Mund abwischen und zurücklehnen, da tischte die Signora Mama Büffelmozzarella auf, wieder mit einem unglaublich schmackhaften Olivenöl berieselt und mit Basilikum geschmückt. In diesem Moment bestätigte mir mein Schutzengel, den richtigen Beruf gewählt zu haben und solch stressige Dienstreisen machen zu müssen. Meine Gabel versank in mit Basilikum verzierter Büffelmozzarella. Der großzügige Happen schlüpfte wohlwollend in meinen Magen, der entgegen aller meiner Vermutungen über mehr Kapazitäten verfügte als jemals zuvor geglaubt. Ich denke, nicht der einzige gewesen zu sein, der den Hosengürtel lockerte. Nun ging es aber erst richtig los. Handgemachte Nudeln, *orecchiette fatte in casa*, also hausgemachte Pasta mit Tomatensauce, in der knusprige Schweinsrippchen, selbstverständlich *a la mamma* verborgen waren. Schrecklich gut. Wir schafften mit Hilfe des starken Weines auch den letzten Bissen. Doch wer gedacht hatte, das wäre es nun gewesen, sah sich erneut getäuscht. Nach der warmen Vorspeise folgte die warme Hauptspeise. Vor uns erschien nun ein Servierteller mit im Ofen geschmortem und in der Pfanne gebratenem

Fleisch der unterschiedlichsten Viecher, die man so auf einem Bauernhof finden konnte, also von Rind über Schwein, vom Hasen bis hin zum Lamm. Fleisch alleine kann man bekanntlich nicht essen. Also gab es auch noch Bratkartoffeln mit Rosmarin gewürzt, Melanzane frittiert, gegrillte Zucchini und Peperoni und im Öl gebackene panierte Zucchiniblüten. Der Hosengürtel erwies sich, wenn auch gelockert, als ein Folterinstrument. Auch das schafften wir noch, flehten aber die Signora Mama an, von nun nichts mehr auf den Tisch zu stellen. Sie meinte gelassen, aber ein Kaffee darf es noch sein, den braucht ihr für die Rückfahrt und aus gesundheitlichen Gründen auch noch einen Verdauungslikör. Aber wer glaubte, dass man da unten einen Kaffee ohne Dolce bekommt, kennt die Sitten in Süditalien nicht. Und was für einen Kuchen: die Crostata mit Mandeln und Vanillecreme. Wohl den „schwersten und pappigsten" Kuchen aus Mürbteig, den man sich nur vorstellen kann. Der sollte sozusagen im Magen wohl alles noch weiter nach unten drücken und den Vorteil haben, wir glaubten daran gerne, einen großen Teil des getrunkenen Alkohols aufzusaugen und zu verhindern, dass aller im Blutkreis lande.

Mit Mühe und einigen Kilos mehr standen wir dann doch irgendwann von unseren Stühlen auf, umarmten die gerührte Signora Mama, die sich nochmals dafür entschuldigte, in der Kürze der Zeit nicht in der Lage gewesen zu sein, ordentlich aufgedeckt zu haben. Im Dorfladen versorgten wir uns noch mit mehreren Kisten frischer Mandarinen, Orangen und Zitronen. Erst jetzt realisierten wir, dass der Benzinverbrauch auch bei langsamer Fahrt bedenklich hoch sein wird, wenn man unsere vollen Bäuche und die Kisten mit den Zitrusfrüchten dazurechnete.

Nach dem Tanken hatten wir keine Benzingutscheine mehr und mussten irgendwie sehen, dass wir es bis zu der polizeiinternen Tankstelle der Quastur von Ancona schafften. In jedem der beiden Autos schliefen und verdauten zwei, und der Dritte fuhr abwechselnd, wobei wir mit durchschnittlich 90 Kilometer pro Stunde als Verkehrshindernis bei anderen temperamentvolleren Verkehrsteilnehmern beschimpft wurden. Aber auch nur, weil wir mit unseren Zivilfahrzeugen nicht als Polizei zu erkennen waren.

75 Kilometer vor Ancona blinkten schließlich drohend die Tankanzeigen unserer Dienstfahrzeuge. Wir waren auf Reserve. Was nun?

Einer hatte ein privates Mobiltelefon dabei, rief 113, die Notrufnummer, an, erklärte den Kollegen von der Polizei unseren Notfall, die uns Unterstützung zusicherten. Mit Blaulicht fuhren sie uns entgegen und begleiteten uns heil in die dortige Quästur, damit wir niemals bei Rot oder in einer Kreuzung stehen bleiben mussten und „sinnlos" Benzin verbrauchten. Wer sich von dem Blaulicht und der Sirene nicht ablenken ließ und einen Blick in das Innere unserer zivilen Dienstfahrzeuge hatte werfen können, sah nur Kisten voller Zitrusfrüchte, die im Kofferraum kaum Platz hatten und wo sonst eigentlich nur unsere Schnellfeuerwaffen und Schutzwesten deponiert waren. Der eine oder andere wird sich gedacht haben: Die Polizei hat einen Orangen- und Zitronenschmuggel auffliegen lassen? Die meisten haben vermutlich über uns nur den Kopf geschüttelt.

Wir fuhren durch das bereits geöffnete Eingangsgitter in den hinteren Teil des Geländes der Quästur, wo wir mit großer Erleichterung eine Zapfsäule sichteten, es war keine Fata Morgana. Aber mein Chauffeur hielt unvermittelt an, schaltete offensichtlich auch noch den Motor aus und fuhr einfach nicht mehr weiter – und das nur 50 Meter vor dem heiß ersehnten Ziel. Sein Kollege am Beifahrersitz regte sich wahnsinnig auf und das in landesüblicher Manier: „*Che cazzo ti fermi qua? Non vedi che la pompa è lì?*" (Auf Deutsch vielleicht ungefähr so: Du Depp, warum hältst du hier, siehst du nicht, dass die Zapfsäulen da vorne sind?). Seine Antwort war schlicht und einfach, aber gleich hart und verständlich für jedermann: „*Guida tu, perché io senza benzina non so guidare!*" (Dann fahr doch du, ich kann ohne Benzin nicht fahren!). Wahnsinn, der Tank war staubtrocken geleert. Wir, eigentlich nur meine Leute, mussten also doch noch schieben, aber nur 50 Meter, was für ein Glück. Jedenfalls war die Berechnung unserer Reichweite nicht ganz falsch gewesen, obwohl ich bis heute vermute, dass doch der Bleifuß des gerade Fahrenden unsere festgelegte Geschwindigkeit überschritten hatte, während ich zwischen den Südfrüchten ein Nickerchen gemacht hatte. Eins muss ich auch noch zugeben: Heute noch frage ich mich, wer damals mehr gesoffen hatte, meine schwarze Alfa Romeo oder wir in Apulien bei der Signora Mama. Nebenbei bemerkt, aber eben nur nebenbei: Zu jener Zeit gab es in Italien noch keine Promillegrenze bezüglich des Alkoholverbotes am Steuer.

Irgendwann waren wir wieder in unserer Quästur in Bozen angekommen, kramten den hinten platzierten Kollegen zwischen umgefallenen Orangenkisten hervor und waren erleichtert, erfolgreich und gesund wieder zurück zu sein. Schließlich hatten wir zwei Mafiabosse ausgeschaltet, und das bei einem Polizeieinsatz in Kalabrien. Solche Einsätze gehen nicht selten blutig aus.

Am Tag danach ging es mit dem gewohnten Trott weiter. Neue Ermittlungen. Neue Probleme. Neue Erfolge. Neuer Frust. Neue Freuden.

PRÄVENTION STATT REPRESSION, WENN ES AUF DEM EIS KOCHT

Mit faulen Äpfeln im Bozner Eishockeystadion

Das Kontrastprogramm zur Kriminalitätsbekämpfung, mit den dazu gehörenden Dienstreisen, einige bis in den tiefsten Süden Italiens, sah ganz anders aus. Als Chef der Kriminalpolizei wurde ich vom Quästor zu allen möglichen Kundgebungen und Veranstaltungen als Einsatzleiter abgeordnet. So musste ich neben meiner Haupttätigkeit, der Verbrechensbekämpfung, auch mal bei Sportveranstaltungen und das nächste Mal bei politischen Demonstrationen meinen Dienst leisten, der größte Teil davon als unbezahlte Überstunden.

Was mich aber grantig machte, war die Tatsache, dass ich immer erst am Vorabend informiert wurde. Da kam der Bote des Quästors und übergab mir (meinen Kollegen passierte übrigens dasselbe) die entsprechende Verordnung (Ordinanza del Questore!) und jedes Mal entschuldigte er sich mit den Worten: „Seien Sie mir nicht böse, ich kann nichts dafür."

Einmal planten die Schützen vor dem Siegesdenkmal aufzumarschieren, das nächste Mal trafen Fans zweier Eishockeymannschaften aufeinander, die am Spiel selbst nur mäßig interessiert waren. Bei den Ersteren ging es noch diszipliniert zu, bei den „Sportfans" schon weniger. Bei den einen gehörte die Tracht zur Atmosphäre, bei den anderen eine kleinere Ausschreitung. Dann gab es die Kundgebung der Pazifisten, die wegen mir unbekannter Probleme in der Sahara demonstrierten. Oder die Naturschützer, die zum x-ten Mal gegen die Jagd protestierten. Und zuletzt traten noch die verschiedenen Rechtsparteien auf, die sich verpflichtet fühlten, in bestimmten politisch spannenden Momenten die Bevölkerung daran erinnern zu müssen, dass Südtirol zu Italien gehört. Jedes Mal galt dasselbe: Wir mussten die freie Meinungsäußerung und das Demonstrationsrecht garantieren und gleichzeitig für Ordnung und Sicherheit sorgen. Nun gut, wir von der Polizei waren eben für alles zuständig, und der Quästor, oft als einziger verantwortlich, wenn was schiefging. Fast ein Bauernopfer.

In einer an sich ruhigen Stadt wie Bozen durfte also absolut nichts passieren. Das bedeutete, dass mal ich, mal Kollegen oder Kolleginnen anderer Abteilungen bei solchen großen öffentlichen Veranstaltungen vom Quästor als Einsatzleiter vor Ort abkommandiert wurden.

In Südtirol war zu meiner Dienstzeit nicht der Fußball, sondern das Eishockey das Sportereignis Nummer eins. Nur die wenigen, die noch nie bei einem Eishockeyspiel dabei waren, können nichts von der brennend scharfen Atmosphäre wissen. In einem so eiskalten Stadion kann es gelegentlich sehr heiß hergehen und nicht nur unten auf dem Eis, sondern auch oben auf den Tribünen, zu meiner Zeit bei der Kriminalpolizei des Öfteren glühend heiß! Die Eiswelle, wie das Eishockeystadion in Bozen allgemein genannt wird, kochte manchmal so arg, dass man Angst hatte, gleich würde das Eis schmelzen. Heutzutage genügen einige wenige Polizeibeamte und Carabinieri in Präsenz, aber damals war der Quästor gezwungen, bei jedem Spiel Hundertschaften der Polizei und der Carabinieri ins Stadium abzukommandieren, die für Sicherheit und Ordnung sorgen mussten. Bei heiklen Spielen, wenn es in der Tabelle um sehr viel ging oder bei denen Fans den Eindruck hinterlassen hatten, dass es nicht um einen Gegner, sondern gegen einen Feind ging, wurden die Polizeibeamten auch mit Helm und Schlagstock ausgerüstet. Wer meint, dass es sich deshalb um eine unadelige Sportart handelt, täuscht sich gewaltig. Denn die Spieler, bei Kontroversen mit dem Gegner, zogen unverzüglich ihre groben Handschuhe aus und erst dann zeigten sie auch den Zuschauern, dass sie verschiedene Angriffstechniken nicht nur mit dem Puck und Hockeystock, sondern auch anderer Kampfsportarten beherrschten. Kleine Scharmützel und Zankereien entwickelten sich rasch zu echten, manchmal blutigen Duellen. Bald wurde aus dem Hockeyspiel ein Boxkampf unter Gentlemen und aus der Bozner Eiswelle ein dampfender Boxring. Das Publikum ließ sich nicht lange bitten, tobte immer gleich mit, kämpfte auf der Tribüne auf der Seite seines Idols auf dem Eis und gab dem eigenen inneren Schweinehund im wahrsten Sinne des Wortes über Schimpfworte und Drohungen seinen freien Lauf. Der ansonsten brave Familienvater, charmante Partner oder vornehme Bankier verwandelte sich bei so einem Eishockeyspiel gerne zu einem nicht wiederzuerkennenden, vulgären, ausrastenden Fan.

Im Nordsektor der Eiswelle ging es noch extremer zu, da hatten sich nämlich die Bozner Ultras eingenistet, die organisiert waren und ihre Mannschaft auch bei den Auswärtsspielen begleiteten. Sie waren immer schwarz angezogen und assoziierten die weiß-rote Bozner Fahne weniger mit der Tiroler Fahne, sondern stets mit der italienischen Trikolore grün-weiß-rot.

Sie nannten sich selbst *mele marce*, was so viel bedeutet wie „faule Äpfel". Warum, weiß ich bis heute nicht. Damit wollten sie wahrscheinlich nur zum Ausdruck bringen, dass sie nicht zur Mehrheitsgesellschaft gehörten, sondern als außerhalb der Norm und Ordnung stehend und explizit als Radikale (links oder rechts verstand man nicht immer). Sie wollten vorrangig ihre unantastbare Verbindung zur Bozner Mannschaft bekunden, aber gleichzeitig auch ihr Bewusstsein als *Italiani veri* (echte Italiener) unterstreichen.

Nichts brachte sie daher mehr in Rage, von den Fans der jeweiligen Gästemannschaft als *Tirolesi*, also als Tiroler bezeichnet zu werden. Sie

Die Ultras „mele marce" vom Hockeyclub Bozen in Aktion

empfanden diese ethnische Bezeichnung als ganz üble Beschimpfung! Diese als „brutal" empfundene „Beleidigung" wurde vom Gegner noch dazu mit einem Spruch der Bozner Mannschaft lautstark skandiert, wenn sie riefen *„Chi non salta, tirolese è"* und dabei im Rhythmus des Spruches sprangen. Also, wer nicht mit ihnen sprang, sei eben ein Tiroler, war die Botschaft, die sie senden wollten! Die armen *mele marce* waren dann regelmäßig tief verzweifelt, sie konnten doch nicht tun, was der Gegner wollte und mitspringen. Dieser Konflikt bohrte sich tief in ihre Seelen und steigerte ihre Wut noch mehr. Einen italienischen Patrioten vom Schlage der *mele marce* als Tiroler zu bezeichnen, bedeutete wohl die böseste Beleidigung überhaupt.

Nebenbei bemerkt, der Spruch war so ähnlich auch bei politischen Kundgebungen zu hören. Die Demonstranten riefen gerne, mit im Rhythmus begleitenden Sprüngen *„Chi non salta, poliziotto è"*, was so viel bedeutete wie: „Wer nicht springt, ist ein Bulle." Wir Polizisten sollten dann auch nicht mit den Chaoten springen. Wäre vielleicht als lustige Entspannungsstrategie wirksamer gewesen, statt der harten Eingriffe mit Tränengas, wer weiß?

Bei unseren *mele marce* wurde ebenfalls nicht die neue lustigere Entspannungsstrategie angewandt, zum Glück. Irgendwann muss es wohl zu einem Geheimtreffen mit den gegnerischen Fangruppen gekommen sein, denn mit diesen Provokationen war plötzlich Schluss. Die *mele marce* wurden nicht mehr schmerzlich als Nicht-Italiener an der Nase gezogen und als ganz normale Schlägertruppe auf gleichem Niveau akzeptiert.

Vor diesem von uns vermuteten Geheimtreffen war es noch bei einem Play-Off-Spiel gegen eine norditalienische starke Mannschaft zu ganz erheblichen Spannungen gekommen. Ich als Einsatzleiter in der gegnerischen Fankurve trug wie vorgesehen keine Uniform. Zuhause hatte ich meine Winterkleidung angezogen, dazu gehörten dicke Wollsocken, ein wollenes Leibchen unter dem weißen Oberhemd mit Krawatte und aus der Schublade, wo meine Socken lagen, nahm ich auch die *fascia tricolore*, noch originalverpackt, raus. Jeder leitende Polizeibeamte erhält am Ende seiner Ausbildung, neben der Dienstwaffe, auch dieses prunkvoll verzierte grün-weiß-rote Band, also eine Schärpe, wie sie Bürgermeister und Diplomaten bei Galaveranstaltungen umhängen. Bei uns wird dieses Band üblicherweise bei besonderen Staatsfeiern über der Galauniform getragen. Der Einsatzleiter trägt bei wichtigen sportlichen, kulturellen oder politischen Ereignissen, bei denen es um die Gewährleistung der öffentlichen Sicherheit und Ordnung geht, keine Uniform. Als direkter Vertreter des Innenministeriums vor Ort und somit nicht eine militärische Institution vertretend, musste er in Zivilbekleidung auftreten. Aber wenn es zu Ausschreitungen kam, musste sich der Einsatzleiter irgendwie als solcher zu erkennen geben und deshalb, zu meiner Zeit, musste er die *fascia tricolore* auf die rechte Schulter überziehen. Erst dann durfte er und dies nur bei gefährlich werdenden Tumulten außergewöhnliche Maßnahmen befehlen, wie zum Beispiel das Feuern von Tränengas oder den Einsatz der Hundertschaften gegen die randalierenden Demonstranten. Bei kritisch bedrohlichen Situationen musste der leitende Polizeioffizier sich dieses grün-weiß-rote Band umhängen, ähnlich wie ein Bürgermeister als Standesbeamter auch, wenn er zum Beispiel eine zivile Trauung vollziehen sollte. Wir leitende Polizeibeamte wurden aber nicht zu einer Trauung in die Eiswelle kommandiert, sondern zum Einsatz gegen gewalttätige Krawallmacher. Bisher war das in der Bozner Eiswelle noch nie notwendig geworden, bis nicht ich zum Einsatz kam.

Zu einem dieser spannenden Spiele, wo es für die Fans um viel ging, wurde ich als Einsatzleiter in die Südkurve gesteckt, wo die Ultras der Gegner der Bozner Mannschaft zwischen dicken bruchsicheren Trennwänden aus Plexiglas Platz gefunden hatten. Mit meiner 18 Mann starken Gruppe hatte ich mich auf der obersten letzten Sitzreihe positioniert. Hinter uns war für alle Fälle ein Notausgang. Bis wenige Minuten vor Ende des Hockeyspiels verlief alles, wie erhofft, einigermaßen ruhig. Aber dann plötzlich, ich weiß auch nicht mehr, was passiert war, wie von Taranteln gestochen, waren die gegen Bozen eingestellten Ultras total ausgerastet. Das Beschimpfen der *mele marce* in allen möglichen „Farbtönen" und in wenig stubenreiner Gebärdensprache war diesen unsportlichen Fans bald zu wenig, und sie versuchten die sie bisher voneinander trennenden Wände aus Plexiglas zu überwinden. Mehrere waren bereits auf die Schultern ihrer Kollegen gestiegen, um die hohe Grenzwand zu überwinden. *„Porca puttana"*, dachte ich mal unerzogen wieder, jetzt wird es ernst, das muss ich auf alle Fälle verhindern. Ich griff ohne zu zögern in meine Manteltasche, entnahm die *fascia tricolore* und zog das Band über die Schulter. Meine Hoffnung bestand darin, dass die Krawallmacher, schon alleine durch den Anblick der *tricolore* um meinen Oberkörper, Respekt zeigten und sich beruhigen würden. Nichts von dem, sie ließen sich durch diese staatliche Machtdemonstration mit ihren Symbolen nicht einschüchtern, leider.

Ich musste schnell handeln, denn es wäre das erste Mal gewesen, dass gewalttätige Ultras die Barriere überwinden und in den Sektor der eher friedlichen Bozner Fans eindringen konnten. Ich gab unverzüglich meinen Männern die Anweisung, sich eingriffsbereit aufzustellen. Mir wurde aber sogleich bewusst, aus welchen „Kämpfern" meine Einsatztruppe bestand. Ich will niemanden beleidigen, aber es war die übliche Gruppenstärke. Da waren die beiden Archivare aus der Quästur, die es ansonsten das ganze Jahr über nur gewohnt waren, die Akten abzulegen, was für sie schon schwer genug war. Dann waren noch drei vom Reisepassamt der Quästur, die auch nur den ganzen

Arbeitstag am Schreibtisch saßen und damit beschäftigt waren, Reisepässe auszustellen. Bei denen bestand allenfalls die Verletzungsgefahr im Umgang mit dem Schreibwerkzeug. Zwei weitere waren vom Personalbüro und zuständig für die Gehälterauszahlung, damals noch in bar. Einer war der Hilfssanitäter der Quästur und kannte sich mit Heftpflastern bestens aus, das konnte schon einmal nützlich sein. Die übrigen zehn waren in der Wachstube dafür verantwortlich, dass beispielsweise keine Unbefugten in die Quästur vordringen konnten. Tapfere gehorsame Jungs, die aber allerhöchstens viel Muskelkraft im Daumen entwickelt hatten, um den Knopf zum Heben und Senken der Einfahrtsschranke zu betätigen.

Sie alle verband ein mehr oder weniger großes Interesse am Eishockey und die geringe Erfahrung mit Auseinandersetzungen gewaltbereiter Eishockeyfans. Mir wurde schnell klar, dass keiner von meinen braven Männern jemals den Schlagstock in einem Einsatz benutzt hatte. Gut, ich gebe zu, ich selbst hatte auch keine Erfahrung damit.

Mir kamen auch gleich Zweifel auf, was ich uns wohl antun würde, wenn ich den Befehl bestätigen würde, mit dieser Truppe von 18 Büro-Polizei-Bediensteten gegen ungefähr 150 tobende Randalierer loszustürmen. Mit dieser Staatsgewalt sollte ich also das Gesetz durchsetzen und die Ordnung wiederherstellen. Sicher war, dass diese Fans gerne das Spiel auf ihre gewaltbereite Weise weiterverfolgen wollten.

Ich nahm meinen ganzen Mut zusammen und befahl, Aufstellung und Einsatzbereitschaft herzustellen, was so viel bedeutete wie Knüppel aus dem Sack, Helm aufsetzen und in einer Linie gegen die Randalierer anzutreten. Das Vorhaben misslang jämmerlich. Einer mit dem Helm in der Hand schaute verzweifelt in Richtung Himmel und schien sich zu fragen „Muss das jetzt wirklich sein?" Der Archivar schaute mich fragend an und sein Gesicht sprach Bände. Offensichtlich wollte er mir zu verstehen geben, dass er in zwei Monaten in Pension ginge und seine Dienstzeit unverletzt beenden möchte. Drei hatten plötzlich mit den Schnürsenkeln Probleme und bückten sich, oder besser gesagt, duckten sich mit den Rücken den Randalierern zugewandt, um sich die Schuhe neu zu binden. Einige hatten größte Probleme mit den Helmen, die anscheinend einfach nicht auf ihre Köpfe passten. Aber was sollte ich jetzt nur tun, vielleicht meine Krawatte richten? Mit der *fascia tricolore* umgehängt, stellte ich mich mutig vor meine

Gruppe, wie es sich für einen Kommandeur gehört, bereit den Einsatz zu befehligen. Davor aber betete ich wieder einmal in Richtung Himmel alle Heiligen an. Es wirkte wieder, der Herrgott selbst hatte wohl gerade Zeit für mich gehabt und meine Bitten erhört. Es fiel ein Tor für die Gäste, das meine Ultras zwar nicht gesehen haben konnten, waren sie doch gerade beim Randalieren, aber offensichtlich trotzdem irgendwie mitbekommen hatten. Sie ließen sofort davon ab, die Trennwände zu überersteigen, weil sie erst einmal das Tor feiern wollten, um dann ihr böse gemeintes Wortspiel zu Verunglimpfung der Bozner *mele marce* wieder zu skandieren *„Chi non salta tirolese è"* und sprangen dabei rhythmisch auf und nieder, so stark, dass die Tribüne unter unseren Füßen wie bei einem Erdbeben zitterte.

Meine Tricolore konnte wieder in meiner Manteltasche verschwinden, und als ich anordnen wollte, die Helme wieder abzusetzen, fiel mir auf, dass ihn noch keiner aufgesetzt hatte. Wenige Minuten später war die Sirene zu hören, welche offiziell das Spielende deklarierte. Aber für uns war die Arbeit immer noch nicht erledigt. Eine weitere delikate Aufgabe war es, bei chronischem Personaldefizit wohlgemerkt, die Fangruppen nach Spielende beim Verlassen der Arena auseinanderzuhalten. Auch draußen vor der Eiswelle durfte nichts passieren. Vor dem Eishockeystadium hatten wir uns vorbeugend zwischen die Gäste und die Fans der Heimmannschaft gestellt. Beim Vorbeigehen beschimpften sie sich über unsere Köpfe hinweg und drohten, sich gegenseitig blau und grün zu schlagen. Irgendwann war die trennende menschliche Polizeikette zu Ende. Und wieder wie durch ein Wunder, kaum waren sie am letzten Beamten vorbei, verstummten die Fans und die einen gingen nach links, die anderen nach rechts, friedlich nach Hause.

Auch dieses Mal, mit Gottes Segen und etwas Glück, war es mir gelungen, dass die echten Sportfans das Hockeyspiel in Sicherheit genießen durften. Genauso wichtig für mich war es gewesen, dass ich mit meinen Leuten unverletzt wieder in die Quästur zurückfahren konnte.

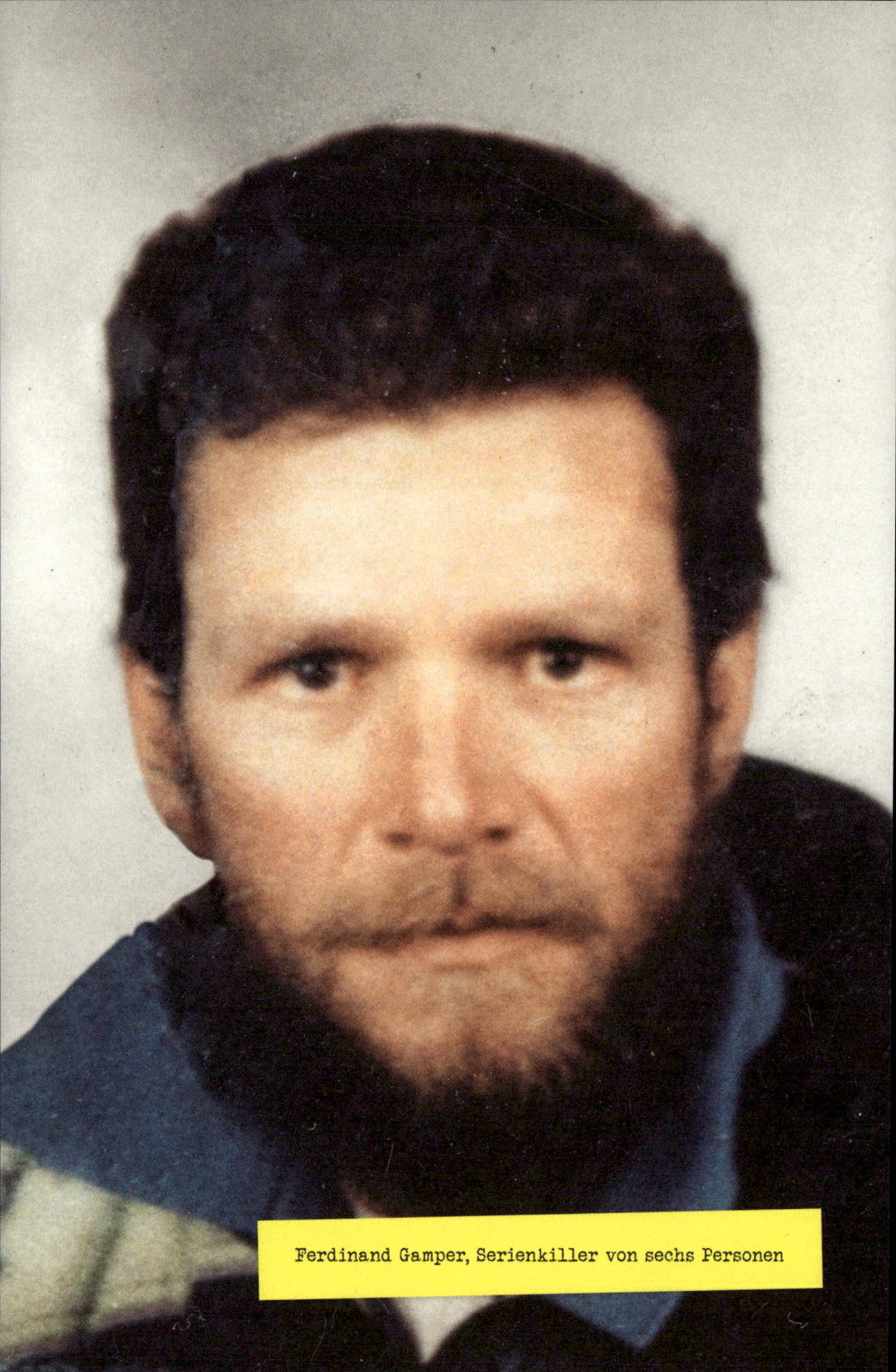

Ferdinand Gamper, Serienkiller von sechs Personen

MERAN IN ANGST UND SCHRECKEN
WIEDER EIN SERIENKILLER
Die chaotischen Ermittlungen

Dieser besonders dramatische Fall wird mir in meinem Gedächtnis für immer fest verankert bleiben, und zwar aufgrund dreier Aspekte: Erstens wegen der vielen unschuldigen Opfer. Zweitens wegen eines Schreckensszenarios, das mehrere Tage die idyllische Stadt Meran beherrscht und all seine Mitbürger in Angst, ja fast in Panik versetzt hatte. Drittens wegen der vielen Pannen und Fehler, die während der Ermittlungen begangen worden waren. Eine faktische Wiedergabe der einzelnen Ermittlungstappen wird uns allen helfen zu verstehen, was in Meran passiert war. Damals schon war in allen Zeitungen zu lesen, welch grobe Fehler der eine oder andere Ermittler sich erlaubt hatte.

Im Nachhinein kann man wohl sagen, dass der Fall Ferdinand Gamper eher ein Beispiel dafür war, wie man es nicht machen sollte. Dabei ging es nicht um irgendein banales Kavaliersdelikt, sondern um sechs Blutverbrechen eines hochgefährlichen Serienmörders.

In Italien ermitteln vorrangig zwei Polizeikräfte, die Kriminalpolizei der Staatspolizei und die Carabinieri. Der Ehrgeiz glüht in Polizei und Carabinieri ständig und stark. Das Konkurrenzverhältnis zwischen der Polizia di Stato, die zivile Polizeikraft des Innenministeriums, und den Carabinieri, eine dem Verteidigungsministerium unterstellte militärische Korpseinheit, hat meistens positive Auswirkungen. Jeder will immer der Bessere, der Schnellere und der Erfolgreichere sein, und normalerweise profitiert die Bevölkerung von diesem Wettbewerb am meisten. Bei einer Ermittlung, unabhängig davon, welche der beiden Einheiten diese gerade führt, ist aber der mit dem Fall beauftragte Staatsanwalt weisungsbefugt.

Ich kann mit Stolz behaupten, die Zusammenarbeit mit den Carabinieri stets gesucht und viele Offiziere der Arma dei Carabinieri als Freunde gewonnen zu haben. Diese Freundschaften fanden und finden heute immer noch in meinem bescheidenen Weinkeller ihre Bestätigung.

Zum Glück behinderte dieser Konkurrenzkampf in nur sehr wenigen Fällen die Ermittlungen, und in nur allerseltenen in erheblichem Maße. Noch komplizierter wurde es aber immer dann, wenn auch noch innerhalb der Staatsanwaltschaft Rivalität und Neid zu spüren waren. Diese gefährliche Mischung trug in dem jetzt folgenden Fall Mitschuld für jene Entscheidungen, die sich in einem zweiten Moment als total falsch herausstellten. Für mehrere Tage wurde sogar ein Unschuldiger im Kerker eingesperrt, und das mit der Anschuldigung, drei Menschen ermordet zu haben.

Marco Bergamo hatte fünf Frauen das Leben auf brutalste Art und Weise genommen. Ernst Schrott hatte zwei Frauen auf dem Gewissen. Nun sollte es schon wieder Tote im Land geben und wir waren gezwungen, wie immer schnellstmöglich den Täter zu kriegen. In den ersten Tagen dachten wir nicht einmal daran, dass es noch weitere

Opfer geben könnte. Alles, nur nicht wieder ein Serienkiller in unserem Traumland Südtirol.

Es begann mit einem Doppelmord auf der Passerpromenade, mitten in unserer Kurstadt Meran. Wir schrieben das Jahr 1996. Am Abend des 8. Februar waren nach späteren Zeugenaussagen nur zwei dumpfe Geräusche zu vernehmen und zwei Menschenleben waren ausgelöscht. Ihre Körper lagen in einer Blutlache an einem der schönsten Orte der historischen Kurstadt. Wie wir bald herausfinden konnten, war der eine Tote der 61 Jahre alte Bundesdeutsche Hans-Otto Detmering, ein hoher leitender Beamter an der Deutschen Bundesbank in Frankfurt am Main, und die andere Tote stellte sich als seine Gefährtin, die 50-jährige aus den Marken stammende Clorinda Cecchetti heraus. Wie viele andere Paare suchten auch sie gerade Ruhe und Entspannung entlang der Passerpromenade. Nur ein schrecklicher Augenblick, und schon lagen beide, hingerichtet durch zwei Genickschüsse, tot auf dem weißen Kiesboden.

Die anderen Spaziergänger rund um die Opfer hatten zunächst die Situation nicht verstanden. Plötzlich waren zwei Menschen umgefallen, und so verständigten sie zunächst nur den Notarzt. Der konnte jedoch nur noch den Tod der beiden feststellen. Ihm war aber sofort klar, dass es sich hier nicht um einen natürlichen Tod handeln konnte. Eine Diagnose, die nicht als selbstverständlich abgehackt werden soll, wie sich bei einem weiteren Einsatz einige Tage später noch herausstellen sollte. Jedenfalls verständigte der Notarzt umgehend die Carabinieri, und von nun an nahmen die Ermittlungen ihren Lauf. In Italien wird es so gehandhabt, dass diejenige Polizeikraft, die Carabinieri oder die Staatspolizei, die als erste am Tatort eintrifft, entsprechend diesem ungeschriebenen Gesetz, die Federführung der Ermittlungen innehat.

Im vorliegenden Fall waren es die Carabinieri, und daher wurden sie die direkten Ermittler für die Staatsanwaltschaft. Bei den anstehenden Untersuchungen blieb der zweiten Polizeikraft, und das waren in diesem Fall nun leider wir, der Staatspolizei, nur noch die Aufgabe, im Bedarfsfall unterstützend mitzuwirken.

Sobald ich vom Doppelmord erfahren hatte und dass die Carabinieri die ersten an Ort und Stelle gewesen waren, war ich zunächst entsprechend meinem Temperament ziemlich grantig. Als mich mein Polizeikollege Vice Questore Aggiunto Angelo Di Paola, Chef des

Polizeikommissariats Meran, entsprechend verständigte, fragte ich ihn zuerst, wie es denn nur hat passieren können, dass der Notarzt nicht uns, sondern die Carabinieri angerufen hatte. Mir war ja bewusst, dass er dafür nichts konnte.

Als ich dann aber auch noch erfahren musste, dass Paul Ranzi der ermittelnde Staatsanwalt war, stieg meine Enttäuschung spürbar. Es war allgemein bekannt, dass unser Verhältnis nicht überaus harmonisch war, und dafür war ich sicherlich auch nicht ganz unschuldig. Ich bemühte mich nicht persönlich zum Tatort, denn ich wollte die Situation durch meine Anwesenheit nicht noch komplizierter machen und schickte dafür meinen geschätzten Ispettore Gazzani nach Meran, der mich auf dem Laufenden halten sollte.

Eines war von Anfang an klar: Das Paar war durch jeweils einen Kopfschuss regelrecht hingerichtet worden. Es boten sich konkret zwei mögliche, voneinander absolut verschiedene Motive für die Tötungsdelikte an. War der offensichtliche Mord Teil eines Beziehungsdramas oder aber im Umkreis finanzpolitischer Machenschaften zu suchen? War etwa ein Auftragsmörder am Werk? Natürlich bestand die Verpflichtung, den Medien gegenüber zu erklären, dass in allen Richtungen ermittelt werde.

Zwei Schüsse, zwei Tote. Nicht einmal Patronenhülsen ließ der Täter am Tatort zurück, genauso wie man es von einem Auftragsmörder erwarten würde. Die Medien machten uns am gleichen Abend noch die Hölle heiß, denn auch für sie schien es sich um eine Tat zu handeln, wie man sie ansonsten nur aus Thrillern im Kino oder vor dem Fernseher gewohnt war, also mit sensationellen Hintergründen.

Den ersten bösen Schock erlitt aber der bekannte Bozner Gerichtsmediziner, als er zum Tatort kam. Er erzählte mir nachher kopfschüttelnd vom Chaos, das er dort vorfand. Carabinieri aus Meran und Bozen, Finanzpolizei, die Kripo aus Meran, die Stadtpolizei, die Rettungssanitäter, der Notarzt, alle mit ihren Fahrzeugen vor Ort, trampelten angeblich am Tatort um die Leichen herum. Er vermisste das geordnete Verhalten der dort Tätigen. Er fragte sich, wie in diesem Durcheinander die Beamten der Spurensicherung ihre Arbeit in Ruhe hatten durchführen können. Am Rande des ganzen Geschehens, so wurde mir zudem berichtet, stand Staatsanwalt Paul Ranzi, und das tat er noch lange. Währenddessen kochte ich in Bozen, war aber nicht

untätig geblieben. Ich hatte bereits beim Bundeskriminalamt in Wiesbaden (Deutschland) Informationen über das eine Opfer eingeholt und bei der Kriminalpolizei in den Marken alles über die Person von Clorinda Cecchetti erfahren.

Ein Doppelmord musste umgehend an unsere vorgesetzte Dienststelle nach Rom, an die Direzione Centrale della Polizia Criminale di Roma gemeldet werden. Italien ist ein zentralistisch geführtes Land und alle Fäden laufen eben in Rom zusammen; in Sachen Kriminalität in das Ministerium des Inneren. Ein solches Blutbad, offensichtlich auch noch an einem prominenten Ausländer, war absolut außergewöhnlich. Steckte dahinter mehr als nur ein Eifersuchtsdrama?

Das Schicksal hatte mit uns aber viel mehr und viel Schlimmeres vor. Nur wenige Tage später brauten sich erneut Gewitterwolken über Meran zusammen. Am 14. Februar fand die Ehefrau ihren 58-jährigen Ehemann und Landwirt Umberto Marchioro neben einem Brunnen in einer Blutlache tot auf, nicht einmal eine Woche nach den Morden auf der Passerpromenade. Ihr bescheidenes Bauernhaus liegt an der Landesstraße, von Bozen kommend, kurz vor der Meraner Stadteinfahrt.

Die Frau hatte sofort den Notarzt gerufen und dieser anschließend die Carabinieri. Wie aus dem Protokoll hervorgeht, hatte der Notarzt als Todesursache „unbekannt" festgestellt. Leider hatten auch die Carabinieri die deutlich sichtbare Einschussstelle am Kopf, sogar von den üblichen Schmauchspuren umrahmt, nicht als solche erkannt. Sie hatten vermutet, dass dem Toten, also dem Getöteten, übel geworden sei und er deshalb bewusstlos mit dem Kopf auf dem steinernen Brunnenrand aufgeschlagen war. Was auch die Blutlache hätte erklären sollen, laut Carabinieri.

Ein Glück, dass der arme Marchioro am Tag darauf auf dem Tisch des Gerichtsmediziners des Krankenhauses in Meran gelandet war. Der sah natürlich sofort, was wirklich geschehen war. Vor ihm lag ein toter Mann, dem aus nächster Nähe in den Kopf geschossen worden war. Der Pathologe rief sofort den diensthabenden Staatsanwalt an, und das war an diesem Tag nicht Paul Ranzi. Er erreichte dafür Cuno Tarfusser direkt im Gerichtssaal in Bozen, der dort gerade in einer anderen Sache

Umberto Marchioro,
das dritte Opfer von
Ferdinand Gamper

in einem Hauptverfahren die Anklage vertrat und deswegen eigentlich unabkömmlich gewesen wäre. Ohne Umschweife bat er den vorsitzenden Richter, sofort die Verhandlung zu unterbrechen und gab den Teilnehmern der Verhandlung zu verstehen, dass es schon wieder einen Mord in Meran gegeben habe. Der Staatsanwalt stürzte die Treppen runter, vor dem Gerichtsgebäude stand schon der Fahrer mit seinem persönlichen Dienstwagen bereit. Mit Blaulicht und Sirene beeilten sie sich, ähnlich wie in einer Szene eines italienischen Kriminalfilmes, den Pathologen und den Tatort in Meran aufzusuchen. Hinter ihm rasten aber auch schon öffentlichkeitswirksam alle Journalisten her, die im Gerichtssaal wegen des anderen Falles anwesend waren. Alle, mit mehr als der zulässigen Geschwindigkeit, fuhren über die damals noch enge und vielbefahrene kurvenreiche Landesstraße nach Meran.

Egal, wo der in Stadt und Land überall bekannte Staatsanwalt Cuno Tarfusser auftauchte, man hielt ihm sofort Mikrofone unter die Nase. Dieses Mal in Meran beim Verlassen der Kaserne der Carabinieri. Die Gelegenheit beim Schopfe packend, tat er umgehend seinen gerechtfertigten Ärger darüber kund, dass die Carabinieri nicht gleich erkannt hatten, dass es sich beim Fall Marchioro nicht um einen Unfall, sondern um einen Mord gehandelt hatte. Wie man es von ihm erwartete, tat er es auch dieses Mal gegenüber den Medien unumwunden, schon hochfahrend und unbescheiden. Tarfusser war überaus sauer, um nicht zu sagen, stinksauer.

Unter uns von der Staatspolizei hatte sich wegen des Ermittlungs-fehlers wirklich keine Schadenfreude verbreitet, sondern wir waren alle äußerst beunruhigt. Natürlich war außer der Art des Mordes an Marchioro keine Ähnlichkeit mit den beiden Morden auf der Passer-promenade präsent. Was sollte der Bauer mit dem Liebespaar auf der Kurpromenade gemeinsam haben? Mein Bauchgefühl flüsterte etwas anderes. Ich fragte mich, ob da nicht schon wieder ein Serienkiller unterwegs war, der nach den zwei ersten Morden auch diesen drit-ten begangen haben könnte. Die bange Frage war nun, was würde wann, wie und wo als nächstes passieren, wenn der oder die Täter nicht schnellstmöglich dingfest gemacht werden würden? Der Druck, der nun auch auf mir lastete und nicht mehr nur auf den Schul-tern der Carabinieri, war, schlicht gesagt, enorm. Weitere Zeitver-zögerungen bei den Ermittlungen und irgendwelche Unachtsamkeit müssten unbedingt vermieden werden.

Ich saß in meinem Büro in der Quästur in Bozen und kochte schon wieder, und das war auch diesmal kein Kaffee. Und ich kochte dann auch noch über, als Dottore Ermanno Zonno mich anrief. Das war niemand weniger als der Capo della Criminalpol Triveneto mit Sitz in Padua, dessen Aufgabe es war, die Koordination zwischen den ver-schiedenen Dienststellen der Kriminalpolizei aller Provinzen in Nord-ostitalien sicherzustellen und bei Fällen von nationaler Bedeutung die Übersicht zu behalten. Er sagte mir gegenüber am Telefon schlicht und einfach nur die folgenden Worte: *„Caro collega, la vicenda con i tre morti a Merano va seguita direttamente ed in prima persona da te"* (Lieber Herr Kollege, die Ermittlungen zu den drei Toten in Meran müssen ab jetzt direkt und persönlich von dir begleitet werden). Das war für mich klar und unmissverständlich die strikte Weisung, in die Ermittlungen voll einzusteigen, auch wenn die Carabinieri das mit Sicherheit nicht unbedingt wünschten. Zonno fügte noch hinzu, dass ich für die kom-menden Tage ein Treffen mit ihm, dem Staatsanwalt und mir orga-nisieren möchte. Von seinem selbstsicheren Auftreten bis hin zu sei-nem professionellen Können war dieser Zonno ein *Gran Signore*, wie aus dem Bilderbuch. Immer höflich, immer ruhig, aber auch immer bestimmt und durchsetzungsstark, also ein Mann, der wusste, was er wollte und verlangte, dass seinen Erwartungen auch sofort entsprochen wird. Mir war sofort klar, was er mir damit sagen hat wollen und was er nämlich von mir erst gar nicht hören wollte, dass es die Carabinieri sind, die in diesen Mordfällen in erster Linie ermitteln. Für ihn war trotzdem von vornherein klar, dass ich mich ab sofort persönlich der Sache annehmen musste: Aus, Amen, Basta!

Am nächsten Tag begab ich mich ins Landesgericht, im dritten Obergeschoss, zu Staatsanwalt Cuno Tarfusser. Ihm teilte ich die veränderte Lage mit Bezug auf die Wichtigkeit der Ermittlungen aus Sicht der Vorgesetzten in Padua und Rom mit. „Dottore Zonno hat mich angerufen und mitgeteilt, dass der Mordfall mit den drei Toten beim Innenministerium in Rom die Stufe von nationalem Interesse erreicht hätte. Daher würde ich mich mit all meinen Leuten und technischen Mitteln ihnen, der Staatsanwaltschaft, zur Verfügung stellen und uneingeschränkt, wenn gewünscht, bei der Aufklärung der Morde direkt und tatkräftig mitwirken." Wir verstanden uns wie immer sofort und Dank der exzellenten Beziehungen zwischen uns beiden konnte ich den mir angeordneten Termin gleich festlegen. Staatsanwalt Tarfusser lud mich und Dottore Zonno für den nächsten Tag in Meran im dortigen Carabinieri-Kommando zur nächsten Einsatzbesprechung ein.

Als ich Dottore Zonno diesbezüglich in Kenntnis gesetzt hatte, war er sehr überrascht und sehr zufrieden, dass das mir so kurzfristig gelungen sei, auch wenn das für ihn bedeutete, um sechs Uhr früh in Padova zu starten. Aber er äußerte seine Zweifel, ob es mir wirklich gelingen würde, mit ihm bei den Carabinieri in Meran hineingelassen zu werden. Er erzählte mir bei dieser Gelegenheit, dass es ihm schon einmal, allerdings in einer anderen Provinz Italiens, passiert sei, dass, als er hinter dem Staatsanwalt herfuhr, zwischen beiden Fahrzeugen das Tor zum Carabinieri-Kommando unvermittelt zugegangen war. So eine Blamage wollte er nicht mehr mitmachen. Ich machte mich stark, kreuzte zur Sicherheit die Finger und versicherte ihm beruhigend, dass sowas mit mir niemals passieren würde.

Sofort bestellte ich meinen besten Fahrer in mein Büro ein. Ich machte ihm klar, dass wir am folgenden Tag mit Dottore Zonno, dem Capo della Criminalpol nach Meran zu den Carabinieri fahren müssten. Die Schwierigkeit lag darin, erklärte ich ihm, dass wir uns dem Staatsanwalt Tarfusser, dem nie schnell genug gefahren wurde, unmittelbar anschließen und mit ihm in die Carabinieri-Kaserne müssen. Somit durfte der Abstand zwischen unseren beiden Fahrzeugen nie größer als

Polizeikommissariat in Meran: Dottore Zonno, Koordinator
der Kriminalpolizeien Norditaliens, ein Spezialist der
Spurensicherungsstelle in Padova, ein hochrangiger
Vertreter des Innenministeriums in Rom und Kripochef
Alexander Zelger (von links nach rechts)

15 Zentimeter – die geschätzte Dicke des Tores – sein, damit uns die
Kollegen der Carabinieri nicht „versehentlich" aussperren konnten. Wir
sollten mehr oder weniger Stoßstange an Stoßstange da durch. Mein
Fahrer war auf Draht und hatte sofort verstanden, was ich meinte und
ich sicherte ihm augenzwinkernd zu, dass ich die volle Verantwortung
übernehmen würde.

So schlimm, wie von Zonno befürchtet, ging es dann bei uns in
Südtirol doch nicht zu. Es klappte am nächsten Tag bestens und wie
üblich, zumindest hier in Südtirol, wurden wir regelrecht in die Carabinieri-Kaserne hineingebeten. Zonno war erleichtert und begeistert,
dass alles so reibungslos über die Bühne gegangen war. Aber, dass
seine Befürchtungen doch nicht ganz aus der Luft gegriffen sein konnten, war an seiner Anspannung mit dem Schweiß auf der Stirn und
dem verkniffenen Gesichtsausdruck, wahrscheinlich durch das lange
Zusammenbeißen der Zähne abzulesen, von Bozen nach Meran sind es
doch zirka 35 Kilometer. Vielleicht war er aber auch nur froh darüber,

dass er diese Fahrt mit Karacho nach Meran lebend überstanden hatte. Mein Fahrer hatte sich nämlich sehr genau an meine Anweisungen gehalten.

Ich muss gestehen, dass bei solchen Polizeiaktionen gerne ein bisschen „action" spontan und ungewollt mit dabei ist, und wenn es sich auch nur um Dienstfahrten zu einem Gesprächstermin mit den Carabinieri handelte. Diesmal waren bedeutende „Gründe" mit im Spiel: Zonno und Tarfusser. Schließlich aber wollte man auch die Bevölkerung dadurch darauf hinweisen, dass der Staat mit seinen Ordnungshütern präsent ist. Kaum aus dem Dienstwagen ausgestiegen wurden wir sehr höflich begrüßt und in den Besprechungsraum hofiert, wo die anberaumte Besprechung zu den Ermittlungen stattfand. Eine Gastfreundschaft, die wir vorfanden, war vielleicht für unseren hohen Besuch aus Padua, nicht aber für mich weiter überraschend, denn meine Beziehungen zu den Carabinieri waren, wie schon berichtet, stets besonders gut.

Was kam bei dieser Besprechung Neues raus? Nur Vermutungen, Spekulationen, ansonsten „Nihil sub sole novum", was so viel heißen sollte: „Nichts Neues unter der Sonne." Die Carabinieri vermuteten sehr stark, dass die drei Morde mit derselben Waffe durchgeführt worden waren. Die Autopsie hatte es ermöglicht, Fragmente der Patronenkugeln von den Opfern zu entnehmen, und anhand einer ersten Überprüfung wurde bei allen drei dasselbe Kaliber 22 festgestellt. Die genaueren Laboranalysen brauchten noch ihre Zeit, um den ersten Eindruck bestätigen zu können.

Die Carabinieri teilten in diesem Zusammenhang den Verdacht mit, dass das letzte Opfer, Umberto Marchioro, ungewollt Zeuge des Doppelmordes an der Passerpromenade gewesen sein könnte und deswegen hat sterben müssen. Meine Frage, ob der bescheidene Landwirt Marchioro zur Tatzeit der beiden anderen Morde auf der Promenade spazieren gewesen war, blieb unbeantwortet. Für mich war die Situation noch zu undurchsichtig und extrem unklar.

Dottore Zonno, klug und vornehm, wie er nun einmal war, bot uns eine Denkpause an, tat also das, was ein Italiener unternimmt, wenn er kurz nachdenken und anschließend ein Problem lösen möchte. Er lud Staatsanwalt Tarfusser und meine Wenigkeit zum Mittagessen ein. Unsere Wahl fiel auf das Restaurant Magdalener Hof in Rentsch, in der östlichen Peripherie Bozens. Ein geeignetes Lokal zu finden war dabei noch nicht einmal die größte Hürde für unsere weiteren Ermittlungen. Schwieriger war die Menüauswahl, denn der ermittelnde Staatsanwalt ist notorisch allergisch auf alle Milchprodukte, sogar auf Parmesan. Ich konnte den Chef des Hauses, der gleichzeitig auch der Koch war, überreden, Parmesankäse nicht einmal zu servieren. Der am Landesgericht tätige Staatsanwalt sollte deswegen ein Sondergericht bekommen, denn die falsche Menüwahl hätte ihn außer Gefecht setzen können. So ein Käse, dachte ich mir. Ein auch nur noch so kleines Stückchen davon hätte die hoffnungsvoll begonnene Zusammenarbeit gleich wieder beenden können.

Es ging alles gut, das Gericht auf den Tellern und unsere Gespräche betreffend. Tarfusser versicherte Zonno, dass gerade in diesem komplizierten Fall die Zusammenarbeit und Unterstützung durch den Capo della Squadra Mobile der Quästur, Dottore Alexander Zelger, sehr willkommen sei und nahm Zonno damit ganz offensichtlich einige Sorgen ab. Dieser konnte also ganz beruhigt zu seiner Dienststelle nach Padua zurückfahren und seinerseits ebenso erleichtert wiederum seiner vorgesetzten Dienststelle in Rom, der Direzione Centrale della Polizia Criminale beim Innenministerium in Rom, melden, dass auch die Staatspolizei nun aktiv ist. Die Meraner Morde waren unversehens von nationaler Bedeutung. Wir abgelegene Provinz standen plötzlich im Mittelpunkt öffentlichen und staatlichen Interesses.

Zonno war wieder weg, und ich hatte eine Aufgabe, und was für eine. Nun war die Lösung des mittlerweile dreifachen Mordes auch mein Fall. Ich rief meine besten Leute zusammen. Wir quartierten uns im Meraner Kommissariat ein. Der arme, dort zuständige Vice Questore Aggiunto Dottore Angelo Di Paula hatte nun die halbe Bozner Kriminalpolizei auf dem Hals, die ein eigenes Büro brauchte und natürlich auch versorgt werden musste. Denn wir waren auch dafür bekannt, dass immer und oft zu unmöglichen Zeiten unser großer Hunger quantitativ und qualitativ gestillt werden musste. Wir wollten immer gestärkt an die Arbeit gehen, überdies waren wir doch eine ganze Weile von Frau und Kind getrennt. Zu unserem Glück war der Koch in der Meraner Polizeimensa ein hervorragender Profi und eine nette Person, die zuvor jahrzehntelang in Luxusrestaurants gekocht hatte und seine letzten Jahre vor der Pensionierung stresslos überbrücken wollte;

normalerweise brauchte er nur für maximal 15 Personen zu kochen, aber das änderte sich jetzt drastisch.

Gleich zu Beginn unserer Ermittlungen hatten wir durch unsere Meraner Polizeikollegen erfahren, dass die Carabinieri einen Zeugen der ersten Bluttat an der Passerpromenade mittlerweile schon mehrmals verhört hatten. Diesen Zeugen wollten wir natürlich auch kennenlernen und bestellten ihn noch einmal zu uns ein. Es handelte sich dabei um einen jungen, oft arbeitslosen Maler mit Namen Luca Nobile, der ein größeres Problem mit Rauschgift hatte. Er war Augenzeuge der Tat und hatte beobachtet, wie jemand nach den Schüssen auf den bundesdeutschen Bankier und seine italienische Freundin weggelaufen war. Er konnte diesen Davonrennenden aber, wie er schon mehrmals bei den Carabinieri zu Protokoll gegeben hatte, wegen der einbrechenden Dunkelheit nicht näher beschreiben. Auch uns stellte sich gleich die Frage, ob er glaubwürdig sei, sind doch Menschen mit Suchterkrankungen oft nicht ganz bei der Wahrheit oder in deren Wahrnehmungsfähigkeit eingeschränkt. Die Frage war nämlich auch, war er nur Zeuge oder müsse er in irgendeiner Weise auch als Täter oder Mittäter in Frage kommen. Für mich war er aber glaubwürdig. So etwas spürt man. Von Anfang an hatte ich ein sicheres Gefühl, dass er nur als Zeuge und nicht als Täter infrage kam, auch wenn sein soziales Umfeld bzw. viele in seinem Freundeskreis polizeibekannt waren.

So ziemlich alle waren mit Drogen in Berührung gekommen. Nicht ein einziges Mal hatte sich Luca Nobile widersprochen. Seine Aussagen stimmten mit den tragischen Fakten auf der Passerpromenade vollständig überein. Am Tatort rekonstruierte er uns das, was er miterlebt hatte. In keiner seiner Aussagen fanden wir ein Indiz dafür, dass er unglaubwürdig sei. Ergo und endgültig, Luca Nobile war für uns der einzige wichtige Zeuge im Doppelmord vom 8. Februar.

Wir wussten aber auch, dass die Carabinieri das anders sahen und diesem Nobile nicht glaubten. Sie sahen ihn eher als Täter bzw. Mittäter an, als einen Zeugen. Wieso sie unbeirrt dieser Meinung waren, wollten sie uns nicht erklären. Auch später sollte ich von den Carabinieri diesbezüglich nie nähere Angaben erhalten. Es blieb einfach so, sie sahen in Luca Nobile den Tatverdächtigen Nummer eins. Mehrere Fragen blieben daher unbeantwortet. Wieso wohl hätte ein unwichtiger Tagelöhner mit Suchtproblemen bewaffnet durch die Stadt herumhatschen sollen? Von wem hätte er sich die Waffe besorgt? Wozu? Wir leben ja nicht in den gefährlichen mexikanischen Favelas! Ein misslungener Raubüberfall? Der Doppelmord an das Paar war aber für mich eindeutig eine Hinrichtung und keine ungewollte Schießerei. Dann durften wir nicht den dritten Toten vergessen, Umberto Marchioro. Es war beim besten Willen nicht möglich, zwischen den drei Opfern und Luca Nobile einen glaubwürdigen Zusammenhang zu knüpfen. Meiner Meinung nach waren die Carabinieri auf der falschen Spur. Ich hielt daran fest, Nobile ist unser einziger Zeuge. Wir ermittelten hartnäckig weiter, aber in anderen Richtungen, waren uns aber immer sicherer, dass wieder ein Serienkiller unterwegs sein könnte.

Wir brauchten deshalb unbedingt ein Profilbild des möglichen Täters: Mann oder Frau, wie alt war er, wie groß war er, mager oder dick, war er psychisch gestört, war er ein Deutscher oder ein Italiener oder ein anderer Ausländer? Tausend Fragen und noch keine einzige Antwort.

So vergingen auch die folgenden Tage! In der Zwischenzeit hatten wir in Erfahrung gebracht, dass die Carabinieri Luca Nobile immer stärker unter Verdacht nahmen, zumindest als Mittäter für die drei Morde verantwortlich zu sein. Die doch sehr weit auseinandergehenden Auffassungen teilte ich ohne diplomatische Rücksichten und mittlerweile auch durchaus leicht gereizt, um es vorsichtig auszudrücken, dem

Polizeikommissariat in Meran, Kripochef Alexander Zelger
und Offiziere der Carabinieri von Meran und Bozen

Staatsanwalt Tarfusser mit. Ich wollte ja nicht umsonst oder in die falsche Richtung arbeiten, nur weil mir vielleicht bestimmte Informationen vorenthalten würden. Tarfusser nahm das zunächst nur zur Kenntnis, ohne unsere Auffassung, also die von mir bzw. der Staatspolizei weiter zu kommentieren.

Seine Zurückhaltung konnte ich mir bald erklären, denn wenige Tage später bat mich Tarfusser in die Kaserne der Carabinieri in Meran. Dorthin begleiteten mich auch meine engsten Mitarbeiter Erlacher und Gazzani. Zu unserer Verwunderung war zu dem Termin auch Staatsanwalt Ranzi zugegen. Tarfusser erklärte mir, der Fall sei gelöst und er habe einen Antrag zur Festnahme von Nobile an den Richter für die Voruntersuchungen, Eduardo Mori, gestellt, der ihm bereits zugesichert hatte, nach eingehender Überprüfung, den Haftbefehl am gleichen Abend des 22. Februar 1996 auszustellen. Siegessicher begründete Staatsanwalt Tarfusser diese Entscheidung getroffen zu haben, da der dringende Verdacht gegen Nobile sich dank Informationen einer neuen Zeugin erhärtet hätten. Laut dieser jungen Dame hatte Luca Nobile mit anderen noch unbekannten Komplizen einen Raubüberfall auf das erschossene Paar geplant und dann auch versucht. Der Plan, fuhr Tarfusser fort, sei schlecht durchgeführt, letztendlich misslungen und hätte ungewollt so dramatisch geendet. Er entschuldigte sich mir gegenüber, in Anwesenheit seines Kollegen Staatsanwalt Ranzi, uns zunächst nicht genauere Details mitteilen zu können, da diesbezüglich noch weitere Ermittlungen der Carabinieri im Gange waren. Das Ganze kam mir, ehrlich gesagt, doch sehr spanisch vor. Warum wollte man uns nicht genauer aufklären?

Als Tarfusser dann Ranzi und mich alleine ließ, fragte mich letzterer: „Zelger, haben Sie eigentlich verstanden, was hier los ist?" Auch ihm war anscheinend nicht alles klar. Warum musste jetzt doch dieser Nobile festgenommen werden? War Staatsanwalt Ranzi mit der Festnahme von Luca Nobile überhaupt einverstanden? Hatten wir beide die Situation nicht komplett durchschaut? Eigentlich war ich mit der Festnahme von Luca Nobile ganz und gar nicht einverstanden.

Mir war absolut unverständlich, wie man nur von einem missglückten Raubüberfall sprechen konnte, wenn beide Opfer durch Genickschüsse getötet worden waren. Aus welchen Gründen hätte die vermeintliche Verbrecherbande die Passerpromenade ausgewählt, einen

Luca Nobile wird in Handschellen
von den Carabinieri abgeführt.

Ort, wo ständig viele Menschen unterwegs waren. Herr Detmering und
Frau Cecchetti waren wohl nur zufällige Opfer des verbrecherischen
Plans der Räuberbande. Und wieso musste Marchioro sterben? Nobile
hatte schließlich auch angegeben, zur Tatzeit des Mordes an Marchioro
zu Hause bei seiner Mama gewesen zu sein.

Da die Carabinieri uns nicht über die Gründe aufgeklärt hatten und
uns die Gedankengänge von Tarfusser nicht bekannt waren, standen
wir von der Kriminalpolizei durch die Festnahme unseres Zeugen Luca
Nobile vor einer neuen und für uns undurchsichtigen, geradezu konfu-
sen Situation. Wer sollte diese plötzlich aus dem Nichts aufgetauchte
Zeugin sein? Gab es doch einen mysteriösen Hintergrund?

Die Lage erschien mir noch unwirklicher, als wir offiziell erfuhren,
wer diese „neue Zeugin" der Carabinieri und Staatsanwaltschaft war,
nämlich eine junge Dame, ebenfalls aus Meran, mit gewaltigen Rausch-
giftproblemen. Wir kannten sie bereits. Sie gehörte zum Bekanntenkreis von Nobile, der ja selbst mit Drogen zu kämpfen hatte. Meine
Leute hatten diese Frau, eigentlich fast noch ein Mädchen, auch schon

mehrmals vernommen, aber als unglaubwürdig eingestuft. Mehrmals hatte sie sich in Widersprüchen verzettelt und mit leicht durchschaubaren Falschaussagen geprahlt. Niemals hätte ich die Aussagen dieser Rauschgiftsüchtigen als Grundlage meiner Ermittlungen hergenommen. Meine Gruppe und ich waren uns absolut sicher, dass sowohl die Carabinieri als auch der Staatsanwalt den falschen Fisch geangelt hatten.

Ich meldete diese Entwicklung sofort Dottore Zonno nach Padua. Der reagierte trotz seiner ansonsten vornehmen Art ungehalten und zwar diesmal mir gegenüber, verbunden mit dem Vorwurf, ich hätte nicht ordentlich ermittelt. Die Ermittlungen gingen jetzt in eine andere Richtung, die auch ihm glaubwürdig erschienen. Doch ich gab nicht nach und blieb Zonno gegenüber hart bei meiner Meinung: Nobile ist unschuldig! Ich äußerte, nun auch schon säuerlich und herausfordernd, den Verdacht, dass wir es erneut mit einem Serienkiller zu tun hätten und der Fall eben alles andere als gelöst war.

Am folgenden Tag, also am 23. Februar 1996, fand eine Megapressekonferenz statt, die wegen des riesengroßen Interesses in einen Gerichtssaal verlegt werden musste. Es ging nicht anders, ich musste aus „dienstlicher Notwendigkeit" heraus dabei sein und außerdem war es vom Staatsanwalt so ausdrücklich gewünscht worden. Aber welch Glück, ich konnte mich hinter der großen Kulisse einer Heerschau von mindestens 20 Carabinieri optisch verstecken und so demonstrativ im Hintergrund bleiben. Auf diese Weise war es mir gleichzeitig auch gelungen, den ebenso zahlreichen Journalisten gegenüber sogleich verstehen zu geben, dass ich mit der Festnahme des in meinen Augen unschuldigen Nobile alles andere als einverstanden war. Die Presseleute verstanden das auch so, getrauten sich es aber nicht in ihren Zeitungen zu veröffentlichen.

Wir von der Kriminalpolizei gaben deswegen nicht auf. Am Abend, zurück in Meran, trafen sich meine Leute und ich zu einer Besprechung. Erneut waren wir uns einig und fest davon überzeugt, dass wir auf dem richtigen Weg seien und deshalb weiter zu ermitteln und hart zu arbeiten hatten. Die weitere Vorgehensweise wurde besprochen und alle kriminologischen Register neu gezogen. Ich konnte ab sofort auch mit einer neu gegründeten Expertengruppe aus Rom rechnen, bestehend aus einem Kriminologen, einem Gerichtsmediziner bzw.

Pathologen und einem Psychologen. Meine anfängliche Skepsis, dass sie uns behindern würden, konnte ich nach unserem ersten Informationsaustauch ablegen. Ich war nun selbst hundertprozentig überzeugt, dass es sich bei unseren neuen „Experten" sicher nicht um „Dampfploderer", wie man bei uns sagt, also nicht um wichtigtuerische, angeberische Schwätzer, handelte, sondern um Profis auf höchstem Niveau. Es ergab sich die einmalige Gelegenheit, die wissenschaftlichen Kenntnisse der Expertengruppe und unsere kriminalpolizeilichen Erfahrungen, also Theorie und Praxis, zusammenzuführen und diese als gemeinsam wirkende Einheit in eine Richtung kriminalistisch recherchieren zu lassen. Ihre Unterstützung war uns hilfreich und willkommen. Wir konnten deren Expertise konkret nutzen und mit unserer Arbeit gezielt weitermachen.

Staatsanwalt Tarfusser dachte hingegen nicht daran, seinen gebuchten Urlaub zu stornieren und verabschiedete sich am 24. Februar, um an das Rote Meer zu reisen. Was er aber damals noch nicht ahnen konnte, war, dass der Medienrummel bei seiner Rückkehr am Flughafen Verona am 3. März noch größer sein sollte als bei der vorangegangenen Pressekonferenz nach der Inhaftierung von Luca Nobile. Dafür waren aber nicht wir von der Kriminalpolizei verantwortlich.

Tragischerweise und nur einige Tage nach Tarfussers Urlaubsbeginn sollten sich meine Annahmen bezüglich der Vermutung, dass ein Serienmörder der Täter sei, auf grausige Art und Weise bestätigen. Am Abend des 27. Februar wurde der 36-jährige Buchhalter Paolo Vecchiolini in Meran auf offener Straße wie die vorhergehenden Opfer erschossen.

Am selben Tag hatte ich zwei meiner Beamten in den Abendstunden, übereinstimmend mit der Tatzeit des vierten Mordes, zum Bauernhof des Marchioro zu einem Lokalaugenschein geschickt. Eine nochmalige Überprüfung des von Nobile angegebenen Alibis schien mir notwendig geworden zu sein. Es sollte ein für alle Male festgestellt werden, ob es wenigstens theoretisch möglich gewesen wäre, die Strecke vom Haus des Marchioro am südöstlichen Meraner Stadtrand zum Wohnort von Nobile in einer so kurzen Zeit laufen zu können. Denn sein Alibi, seine Mutter bestätigte es, war sehr knapp berechnet.

Gleichzeitig war ich mit dem Rest meiner Gruppe gerade mit der Analyse der täglich eingeholten neuen Informationen beschäftigt.

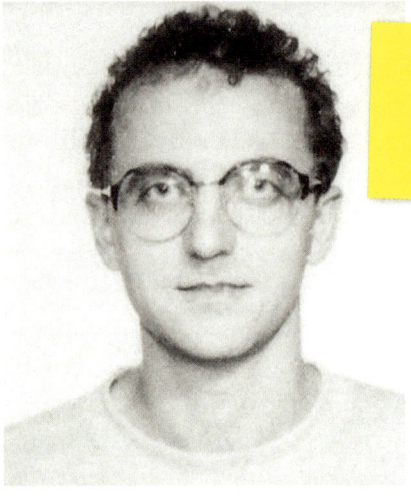

Plötzlich wurde die Tür aufgerissen, quasi gerammt, und der Vice Questore Aggiunto Angelo Di Paula stürmte zu uns herein, ließ sich sichtlich schockiert in einen Sessel fallen und schrie; „Wir haben schon wieder einen Toten, am Domplatz." Das war der reinste Wahnsinn, saßen wir doch nicht weit vom Tatort entfernt in einem Büro des Kommissariats in der Meinhardstraße in der Nähe der Meraner Lauben. Vor der Kirche Sankt Nikolaus, also im Zentrum der Stadt, lag anscheinend wieder ein Mensch, auch erschossen.

Ein Sekundengedanke, wir hatten also recht, da war ein Serienkiller unterwegs. Aber schlagartig waren alle anderen Gedanken wie weggewischt und wir befanden uns von Kopf bis Fuß in einer körperlichen und seelischen Alarmstimmung. Wir stürzten vom 1. Stock die Stiegen hinunter, Blaulicht auf die Fahrzeuge und rasten los. Auf dem engen Fußgängersteig, neben der Kirche, unweit der bekannten Tappeinerpromenade und der Passerpromenade, lag die Leiche von Paolo Vecchiolini. Nur einen Meter daneben war ein Streifenwagen der Carabinieri geparkt. Ein Carabiniere notierte gerade die Personalien einer jungen Frau in sein Protokollbuch, welches er auf dem Autodach abgelegt hatte. Beide standen neben der Radiomobile (Streifenwagen der Carabinieri), als würde es sich um einen Verkehrsunfall handeln. Eine surreale Szene, die sich mir da bot. Aber da kamen meine beiden Männer angerannt, die das Alibi von Nobile überprüfen mussten. Die beiden waren außer Atem, und nur mit allergrößten Mühe gelang es ihnen, mir mitzuteilen, was sie erlebt hatten:

Sie befanden sich, von Marchioros Haus kommend, gerade wenige Meter hinter der Pfarrkirche, als sie einen Schuss hörten. Gleich danach laute verzweifelte Schreie einer Frau. Sie hatten sofort geahnt, dass was passiert war und waren sofort Richtung Hilferufe losgerannt. Sie brauchten nur wenige Meter zu laufen und schon waren sie am Domplatz angekommen, wo sie einen toten Mann vorfanden. Daneben kniete eine weinende, verzweifelte Frau. Instinktiv und nur mit den allernotwendigsten Worten fragte einer die weinende Frau: „Wo ist er hin?", während der zweite die Einsatzzentrale allarmierte. Schluchzend zeigte die arme Frau in Richtung Osten, zur Tappeinerpromenade hin. Beide nahmen unmittelbar, ohne Scheu und Angst, nur leider schon im Dunkeln, die Verfolgung in Richtung des offensichtlichen

Tatort Vecchiolini Meran. Die Notärztin stellt die Todesursache fest: Kopfschuss.

Fluchtweges auf. Sie hatten nur den einen Gedanken im Kopf, vielleicht den Täter noch fassen zu können. Die zwei liefen, was sie nur konnten, mit der Dienstwaffe in ihrer Hand. Es waren ja nur Sekunden vergangen, seitdem der Schuss gefallen war, er konnte noch nicht weit sein. Leider war ihr mutiger und sehr riskanter Versuch ihn einzuholen, erfolglos geblieben, und sie rannten nach Abbruch der Verfolgung zum Tatort zurück.

Gleichzeitig hatte mich mein Chefinspektor Karl Erlacher informiert, dass es sich bei der jungen Frau, welche dem Carabinieri gerade ihre Personalien angegeben hatte, um die Lebensgefährtin des gerade Erschossenen handle. Da für mich feststand, zumindest hatte ich das so beschlossen, dass dieses Mal wir als erste Polizeieinheit am Tatort angekommen waren, nutzte ich die ungeschriebene Vorschrift aus und teilte den verblüfften anwesenden Carabinieri mit energischem Ton unmissverständlich mit: „Diesen Fall übernimmt die Staatspolizei, und ab sofort unterliegen alle weiteren Schritte meiner Weisungsbefugnis." Als Erstes ordnete ich an, die junge Frau unverzüglich ins Polizeikommissariat zu bringen.

Die beiden Carabinieri waren völlig überrumpelt und sprachlos, war ihnen doch gerade die „Kronzeugin" von meinen Kriminalbeamten weggenommen worden. Chefinspektor Karl Erlacher wurde von mir beauftragt, sich um die Zeugin zu kümmern und unseren Polizeipsychologen hinzuzuziehen, um die Frau bestmöglich zu betreuen und ihr bei der Vernehmung stützend beizustehen.

Mir war klar, dass am Tatort gleich die Hölle los sein würde. Daher befahl ich diesen sofort großräumig abzusperren, um die Medien und Schaulustigen auf Abstand zu halten. Die Ersten waren bereits mit ihren Kameras vor Ort.

Aber anders als von mir erwartet, herrschte eine gespenstische Ruhe, eine echte Totenstille. Die allgemeine Betroffenheit war deutlich zu spüren und verbreitete sich über den gesamten Domplatz. Alle Anwesenden hatten nicht nur den Toten auf dem Meraner Domplatz, sondern auch die drei anderen Morde im Kopf und jedem war bewusst, auch ohne Polizist oder Kriminologe sein zu müssen, dass es sich nur um einen Serienmörder handeln konnte. Vier Tote innerhalb sehr kurzer Zeit in einer kleinen Stadt und keiner wusste, ob dieser vor der Pfarrkirche auch der letzte sein würde.

Stadtzentrum Meran, Tatort im Mordfall Vecchiolini

Dann kam der Kommandant der Meraner Carabinieri und wollte dagegen protestieren, dass ich eine Zeugin der Carabinieri mehr oder weniger „entführt" hätte. Ihm konnte ich aber ruhig und gelassen erklären, dass meine Leute die Ersten am Tatort waren, und den Täter nach entsprechenden Hinweisen der Begleiterin noch versucht hatten zu verfolgen. Ich konnte mich nicht zurückhalten, ihn auch noch schnell darauf hinzuweisen, dass es sich bei dem Täter nicht um den Nobile handeln konnte, der ja bekanntermaßen von seinen Carabinieri als Täter schon verhaftet worden war und im Gefängnis säße. Er war verständlicherweise erst einmal sprachlos und ich konnte weiterarbeiten.

Zu Hilfe kam uns gleich ein Fund am Boden, nur etwa 2 bis 3 Meter von der Leiche entfernt. Es handelte sich um eine Patronenhülse vom Kaliber 22, also das gleiche Kaliber wie bei den anderen drei Morden. Ein Kollege musste sich bei der Patronenhülse aufstellen, und ich sagte ihm: „Wehe, wenn diese verschwindet oder jemand sie auch nur anfasst." Seine augenzwinkernde aber durchaus ernst gemeinte Antwort war: *„Dottore, mi devono ammazzare"*, was so viel bedeutete wie „nur über meine Leiche".

Es kam schließlich auch der Staatsanwalt, aber nicht Ranzi, der den ersten Doppelmord überhatte, auch nicht Tarfusser, der noch am Roten Meer in Urlaub war und mit dem dritten Mord beauftragt war. Nun betrat laut Dienstplan der dritte Staatsanwalt die düstere Szene. Das war Guido Rispoli. Welch ein Glück, war mein spontaner Gedanke, denn mit ihm war fein arbeiten und wir hatten schon gemeinsam Marco Bergamo und Ernst Schrott hinter Schloss und Riegel gebracht. Nicht nur für die Presse waren wir das erfolgreiche Ermittlungsduo. Tatsächlich bekamen die Ermittlungen nun eine neue Wende, auch wenn der Preis mit dem vierten Toten sehr hoch, zu hoch gewesen war. Aber es galt, weitere zu verhindern! Dass das passieren könnte, lag auf der Hand. Wir waren zufällig so nah dran gewesen, und der Albtraum für uns, aber besonders für die Menschen der Stadt wäre vorbei gewesen. Keiner wollte aber bis zur nächsten Tat warten, um ihn vielleicht erst dann zu schnappen. Das trieb uns an.

Selbst Staatsanwalt Guido Rispoli, den ich sonst immer als die Ruhe selbst kannte, war ungewohnt angespannt. Der vierte Mord hatte also die Fehlentscheidung seines Kollegen und vor allem Freundes Cuno Tarfusser und des Untersuchungsrichters Edoardo Mori, der auf Tarfussers Anfrage den Haftbefehl ausgestellt hat, auf dramatische Weise ans Tageslicht gebracht. Es dauerte nur wenige Augenblicke und

Stadtzentrum Meran, Tatort im Mordfall Vecchiolini

da kam auch schon der Rechtsanwalt Antonucci, Strafverteidiger von Nobile, angerannt. Dieser kannte meine Einschätzung, dass es sich bei seinem Mandanten nicht um den Täter, sondern um einen wichtigen Zeugen handelte, sehr genau. Und schließlich tauchte auch Ranzi auf, der sich verständlicherweise den heftigsten Vorwürfen Antonuccis stellen musste. Ich vergaß nicht, mit einer gewissen Genugtuung Dottore Zonno in Padua anzurufen. Der sagte nur kurz und bündig, wieder in seiner gewohnt vornehm trockenen Art: *„Bravo Zelger, ci vediamo domani."* Er hatte zur Kenntnis genommen, dass ich auf dramatische Weise Recht gehabt hatte und angekündigt, am nächsten Tag wieder in Meran zu sein.

Von der armen Verlobten des ermordeten Vecchiolini waren zunächst keine neuen entscheidenden Details zu erfahren. Aber immerhin konnte sie den Tathergang präzise wiedergeben, und das war schon einmal sehr hilfreich.

Sie erzählte uns, wie sie gerade Hand in Hand mit ihrem Verlobten durch die Altstadt Merans spazierte und über ihre gemeinsame Zukunft plauderten. Als sie in der Nähe der Pfarrkirche angekommen waren, spürte sie, wie sich jemand von hinten mit verdächtig schnellen Schritten näherte. Sie drehte ihren Kopf etwas nach hinten und bemerkte eine dunkle Gestalt mit einer Sporttasche in der Hand. Ihr kam vor, als wollte dieser Jemand ganz nahe an der Seite ihres Verlobten vorbeirennen. Das tat er auch, erzählte die Zeugin uns weiter. Aber als der Unbekannte auf gleicher Höhe angekommen war, merkte sie, wie dieser urplötzlich und stillschweigend seine Sporttasche auf Kopfhöhe des Opfers hob. All das war ihr unverständlich, und es ging alles auch sehr schnell. Sie konnte nur mehr einen Knall wahrnehmen und zuschauen, wie ihr Verlobter, dem sie noch die Hand hielt, am Boden zusammensackte. Der Schütze blieb dann für einige Sekunden noch mit dieser Sporttasche auf sie gerichtet stehen, bis er sie dann senkte, immer noch in der Hand haltend, und weglief. Kurz darauf, sagte die Zeugin abschließend, seien zwei Herren der Polizei angerannt gekommen, die sie fragten, wohin er gelaufen sei. Der Beweis, dass diesmal die Staatspolizei als erstes am Tatort war.

Sie hatte im ersten Moment nicht einmal verstanden, dass ihr Verlobter tödlich angeschossen worden war und ganz offensichtlich auch nicht, dass sie wohl sein fünftes Opfer hätte werden sollen. Man kann nur mutmaßen, dass die Waffe eine Ladehemmung hatte und deshalb die Verlobte von Vecchiolini am Leben geblieben war.

Wegen der hereinbrechenden Dunkelheit und da sie unter Schock stand, war es ihr möglich, nur eine ungefähre Beschreibung des Gesichtes des Täters zu geben. Dottore Zonno war am darauffolgenden Tag, wie angekündigt, in Meran angekommen und erwies sich sofort als sehr hilfreich, denn er konnte einen der besten Phantombildzeichner Norditaliens rekrutieren.

Noch am Abend des Mordes an Vecchiolini hatte Staatsanwalt Ranzi schon einmal mündlich dem Strafverteidiger Dottore Antonucci sein Einverständnis für die sofortige Freilassung seines Mandanten Luca Nobile versprochen. Doch Eduardo Mori, der für die Voruntersuchungen zuständige Richter, entschied anders und machte der persönlichen Tragödie von Nobile kein Ende. Warum? Das ist nicht nur formaljuristisch interessant! Die Staatsanwälte Ranzi und Tarfusser hatten in ihren Anträgen auf Verhaftung von Nobile diesen nämlich gar nicht als Täter, sondern als Mittäter bezeichnet, sodass aus Sicht des Richters es durchaus hätte wahrscheinlich sein können, dass der letzte Mord von einem Mittäter von Nobile ausgeführt hätte werden können. Das war meiner Ansicht nach sehr unwahrscheinlich, aber so meinte er es nun mal.

Für mich war die Entscheidung des Richters nicht schlüssig, denn es gab in diesem Zusammenhang nicht auch nur den Schimmer eines Verdachtsmomentes in diese Richtung und noch weniger ein Motiv dafür, demzufolge auch der vierte Mord die Tat eines Mitglieds einer anonymen Räuberbande hätte sein sollen. Schlicht und einfach, es gab keinen glaubwürdigen Grund dafür, dass nun plötzlich ein hypothetischer Mittäter mit einer Waffe des gleichen Kalibers, mit der die drei vorherigen Opfer getötet worden waren, auf den armen Vecchiolini hätte schießen sollen. Das hätte meiner Meinung nach der Untersuchungsrichter Mori besser bewerten müssen. Ich denke auch, dass der Richter die ersten Informationen der Verlobten des letzten Opfers in seiner Entscheidungsanalyse hätte mit einbeziehen sollen. Sie kannte den Täter nicht und dieser hatte sie auch nicht berauben wollen, das waren die überzeugenden Aussagen unserer Zeugin. Sie war sich sicher, dass der Mörder kein Wort zu ihnen gesprochen hatte, nicht vor und nicht nach der Gräueltat. Er hat einfach nur geschossen.

Polizeikommissariat Meran: Die Presse, nach dem vierten Opfer, verlangt Informationen vom Kripochef Alexander Zelger.

Während die Carabinieri und Staatsanwalt Tarfusser bei Nobile noch von einem missglückten Raubüberfall ausgegangen waren, so war diese These nach dem Mord auf dem Pfarrplatz auch beim besten Willen nicht mehr haltbar. Der Täter hatte nicht vor, die beiden Verlobten auszurauben.

Das schon anfänglich wackelige Indiziengerüst, das Luca Nobile, unschuldig, als dreifachen Mörder ins Gefängnis gebracht hatte, war meiner Meinung nach und objektiv gesehen endgültig zusammengebrochen.

Vecchiolinis Tod war nicht nur für mich die Bestätigung dafür, dass hier ein Serienkiller unterwegs war und – „porca puttana" (die deutsche Übersetzung erspare ich mir auch diesmal), also in gutem Deutsch besser „verflixt nochmal" –, dass dieser Serienmörder weiter morden würde, solange wir ihn nicht fassten.

Was konnte ich nur tun, um dies zu verhindern? War es überhaupt möglich, diesem schrecklichen Morden ein Ende zu bereiten? Ich traf mich erneut mit dem Expertenteam von Kriminologen und

Panik in Meran nach dem vierten Mord. Auch die deutschen Urlauber verlassen die Passerstadt.

Psychologen aus Rom zu einer Besprechung. Sie teilten mir ihre Ergebnisse mit: *„Dottor Zelger, siamo in presenza di un Serialkiller, ucciderà ancora e a intervalli sempre più brevi. Attenzione, ci sta sfidando!"* Ich hatte sie leider richtig verstanden: „Es handelt sich um einen Serienkiller, er wird weiterhin morden und das in immer kürzeren Zeitabständen. Achtung, er fordert uns geradezu heraus!" Ihr Urteil hätte nicht negativer ausfallen können.

Unsicherheit, Angst und fast Panik beherrschten die Stadt. Die Gefahr für die Menschen in Meran war tatsächlich riesengroß. Sie spürten das instinktiv und zogen sich aus dem Straßenleben zurück. Bars, Pizzerien und Restaurants blieben leer. Die Menschen hatten verständlicherweise Angst, auf die Straßen zu gehen. Nur ein Restaurant blieb offen und hatte abends richtig zu tun. Es war jenes, in das die Polizei- und Kriminalbeamten zum Essen kamen, da der Polizeikoch uns nur mittags verköstigte. Die Mannschaft in der Passerstadt war mittlerweile stark angewachsen. Ich musste nämlich nicht nur Personenschutz für die überlebende Verlobte organisieren – der Täter hätte befürchten können, dass sie ihn als den Täter identifizieren könne –, sondern auch die Schutzmaßnahmen für die Bevölkerung, u. a. durch eine Vervielfachung der Polizeistreifen in der Stadt. Selbst aus Padova und Verona hatten wir personelle Verstärkung erhalten. Noch nie waren in Meran so viele Streifenwagen der Polizei rund um die Uhr im Einsatz. Die Atmosphäre in Meran hat sich komplett verändert. Die Menschen gingen schneller, hasteten auch untertags durch die Gassen, um ihre Besorgungen zu erledigen, und in ihren Gesichtern war Angst und Unsicherheit geschrieben.

Wir hatten mittlerweile aufgrund der Beschreibung der Verlobten von Vecchiolini ein Phantombild erstellt und dieses umgehend auch die Carabinieri weitergeleitet. Nach Befundung der Expertengruppe aus Rom handelte es sich um einen Mann im Alter von 30 bis 50 Jahren, mit starken fanatischen Personalitätsstörungen. Genau das sollte sich später als absolut richtig herausstellen. Wir von der Kriminalpolizei waren uns ebenso sicher, dass der Täter aus der Umgebung von Meran sein musste. Nur ein Ortskundiger war imstande, im Dunkeln zu töten und spurlos zu verschwinden.

Mehr Polizei und Carabinieri in Meran:
Die Bevölkerung war terrorisiert.

Aber damit war zunächst noch nicht viel anzufangen. Wie konnten wir von einem gezeichneten Bild auf einen Menschen schließen? Man muss zunächst systematisch vorgehen. Wir begannen wie im Fall Bergamo mit einer Rasterfahndung. Wir waren entschlossen, alle in Meran wohnenden Männer in diesem Alter zu überprüfen, beginnend mit der Altstadt, um dann den Kreis allmählich auszuweiten. Uns war bewusst, dass wir auch die Nachbardörfer miteinschließen hätten müssen, wenn die Fahndung in Meran nicht erfolgreich enden sollte.

Parallel zur Rasterfahndung zeigten wir so vielen Leuten wie nur möglich das Phantombild. Die Frage war immer dieselbe: Wer konnte dem Mann auf diesem Bild ähneln? Beamte der Polizei und der Carabinieri gingen von Geschäft zu Geschäft, von Bar zu Bar und befragten das dort arbeitende Personal, immer mit dem Bild des „mutmaßlichen" Täters in der Hand.

Ein Maresciallo der Carabinieri namens Guerrino Botte war unter anderem zu einem Meraner Friseur namens Karl Daprà, genannt Charlie, gegangen, und der erkannte darin sofort einen Riffianer Bauern. Das war wirklich der Durchbruch bei den Ermittlungen, aber noch nicht das Ende vom Morden. Denn das, was hinterher geschah, lässt sich im Nachhinein bis heute nicht mehr hundertprozentig genau rekonstruieren. Fest steht, dass wiederum Vieles schiefgelaufen war. Passend dazu: „Errare humanum est, perseverare autem diabolicum."

Das Phantombild des gesuchten Serienkillers

Ich bin einer der ganz wenigen, die darüber berichten können, da ich das Drama der letzten Stunden mitten im Zentrum des Geschehens hautnah und aktiv miterleben musste.

Warum wir von den Carabinieri über den wertvollen Fahndungshinweis von Maresciallo Botte nicht gleich informiert wurden, um gemeinsam und vor allem geplant vorzugehen, bleibt mir bis heute ein Rätsel. Ich glaube, dass vielleicht der Ehrgeiz und vor allem der Wille, die Sache mit Nobile wiedergutzumachen, die Carabinieri zu den fatalen Entschlüssen verleitet hatte. Uns wäre es im Entferntesten nicht in den Sinn gekommen, das von der Kriminalpolizei erstellte Phantombild den Carabinieri vorzuenthalten. Wir hatten es ihnen unverzüglich weitergeleitet. Kriminaltechnisch gesehen einfach nur logisch und selbstverständlich. Es ging ja schließlich nicht um die Fahndung nach einem Hühnerdieb, es ging darum, einen vierfachen Serienkiller auszuschalten und so seinem brutalen Morden ein Ende zu machen.

Die Carabinieri, genauer gesagt Maresciallo Botte und zwei jüngere Kollegen von ihm, legten einfach los. Hatte Botte selbst seine Vorgesetzten darüber nicht informiert? Jedenfalls, ohne uns von der

Staatspolizei zu informieren, geschweige denn unsere Unterstützung anzufordern, fuhren die drei Carabinieri in das Passeiertal, Maresciallo Botte sogar unbewaffnet. Ohne seine Dienstwaffe dorthin zu fahren, war natürlich mehr als leichtsinnig, denn schließlich waren sie einem Serienmörder auf der Spur. Nur zu Dritt zu versuchen einen bewaffneten mehrfachen Mörder festzunehmen, ist polizeitechnisch ebenso in jeder Hinsicht falsch, verkehrt und unverantwortlich. Wenn man einen derart konkreten Hinweis erhält, der möglicherweise zur Festnahme des gesuchten gemeingefährlichen Serienmörders führt, einem äußerst gefährlichen Täter, der bereits vier Personen auf den Gewissen hat, kann man nicht alleine und total unvorbereitet vorgehen. Ein Sondereinsatzkommando hätte gerufen, aber in erster Linie hätte ein Einsatzplan erstellt werden müssen.

Haben die drei Carabinieri nicht an ihren eigenen Erfolg geglaubt bzw. nicht den Angaben des Meraner Haarschneiders? Sie hatten offensichtlich nicht einkalkuliert, wenig später tatsächlich dem Täter gegenüber stehen zu können. Sind sie von einer Routineüberprüfung einer Person ausgegangen? Nur so kann ich mir das Ganze erklären, wenn auch nicht entschuldigen. Wusste Maresciallo Botte nicht, dass seine Zielperson bereits polizeilich aktenkundig, das heißt schon bekannt war, unter anderem wegen Widerstand gegen die Staatsgewalt und alleine deswegen schon als gefährlich einzustufen war? Ein Blick bei uns in die Karteien hätte genügt, um das sogleich zu wissen. Ich durfte leider die zwei Begleiter vom Maresciallo Botte diesbezüglich nie befragen.

Es war am Vormittag des 1. März 1996, als der unbewaffnete Maresciallo Botte und seine zwei jungen Kollegen zu dem Bauernhof eines gewissen Ferdinand Gamper in Riffian/Kuens gefahren waren, der nach den Angaben des Meraner Friseurs Daprà der Mann auf dem Phantombild sei.

Ich war noch alleine in einem Büro des Polizeikommissariats Meran damit beschäftigt, die bisher gesammelten Ermittlungsergebnisse zu bewerten, als nochmals Vice Questore Aggiunto Di Paula die Tür aufriss und mich fast anschrie, dass es wieder einen Toten gibt, diesmal aber im Passeiertal in der Nähe des Riffianer Sportplatzes, nur wenige Kilometer von Meran entfernt. Ich schnappte mir einen ortskundigen Passeirer Kriminalbeamten, wir sprangen in meinen blauen Alfa Romeo, schlugen das Blaulicht aufs Dach und fuhren so schnell wie nur möglich nach Riffian zum Sportplatz. Dort angekommen war mein erster Eindruck: Hier ist die Hölle los!

Da war ein Rettungsauto mit Notarzt, einige Fahrzeuge der Carabinieri ohne Personal und – unfassbar – ein Auto des nationalen Fernsehsenders RAI mit dem mir bekannten Journalisten Vivarelli, alle Schutz suchend hinter den Autos gebückt. Der Journalist, zu meinem Ärger schon viel besser über das Geschehen im Bilde als ich von der Polizei, rief mir zu: „Vorsicht, da oben wird geschossen, anscheinend gibt es schon Tote." Ich hatte keine Zeit, mich auch noch darüber aufzuregen, dass ein Reporter noch vor uns am Tatort war, denn ich hörte selbst die Schüsse.

Unverzüglich gab ich meinem Passeirer Kriminalbeamten die ersten notwendigen Anweisungen: Er soll beim Dienstfahrzeug bleiben, per Funk unsere Einsatzzentrale über die Lage informieren und Verstärkung mit schusssicheren Westen anfordern, denn es war eine Schießerei im Gange. Ich zog meine Dienstwaffe, machte das Kreuzzeichen und rannte seitlich am Sportplatz vorbei und dann über einen Forstweg, der durch einen dichten Mischwald führte, hoch zu einem Bauernhof. Es war, wie ich später erfuhr, der kleine Bauernhof der Familie des Maurers Tullio Melchiorri (nicht Umberto Marchioro). Dieses Bauernhaus war in einer schmalen schattigen Talenge hingedrängt und an drei Seiten von steilen Waldhängen umgeben. Während ich zu diesem Hof halb gebückt hinaufsprang, hörte ich rechts von mir mehrere Schüsse fallen. Dann nahm ich etwas links oberhalb von mir aus einem Haus kommend die verzweifelt lauten Hilfeschreie einer Frau wahr. Noch hatte ich keinen Überblick darüber, was hier alles gleichzeitig abging. Bis dahin wusste ich aufgrund der fehlenden Informationen der Carabinieri immer noch nichts, noch nicht einmal von der Existenz eines Ferdinand Gamper. Die Lage war aus meiner Sicht zunächst einmal völlig unübersichtlich, was so viel bedeutet, dass es sehr schlimm enden kann, wenn bei einem hochriskanten Polizeieinsatz Klarheit und Übersicht fehlen, auch für die Einsatzkräfte. So war es dann auch, und das weitere Geschehen nahm seinen tragischen Verlauf.

Ich war nur mehr wenige Meter vom ersten Bauernhof entfernt, jener der Familie des Maurers Melchiorri. Rechts von mir fielen immer noch Pistolenschüsse, und gleichzeitig waren die herzzerreißenden Schreie einer Frau oberhalb meines Standortes nicht zu überhören.

Ich bemerkte auch, wie zwei Männer einen leblosen Dritten an den Händen den Berghang, auf der mir gegenüberliegenden Seite, hinunterzogen und wie ein Vierter, hinter einer Hecke Schutz suchend, in Richtung eines zweiten bäuerlichen Wohnhauses Feuerschutz leistete. Die zwei Bauernhäuser waren keine hundert Meter entfernt. Die Frauenschreie kamen aber vom ersten Hof, den ich noch nicht erreicht hatte, und nicht vom zweiten Haus zu meiner Rechten, wo die zwei Männer – ich war mir sicher, dass es Carabinieri in Zivilbekleidung waren – einen leblos wirkenden Menschen wegschleppten. Ich entschied, schutzsuchend und zusammengekauert nun nicht mehr zu laufen, sondern mich an den ersten Bauernhof anzuschleichen, von wo die unheimlichen schrillen Schreie einer Frau stammten. Obwohl es noch hell war, kam es mir vor, in einen dunklen surrealen Raum geraten zu sein, wo die verschiedensten optischen und akustischen Eindrücke irgendwie alle durcheinander an mir vorbeizufliegen schienen. Das andauernde Feuergefecht rechts von mir nahm kein Ende, und ich vermutete, immer noch ohne es wissen zu können, dass es sich um einen Schusswechsel zwischen dem gesuchten Serienmörder und einem Carabiniere in Zivilbekleidung handelt. Er schoss Sperrfeuer nach oben, wahrscheinlich um den Unbekannten aus dem höherliegenden Bauernhaus in Schach zu halten, damit die anderen den sich nicht mehr regenden Körper in Sicherheit bringen konnten.

Riffianer Sportplatz/Passeiertal/Meran: Der Kripochef Alexander Zelger ist soeben am letzten Schauplatz dieses Dramas angekommen, zieht die Waffe und entscheidet, zu den Bergbauernhöfen zu laufen.

Ich war unvermittelt mitten in diese Schießerei geraten und dachte an nichts anderes mehr, als weiter vorrücken zu müssen, um den auf sich alleine gestellten Carabiniere zu unterstützen. Und plötzlich, ich war immer noch gebückt unterwegs, mitten auf dem Weg, wenige Schritte vom Eingang des Melchiorri-Bauernhauses entfernt, lag quer vor mir in einer Blutlache die Leiche eines älteren Mannes mit einem Zettel auf dem Bauch. Wer ist jetzt dieser Tote, fragte ich mich? Hatte aber keine Zeit nach Antworten zu suchen und beschränkte mich in Richtung der hilferufenden Frau laut zu fragen, was wohl passiert sei. Erst als ich die Frage auf Italienisch stellte, bekam ich eine Antwort in norditalienischem Dialekt: *„I me g'ha copà el me Tullio!"* (Sie haben mir meinen Tullio ermordet!).

Ich musste pietätlos über die Leiche kriechen und konnte mich nicht um die Frau kümmern, die verzweifelt auf dem Balkon um ihren Mann weinte. Meine Pflicht war es weiter zu gehen, denn ich war mir sicher, dass sich im zweiten Bauernhaus der gesuchte Serienmörder verschanzt hatte. Ob er von dort stammte, dorthin geflüchtet war, sich nur dort versteckt hatte, oder vielleicht sogar Geiseln genommen hatte, vielleicht sogar den Hausbesitzer, ich hatte keine Ahnung. Diese Ungewissheit war kaum zu ertragen.

Erst vom Carabiniere in Zivil, der seinen Kameraden gerade eben noch Feuerschutz gegeben hatte, erfuhr ich, dass es sich um den Serientäter handeln müsste und er sich höchstwahrscheinlich in diesem Haus versteckt hatte, nachdem er vermutlich den Nachbarn ermordet hatte.

Vermutungen über Vermutungen, aber keiner blickte so richtig durch. Fast gleichzeitig war Verstärkung durch die Carabinieri angekommen, und das Bauernhaus wurde von drei Seiten umzingelt. Die Vierte stand ganz nahe am steilen Berghang und brauchte deshalb nicht gesichert zu werden. Mehrere aus der Gruppe der Verstärkung begannen nun auch auf das Haus zu feuern, ohne genau zu wissen, ob sich dort überhaupt noch irgendjemand aufhielt. Mich beschlich immer mehr der Verdacht, dass keiner der feuernden Carabinieri in der Lage war, die Situation richtig einzuschätzen.

Mittlerweile hatte ich hinter einem Brennholzstapel unweit vom unter Beschuss geratenen Haus Deckung gefunden.

Jetzt kam endlich auch der Kommandant der Carabinieri von Meran dazu, und ich hatte die Hoffnung, zusammen mit ihm die Lage unter Kontrolle zu bringen. Aber auch er kannte sich nicht so wirklich aus und meine Frage, ob er sich sicher sei, dass der Täter noch in diesem Bauernhaus sei, konnte er nicht beantworten. Immer wieder forderte ich ihn dringend dazu auf, das Feuer einzustellen, um sich ein echtes Lagebild machen zu können. Das Haus war schließlich umzingelt, so dass jeder Fluchtversuch ausgeschlossen war. Aber er hörte nicht auf mich.

Tullio Melchiorri,
das fünfte Opfer von
Ferdinand Gamper

Über Funk erneuerte ich zum x-ten Mal die Bitte um Verstärkung. Aber ein Unglück kommt selten alleine. In meinem Funkgerät waren irgendwann die Akkus leer und ich konnte nicht mehr weiter in das Geschehen eingreifen. Während das Bauernhaus weiter unter Dauerfeuer stand, wusste ich nicht, wo meine angeforderte Verstärkung geblieben war und ob sie überhaupt noch kommen wird.

Am Abend erfuhr ich dann auch, dass der nationale Fernsehsender RAI alle anderen Sendungen unterbrochen und das Feuergefecht live vom außer Schussweite liegenden Sportplatz unterhalb der beiden Bauernhäuser aus übertragen hatte. Ute war gerade in einem Supermarket bei ihrem täglichen Einkauf, als die Musik unterbrochen wurde und dafür die Livesendung über die Schießerei in Riffian direkt übertragen wurde. Sie ahnte es sofort, „ihr" Alex ist da oben und hatte nur einen Gedanken: „Der ist intelligent genug und passt schon auf sich auf." Ehrlich, das war Utes Überlegung und sie machte seelenruhig mit ihren Einkäufen weiter. Ute, ich liebe dich!

Natürlich passte ich auf mich auf, aber mein Ziel war es, dieser sinnlosen Schießerei ein Ende zu machen. Beinahe alle, außer mir, schossen ins Haus hinein, aber immer noch wusste niemand, ob der

Täter aus dem Bauernhaus überhaupt zurückschoss. Ich versuchte den Capitano der Carabinieri, der ständig rastlos seine Position wechselte, zu überreden mal bei mir stehen zu bleiben und dafür zu sorgen, dass die Schießerei endlich aufhört, doch ohne Erfolg. Im Nachhinein war sein Verhalten verständlich, denn schließlich hatte er, was ich zu diesem Zeitpunkt noch nicht wissen konnte, in dieser Schießerei einen seiner Männer verloren und wollte sicher weitere Verluste vermeiden. Der tote Carabiniere war nämlich der Maresciallo Botte. Während seine zwei Kollegen zur hilferufenden Frau Melchiorri gelaufen waren, so wurde mir mitgeteilt, war Guerrino Botte, unbewaffnet, zum Nachbarhaus gegangen und dort von Ferdinand Gamper erschossen worden.

Sodann versuchte ich es selbst und schrie so laut ich konnte: „*Cessate il fuoco! Cessate il fuoco!*" (Feuer einstellen! Feuer einstellen!). Was hatte ich erreicht? Wieder nichts, es wurde weiterhin geschossen.

In meiner Verzweiflung fiel mir wenige Meter entfernt, links von mir, eine unter der zum oberen Dachgeschoss führenden Stiege eingebaute

Holzhütte auf. Auf der vorderen Seite war ein Türchen. War das vielleicht ein kleiner Hühnerstall? Instinktiv spürte ich – es klingt schon wieder filmreich, ist aber wahr –, dass dieser rustikale Bretterbau etwas verbirgt.

Ich fragte den Capitano, der gerade wieder einmal zu mir hochgerannt war, ob diese Bretterbude schon gesichert worden war, was er aber nicht wusste und ihn im Eifer des Gefechtes auch nicht sonderlich interessierte. Dann war er schon wieder weg, tauchte aber etwas später mit einem Gewehr und einem Sack voll Tränengasraketen wieder auf. Keine schlechte Idee, dachte ich mir, wenn das alles aber nur gut geht. Der Capitano nahm fachgerecht das Gewehr, steckte die Tränengasrakete vorne in den Lauf und machte es scharf, zielte und feuerte ab. Diese Szene wiederholte sich einige Male, und die Raketen zischten durch die Luft, dann durch Fenster und Türen ins Innere des Bauernhauses. Es konnte nicht anders kommen, denn nicht nur Tränengas, sondern auch Rauch und Flammen, die sich im Inneren des Gebäudes entwickelten, traten kurze Zeit später aus demselben. Der Bauernhof war regelrecht in Brand geschossen worden, und das erste Obergeschoss brannte völlig ab.

Ich hielt, immer noch hinter dem Holzstapel stehend, meine Waffe gezielt auf jene Seite des Hauses unweit von mir, die noch nicht in Flammen stand. Wenn der Täter wirklich da drinnen gewesen wäre, dann hätte er nur mehr auf dieser Seite einen Fluchtversuch unternehmen können. Aber es passierte wieder nichts. Dach und Obergeschoss brannten völlig aus, und es blieben nur die Grundmauern des Erdgeschosses übrig. Niemand hatte versucht, aus dem brennenden Gebäude zu fliehen. Wieso? Haben die Carabinieri „stundenlang" umsonst da hineingebööllert? War der Serienkiller schon gleich nach dem Mord an Maresciallo Botte durch eine Hintertür geflohen? War er vielleicht bereits von einer der vielen auf das Haus abgefeuerten Kugeln tödlich getroffen worden und seine Leiche im Haus verbrannt? Konnte er sich doch noch im Erdgeschoss retten und lauerte dort auf uns? Die Lösung des Dramas konnte nur durch eine hochriskante Inspektion des Hausinneren gefunden werden. Ich wollte auch hinein, aber die Blicke mehrerer Carabinieriofficiere, nicht nur Kollegen, sondern auch Freunde von mir, die mittlerweile von Bozen nach Meran gerast waren, sprachen Bände und baten mich: „Wir haben einen Toten erlitten, den Maresciallo Botte, lass uns das machen, … bitte!"

Der Capitano der Carabinieri von Meran und zwei seiner Männer übernahmen die gefährliche Aufgabe. Selbstverständlich hatten sie keine Zeit, sich vorzubereiten und stürmten heldenhaft das Haus. Sie rannten die kleine hölzerne Pforte ein, und das ging auf Anhieb auch gut. Aber als gleichzeitig alle drei durch ein und dieselbe Tür wollten, riskierte alles wieder schief zu gehen und erneut in einem Drama zu enden. Es fiel wieder ein Schuss. Der Schuss hatte sich in der Hektik aus der Waffe des einen der drei Carabinieri gelöst und die leere Patronenhülse traf den Capitano im Gesicht. Der Offizier blieb Gott sei Dank unverletzt. Eigentlich war das kein Wunder, wollten sie zu dritt durch eine 80 Zentimeter breite Öffnung hindurch.

Nach dieser „kleinen" Panne waren die drei Carabinieri schließlich in das mittlerweile fast vollständig ausgebrannte Bauernhaus gelangt, nur da war niemand, kein schießwütiger Verbrecher, der sich ergeben wollte, keine Leiche, niemand. Hat der Täter doch noch flüchten können, was bedeutet hätte, dass die Jagd nach ihm sofort weitergehen musste. Könnte er uns einen weiteren Hinterhalt stellen und weitere Menschen auf seinem Weg umbringen? Haben die Carabinieri womöglich ein leeres Haus gestürmt? War alles umsonst gewesen? Bange Minuten für alle, die Gedanken spielten mehrere Szenarien in Sekundenschnelle durch. Was war als nächstes zu tun?

In der verrußten Küche fanden wir makabre Zeichnungen, Skizzen von toten Kindern, erschossenen Menschen und mit irren Aussagen

Tatort Ferdinand Gamper: Im Bild sieht man hinter dem Holzstapel Kripochef Alexander Zelger, der mit seiner Dienstwaffe auf das brennende Gebäude zielt.

beschrieben. Ich erinnerte mich sofort an jene, die ich im Rucksack von Alexander Mitterer in Rentsch gefunden hatte. Derjenige, der die alte Dame getötet hatte, und sich dann selbst gerichtet hatte. Und an ähnliche Skizzen, die ich in einem anderen Fall, einem Familiendrama in Brixen, vorgefunden hatte.

Jetzt erinnerte ich mich wieder daran, wie ich den Capitano inmitten des „Feuergefechtes" auf das Holzhüttchen nebenan aufmerksam gemacht hatte. Es stand immer noch nicht im Fokus der Carabinieri, die noch unter Schock standen, denn einer ihrer Kameraden, der arme Maresciallo Botte war tot und das Gebäude, wo sie den Serienmörder vermutet hatten, leer.

Das Hüttchen hatte den Brand unbeschädigt überstanden. Und dann endlich wurde dessen Türchen von den Carabinieri geöffnet. Dort dahinter lag er, der Täter, Ferdinand Gamper, auch tot. Kopfschuss. Neben ihm lag die Tatwaffe, ein Gewehr vom Kaliber 22. Er hatte sich längst selbst erschossen, nur hat das bei der ganzen Knallerei

Der Albtraum ist vorbei, die rauchenden Trümmer
des Bauernhauses von Ferdinand Gamper.

Das letzte Versteck von Ferdinand Gamper, dort wo er sich selbst erschossen hat

keiner mitbekommen. Neben ihm lag die von der Partnerin des auf dem Pfarrplatz ermordeten Vecchiolini beschriebene Sporttasche. In dieser verbarg der Serienkiller Ferdinand Gamper sein Gewehr, wenn er seinen Wahnsinnstaten nachging. An einer Seite der Sporttasche hatte Ferdinand Gamper eine Öffnung geschnitten. Mit seiner rechten Hand schlüpfte er durch diese Lücke und konnte so sein Gewehr stets griffbereit halten, ohne, dass irgendjemand bemerken konnte, dass er eine Waffe in der Hand hielt. Aus derselben Tragtasche feuerte er auf seine Opfer.

Seine tatsächlichen Tatmotive hat er mit sich in den Tod genommen. Alles was hinterher geschrieben wurde, waren reine Vermutungen und Spekulationen.

Ein Albtraum für Stadt und Land war vorbei. Der Preis war immens hoch: Erst nach sechs Toten und einem Selbstmord konnte die Ruhe im Burggrafenamt und in Meran zurückkehren. Luca Nobile, mein Zeuge, der bis zu den traurigen Ereignissen in Riffian unschuldig hinter Gittern saß, wurde endlich freigelassen. Der Richter Edoardo Mori, der ihn nach dem Mord von Vecchiolini nicht freigelassen hatte, obwohl er damals schon nicht der Täter hat sein können, hatte keine andere Wahl mehr.

Die Presse begleitete das Meraner und Riffianer Geschehen auf ihre Weise. Die Repubblica zitierte den Oberstaatsanwalt Mario Martin, den Vorgesetzten von Tarfusser, mit den Worten: *„Non linciate quel magistrato"* (Lyncht bitte diesen Staatsanwalt nicht), womit er sich schützend vor Tarfusser stellen wollte, während für alle anderen die Fehlentscheidungen der Staatsanwaltschaft offensichtlich waren.

Doch die Presse hielt sich nicht an die Bitte des Oberstaatsanwaltes. Es war an einem Sonntag, dem 3. März. Staatsanwalt Cuno Tarfusser landete am Flughafen in Verona, direkt aus dem Urlaub am Roten Meer in Sharm el Sheik kommend. Die Presse bereitete ihm einen ungewollt großen Empfang. Im Nachhinein gab er zu, dass eine Fehlentscheidung getroffen worden war. Die Medien aber interessierten sich meiner Meinung nach zu wenig für die anderen Verantwortlichen um die Festnahme des unschuldigen Luca Nobile. Staatsanwalt Cuno Tarfusser war nämlich nicht der Einzige, der, wie er selbst zugegeben hatte, eine Fehlentscheidung getroffen hatte. Da waren die Carabinieri von Meran, die gegen Nobile ermittelt hatten, ein zweiter Staatsanwalt, der mit Tarfusser den Antrag zur Festnahme des Nobile unterschrieben hatte, und ein Richter, der diesem Antrag stattgegeben hatte.

Abtransport der Leiche Ferdinand Gampers

POLITISCHE VERSCHWÖRUNG, FINSTERE MÄCHTE ODER EINFACH NUR MORD?

Der Tod eines Südtiroler Landtagsabgeordneten

In meiner „Sammlung" dramatischer Kriminalfälle in Südtirol fehlte bis 1997 noch ein Mord mit politischem Hintergrund. Nur so viel sei verraten: Ein solcher blieb in meiner Laufbahn aus, auch wenn es einmal beinahe so aussah.

Kaum war das schreckliche Drama um Ferdinand Gamper zu Ende gegangen, geschah etwas, das einem solchen Stereotyp entsprochen hätte und von dem man deswegen heute noch spricht. Im darauffolgenden Jahr passierte es. Entgegen allen ersten Vermutungen und in solchen Fällen schnell aufkeimender Verschwörungstheorien und Gerede von Komplotten erwies sich auch dieses Delikt schnell deutlich banaler, als von vielen angenommen. Banal, aber deswegen nicht weniger tragisch, wie schließlich bei jedem Kapitalverbrechen – sowohl für das Opfer und dessen Hinterbliebenen als auch nicht weniger dramatisch für die Familienangehörigen des Täters.

Wie immer, wenn das Opfer einen hohen Bekanntheitsgrad hat, werden wir von der Kriminalpolizei mit Verschwörungstheorien überhäuft. Unsere Aufgabe ist es auch in solchen Fällen, einfach unser kriminalistisches Handwerk zu erledigen.

Selbst in Prominentenkreisen kann es passieren, dass ein Mord aus niedrigen Beweggründen und weniger aus „weltpolitischer Bedeutung" heraus motiviert ist. Trotzdem will der eine oder andere die Situation ausnützen und provoziert so in Teilen der gutgläubigen Bevölkerung Zweifel wie „Es könnte doch noch etwas Anderes dahinterstecken" oder „War der Täter etwa ein Agent des deutschen oder des österreichischen oder sogar des italienischen Geheimdienstes?"

Bis heute noch munkelt der eine oder andere, dass Geheimdienste und finstere Mächte beteiligt gewesen waren. Die Ergebnisse unserer nüchtern und sachlich geführten Polizeiarbeit sprachen und sprechen immer noch eine andere Sprache. Sowohl meine Erfahrung als auch die Kriminalwissenschaft belegen, dass die Dinge oft einfacher liegen

Peter Paul Rainer

Christian Waldner

als angenommen und dass auch Morde aus Geringfügigkeiten heraus motiviert sind, ja manchmal sogar wegen einer Bagatelle begangen werden. Für uns Außenstehende mag es sich um Kleinigkeiten handeln, für den Täter im Moment der Tat aber als alternativlos und von existenzieller Bedeutung. Ja, so schrecklich wichtig, dass sie zu einem Mord führen, auch wenn das Motiv für das Verbrechen nicht im Entferntesten in einem Verhältnis zur Tat steht. Es ist auch für Fachleute der Kriminalpolizei manchmal schwer zu verstehen, aus welchen dümmlichen oder eben banalen Gründen Menschen sterben müssen.

Hier geht es um den Mord von Peter Paul Rainer an seinem Partei-freund und Landtagsabgeordneten Christian Waldner. Unser Geheim-dienst, genauso wie die ausländischen, hatten weder den einen noch den anderen auf dem Radar, sie waren für sie schlicht zu „unbedeutend". Peter Paul Rainers Name war allerdings in der Südtiroler Politik und bei den Südtiroler Schützen als aktives Mitglied ziemlich bekannt. Die lokalen Medien hatten einmal detailliert darüber berichtet, wie Peter Paul Rainer und sein Freund namens Messner ein Jahr zuvor am Vor-abend zum italienischen Staatsfeiertag am 4. November, dem Feier-tag der Nationalen Einheit und dem Fest der italienischen Streitkräfte, am Bozner Siegesdenkmal, das für viele Südtiroler und erst recht für diese beiden eine arge Provokation darstellt, das Schloss des Eingangs-tors mit Silikon zugeklebt hatten.

Die vermeintliche Heldentat im Stil eines Dummejungenstreiches verursachte eine Verspätung der offiziellen Kranzniederlegung vor dem Siegesdenkmal und sorgte bei vielen in der Südtiroler Bevölkerung, so auch bei mir, für ein gewisses Schmunzeln, für mehr aber auch nicht. Der Schaden war schnell behoben, denn es musste nur ein Schlosser bemüht werden, der nicht länger als eine Minute brauchte, um das Schloss aufzubrechen und so die Veranstaltung zu retten. Es ist nicht ganz auszuschließen, dass dieser Peter Paul Rainer in irgendeiner Amts-stube irgendeines Ministeriums oder einer Polizeibehörde in Rom auf eine Liste von politisch engagierten Männern aus einer entfernten nördlichen Provinz geraten war, aber mehr eben nicht.

Denn das sind wohl keine Aktionen eines „agent provocateur" einer ausländischen Macht oder eines terroristischen Netzwerkes, damit kann man höchstens einen Polizeibeamten nervös machen, der bei der Kranz-niederlegung Dienst hatte. Die Arbeit der Kriminalpolizei ist jeden-falls in dieser Hinsicht einfacher. Wir müssen nicht die politischen Hintergründe und Folgen solcher Bagatelldelikte bewerten, sondern lediglich den Täter ermitteln, und die Gerichte müssen anschließend die Schuld feststellen.

Es war der 17. Februar 1997. Ich genoss gerade eine Woche Urlaub und kam abends von einem Tagesausflug mit Ute und meinen beiden Kindern zurück. Ich wohnte in der Nähe der Quästur und hörte eine Sirene der Polizei und ein Fahrzeug, das mit quietschenden Reifen die Quästur verließ. Diese Geräuschkulisse war an sich nicht ungewöhnlich, eher schon, als sie sich wenige Sekunden später wiederholte und dann noch ein drittes Polizeifahrzeug losraste. Ich wartete nicht auf einen Anruf, ich war ja noch in Urlaub, sondern rief in meiner Dienststelle an, nur antwortete dort keiner. Ich probierte mehrere Nummern und erreichte mit der letzten Ispettore Capo Carlo Rughetti. Ich fuhr ihn an: „Wo sind meine Leute alle hin, was ist passiert?" Er erklärte mir, dass alle zu einem Tatort unterwegs waren. Der Landtagsabgeordnete Christian Waldner war erschossen worden.

Ich befahl Rughetti, der ansonsten mit den undankbaren aber absolut wichtigen bürokratischen Büroaufgaben meiner Abteilung beauftragt war, mich sofort mit einem Dienstfahrzeug abzuholen und zum Tatort zu bringen. Nur kam er nicht so schnell, wie ich gerne gehabt hätte. Ich stand an der Straße und wunderte mich nur, dass er bei einer Entfernung, Luftlinie geschätzt maximal 250 Meter, nicht schon vor der Tür stand.

Als er mit dem auffällig knallroten, stark untermotorisierten Fiat 131, der eigentlich nur für die Botengänge unserer Dienststelle zum Transport von Akten von einer zur anderen Behörde vorgesehen war, schließlich doch noch kam, wurde der Unschuldige von mir erneut vorwurfsvoll angefahren *„Ma con questa macchina?"*, auf gut Deutsch „Mit dieser Kiste?" Seine unaufgeregte Antwort war: *„Questa è l'unica che è rimasta in Garage"* (Das ist die letzte Kiste, die noch zur Verfügung stand). Gezwungenermaßen mit Vollgas – und damit wir uns nicht auch noch blamierten, ohne Blaulicht – fuhren wir die für diesen Wagen sehr steile Straße Richtung Jenesien zum 150 Meter höher gelegenen Reichrieglerhof. Alle Journalisten waren schon da, wie auch der diensthabende Staatsanwalt Cuno Tarfusser. Das frühere Hotel, eine im Jugendstil gebaute Villa mit einem großen Park und vielen hundert Jahre alten Bäumen, mit einer besonders nachts einzigartig wunderschönen Aussicht auf das beleuchtete Bozen, war mittlerweile zum Apartmenthaus umgewidmet worden. Rechts hinter dem Haupteingang befand sich die alte Rezeption, aus edlem dunklem Nuss- und Mahagoniholz. Dahinter eine Tür, die zu einem kleinen, sehr bescheidenen Büro führte, das nur noch vom Eigentümer der luxuriösen Apartmentanlage, dem Politiker Christian Waldner, benutzt wurde. „Meine Besenkammer", hatte er zu Lebzeiten, scheinbar einem Parteifreund lächelnd verraten. Dieser Raum

war mit Fax, Telefon und einem Tresor ausgestattet, und hier lag die Leiche Waldners.

Meine Männer klärten mich auf, dass ein Parteikollege Waldners, ein gewisser Hansjörg Kofler zusammen mit zwei ihm bekannten Beamten der DIGOS, also der Polizeieinheit der Quästur mit der Zuständigkeit für Straftaten mit möglichem politischen Hintergrund, zum Reichrieglerhof gefahren waren und dort die Leiche gefunden hatten.

Waldner war seit Samstagmittag, dem 15. Februar, spurlos verschwunden gewesen. An dem Abend hätte er als Ehrengast in Mailand einen Vortrag bei einem bedeutenden Kongress der Partei Lega Nord halten sollen. Auch am darauffolgenden Sonntag hat Hansjörg Kofler, der dieses politisch wichtige Ereignis in Mailand mitorganisiert hatte, ihn nicht erreicht, nicht einmal telefonisch, was für diesen „Dauertelefonierer" äußerst ungewöhnlich war. Daraufhin verständigte er die ihm bekannten Polizeibeamten. Am Montagnachmittag des 17. Februar 1997 waren die drei mit Waldners Sekretärin, nur sie hatte die Schlüssel zu der Apartmentanlage, zum Reichrieglerhof gefahren. Dort fanden sie die Leiche hinter der verschlossenen Bürotür der Rezeption.

In der „Besenkammer" hinter dem Empfangs-
tresen wurde der Leichnam von Christian
Waldner gefunden.

Am Oberkörper fielen mir sofort mehrere Einschusswunden auf.
Die Blutlache reichte bis zur Tür und nicht weiter, als wäre diese dort
abgeschnitten worden. Das war eigenartig. Vor Ort waren bereits meine
Männer der Spurensicherung bei der Arbeit, die noch bis spät in die
Nacht zu tun haben sollten. Erst dann wurde mit der Genehmigung
des Staatsanwaltes die Leiche in die Pathologie des Bozner Krankenhaus gebracht.

Am darauffolgenden Tag gingen die Ermittlungen so richtig los.
Dringend war, die Sache mit dem Blut auf dem Boden zu klären.
Wer hatte dieses vor der Tür weggeputzt, etwa der Mörder selbst?
Meine Leute fanden bald heraus, dass es der Hausmeister war, ein
Einheimischer, ein in jeder Hinsicht kurioser Typ. Montagvormittag
hatte er bei seiner täglichen Kontrollrunde das vor der Tür geronnene
Blut mit Saft verwechselt und pflichtbewusst aufgewischt. Er war der
Hausmeister und nicht ein Chemiker, Biologe oder gar ein Gerichts-
mediziner, der unbedingt Saft oder Rotwein von geronnenem Blut

unterscheiden können musste. Gut, da war also nicht allzu Ungewöhnliches oder Verdächtiges in der Putztätigkeit dieses Mannes.

Als zumindest kurios möchte ich dennoch die Art und Weise bezeichnen, wie dieser pflichtbewusste *tutto fare*, der für alles zuständig war, seinen Pflichten nachkam. Bei seinen oberflächlichen Aufräumarbeiten, die er uns genauestens zu Protokoll gab, hatte er meinen Leuten erklärt, dass er keine allzu pingelige Person sei. Zum Beispiel erschien es ihm einfacher zu sein, die überall herumstehenden gebrauchten Weingläser, nach den nicht seltenen nächtlichen „Arbeitsstunden" von Waldner mit seinen Parteifreunden, über die marmorne Brüstung der riesigen Sonnenterrasse zu werfen, anstatt sie abzuwaschen und aufzuräumen. Diese Aussage schien zu stimmen, denn wir überprüften auch das. Wir waren bei unseren Ermittlungen wie gewohnt sehr genau, und im Blumenbeet unterhalb des noblen Geländers fanden wir noch die Scherben der zerbrochenen teuren Weingläser. Der *tutto fare* war mit seinen Aussagen also glaubwürdig und wir nahmen es ihm ab, ohne arglistige Hintergedanken, dass er das Blut mit Saft oder Marmelade verwechselt hatte.

Sukzessive tröpfelten die Untersuchungsergebnisse ein. Der Pathologe berichtete von Einschüssen, wieder einmal durch eine kleinkalibrige Waffe. Die Kriminalbeamten der DIGOS waren von mir gebeten worden, das soziale Umfeld des Toten zu recherchieren. Es fanden sich aber keine Auffälligkeiten, keine Besonderheiten, die zu einer politisch motivierten Tat hätten führen können.

Wir werteten Telefon- und Faxgeräte aus, um zu klären, mit wem er in den letzten Stunden seines Lebens zu tun gehabt hatte, mit wem er telefoniert hatte und von wem er angerufen worden war. Die Auswertung ergab, dass am Samstag, dem 15. Februar 1997, nach zwölf Uhr keine Anrufe mehr getätigt beziehungsweise entgegengenommen worden waren. Das war für Christian Waldner absolut ungewöhnlich. Bekanntermaßen „hing" er ansonsten immer am Telefon. Die Auswertung des Faxgeräts ergab ebenfalls, dass es kurz vor Mittag das letzte Mal benutzt worden war und zwar für eine belanglose, so die von uns befragten Journalisten, Pressemitteilung zum Thema Einwanderung, welche an die lokalen Medien versandt worden war. Das passte alles auch zum Befund des Pathologen: Eintritt des Todes gegen zwölf Uhr mittags, am Samstag, dem 15. Februar 1997.

Aufgrund von verschiedenen Zeugenaussagen war zu erfahren, dass für gewöhnlich von einem gewissen Peter Paul Rainer, quasi der rechten Hand von Christian Waldner, die Pressemitteilungen verfasst und abgesandt wurden. Es stellte sich mir nun die Frage, ob er auch diese letzte Pressemitteilung geschrieben hatte, die damit vermutlich auch das letztes Lebenszeichen Waldners gewesen sein könnte.

Eine wichtige Vertrauensperson hatte uns zwischenzeitlich − inoffiziell − die Information zugetragen, dass der nun tote Waldner dem Rainer ein gefälschtes Maturazeugnis besorgt hatte. Dieses Stück Papier hatte Peter Paul Rainer ermöglicht, sich an der Universität Innsbruck für ein Studium der Politikwissenschaften einzuschreiben und später eine Stelle als wissenschaftlicher Assistent an derselben Uni zu erhalten. Das bedeutete, sein ganzes Sein und seine Zukunft würden wie ein Spielkartenhaus einstürzen, wenn die Öffentlichkeit, inklusive Arbeitgeber, die Universität Innsbruck, davon erfahren hätten. Ein mögliches Tatmotiv?

Das Interesse der Medien an diesem blutigen Trauerspiel, in und außerhalb Südtirols, war inzwischen verständlicherweise enorm groß und blieb es weiterhin, schon alleine wegen des potenziell politischen Hintergrundes. So war es verständlich, dass die Journalisten versuchten eine andere Spur zu suchen, ohne eine zu finden, und andere Motive aufzudecken als wir. Sie waren damit nicht erfolgreich, hielten aber Spekulationen am Köcheln. Andere machten aus unserer Sicht einen guten Job und beschränkten sich bei ihrer Berichterstattung darauf, die öffentlich zugänglichen Einzelheiten unserer Ermittlungen an die Menschen im Land weiterzugeben.

Für uns von der Kriminalpolizei ist so etwas immer ein zweischneidiges Schwert. Einerseits hat die Bevölkerung ein Recht auf eine umfassende Berichterstattung und konnte uns daher nicht selten hilfreich unterstützen. Aber manchmal ist es auch hinderlich, wenn wir einfach sagen müssen, dass aus ermittlungstaktischen Gründen zu bestimmten Fragen keine Auskünfte gegeben werden können. Genau hier entstanden folglich, meistens ungewollt, jene Berichterstattungen, die die Bevölkerung in die Irre führen, wenn die Informationslücken mit Spekulationen gefüllt werden. Dann kommt noch hinzu, dass von dem einen oder anderen Presseorgan Fakten überspitzt dargestellt und von ihren reinen Vermutungen nicht immer sauber getrennt werden.

Staatsanwalt Cuno Tarfusser mit Ermittlern
der Kriminalpolizei

So kann es passieren, dass in der Öffentlichkeit oftmals ein Erwartungs-
druck auch in die falsche Richtung wächst. Warum wir in diese Richtung nicht ermittelten, durften wir eben nicht erklären, oder nur hart
erklären, da wir bestimmte Fakten noch nicht verraten durften.

Aber es geht auch ganz anders, wenn aufmerksame Bürger mit
Zivilcourage uns mit wichtigen Hinweisen dienen, von denen wir als
Ermittler in ganz erheblichem Maße profitieren. Im vorliegenden Fall
halfen uns Zeugen an zusätzliche Informationen heranzukommen, die
uns tatsächlich relativ rasch und konkret weiterbrachten. Das Puzzle
der Indizien begann Form anzunehmen, als sich ein Parteifreund von
Waldner an uns Ermittler wandte und mitteilte, wie Rainer im Parteibüro mit einem Kleinkalibergewehr Schießübungen durchgeführt hatte,
und das angeblich nicht alleine. Mit von der Partie waren andere Parteifreunde und darunter wieder sein Freund Günther Messner. Als Zielscheibe hatten sie angeblich einige Bücher am Ende des Besprechungs-
raumes aufgestellt, eines von Jörg Haider, dem Chef der Schwester- oder
Mutterpartei in Österreich.

Daraus ergab sich die Notwendigkeit einer Durchsuchung des Partei-büros. Staatsanwalt Cuno Tarfusser, immer bei uns und mittendrin, stellte ohne lange zu fackeln den dafür erforderlichen Durchsuchungs-befehl aus. In den Räumlichkeiten fanden wir noch jene Bücher, die für Peter Paul Rainer und seine Freunde als Zielscheibe herhalten muss-ten und mehrere Einschüsse zeigten. Die Spurensicherung brauchte nicht lange, um eines der Projektile zu finden. Auf schnellstem Wege war das Projektil zur weiteren Untersuchung bei der Spezialabteilung für forensische Ballistik der Staatspolizei in Padua auf dem Labortisch gelandet. Die Gutachter hatten kein Problem festzustellen, dass das Pro-jektil aus dem Buch und jenes, das auf Waldner abgeschossen worden war, nicht nur das gleiche Kaliber hatten, sondern auch aus derselben Waffe abgeschossen worden waren. Jeder Lauf einer Waffe hinterlässt nämlich nach dem Abfeuern an den Projektilen eine einmalige Spur, vergleichbar mit einem Fingerabdruck.

Lokalaugenschein auf der Landesstraße nach Jenesien, unterhalb vom Reichrieglerhof: Kripochef Alexander Zelger wird von Journalisten befragt.

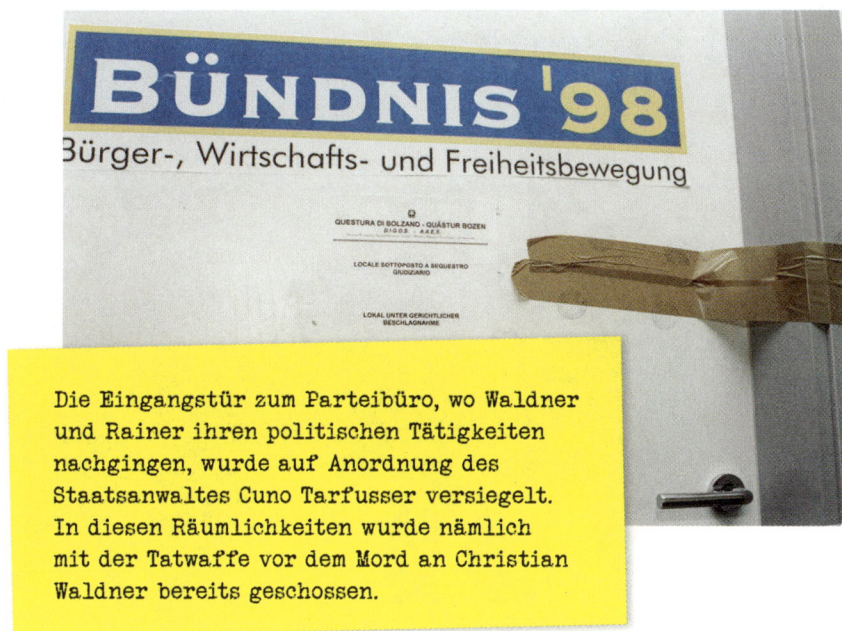

Die Eingangstür zum Parteibüro, wo Waldner und Rainer ihren politischen Tätigkeiten nachgingen, wurde auf Anordnung des Staatsanwaltes Cuno Tarfusser versiegelt. In diesen Räumlichkeiten wurde nämlich mit der Tatwaffe vor dem Mord an Christian Waldner bereits geschossen.

Staatsanwalt Tarfusser und ich waren selbstverständlich mit den ballistischen Ermittlungsergebnissen mehr als zufrieden, ja schon fast überglücklich. Jetzt war wohl doch der Zeitpunkt gekommen, mit den beiden Büroschützen Rainer und Messner ein klärendes Gespräch zu führen.

Währenddessen überschlugen sich die Ereignisse, denn etwa zur gleichen Zeit war die ff, das Südtiroler Politmagazin, sozusagen ein kleiner aber wichtiger Südtiroler Bruder des Wochenmagazins DER SPIEGEL, mit dem Titelbild von Peter Paul Rainer erschienen. Er war der Mann, der inzwischen für alle wahrnehmbar, ein besonders enges Verhältnis zu Waldner gehabt hatte. Unbeabsichtigt half das Bild in diesem Magazin uns das noch fehlende entscheidende Puzzlestück in den Ermittlungen auf einem Silbertablett serviert zu bekommen. Ein junges Paar aus dem Sarntal meldete sich bei uns in der Quästur, da es aufgrund dieses Fotos von Peter Paul Rainer denjenigen wiedererkannt hatte, der den Außenspiegel ihres Fahrzeuges angefahren hatte und zwar an dem Tag, an dem Waldner umgebracht worden war.

Das Zeugenpaar berichtete uns detailliert, was passiert war, denn sie vermuteten, dass es wichtig sein könne. Ihnen war an der gefährlich

Im Zuge des Prozesses wurden in der Selig-Heinrich-Straße die Aussagen des Zeugenpaares aus dem Sarntal mithilfe modellgleicher Autos überprüft. In der Mitte des Bildes ist Strafverteidiger Roland Riz erkennbar.

engen Stelle der Selig-Heinrich-Straße aus Richtung Sankt-Anton-Brücke im Norden der Stadt Bozen ein Fahrzeug viel zu schnell entgegengekommen. Dabei touchierte dieses den rechten Außenspiegel ihres Autos. Der ihnen bis dahin noch völlig unbekannte Lenker des entgegenkommenden Fahrzeuges hatte nicht einmal angehalten, und das empfanden die beiden als so frech, dass ihnen das Gesicht des Mannes in Erinnerung geblieben war. Dabei sollte erwähnt werden, dass an dieser besagten Stelle, wo die beiden Autos sich begegnet waren, es so eng ist, dass zwei Mittelklassewagen sehr schwer nebeneinander Platz haben und deshalb bei entgegenkommenden Fahrzeugen nur im Schritttempo vorbeigefahren werden kann. Bei diesem Manöver, also, waren die beiden Autolenker, Peter Paul Rainer und die Zeugen aus dem Sarntal, nicht einmal einen Meter entfernt, was zur sicheren

Wiedererkennung von Rainer seitens des Paares aus dem Sarntal führte. Diese Aussage, die die beiden gemacht hatten, ohne im Übrigen zu wissen, ob dadurch Rainer im Mordfall Waldner eventuell sogar be- oder entlastet werden könnte, war für uns deswegen so besonders wertvoll, weil dieser Vorfall in der Selig-Heinrich-Straße sich genau an dem Samstag gegen Mittag ereignet hatte, an dem Waldner erschossen worden war. Diese Zeugenaussage kam im richtigen Moment und sollte später das Lügengebäude für erfundene und vorgetäuschte Alibis kläglich zum Einsturz bringen.

Rainers Aussagen für den in Frage kommenden Samstag hätten, so war es geplant, beinhalten sollen, dass er zuerst den Vormittag mit seinem Freund Messner verbracht und anschließend einen Termin zu Mittag im Bozner Luxushotel Laurin wahrgenommen habe. Dort hatte er sich mit Vertretern eines Medienunternehmers getroffen und diese, wie wir rekonstruieren konnten, hätten bezeugen sollen, dass er nicht am Reichrieglerhof hätte sein können. Die Wahrheit war aber eine andere, wie die Ermittlungen erweisen sollten.

Am Samstagvormittag hatte Christian Waldner Peter Paul Rainer zu sich an den Reichrieglerhof beordert. Rainer sollte für ihn ein Fax verschicken und anschließend zusammen mit ihm ins Hotel Laurin fahren. Wir hatten aber mittlerweile feststellen können, dass Rainer alleine ins Hotel gefahren war, und das erklärte auch, warum er so durch die Selig-Heinrich-Straße gerast war. Im Laurin hatten diejenigen, die ihm unwissend das Alibi verschaffen sollten, schon gefragt, was diese unhöfliche Verspätung sollte.

Wir hatten also die beiden, Rainer und Messner, in die Quästur zur Zeugenvernehmung vorgeladen. Sie erschienen pünktlich. Ermittlungstaktisch, mit Tarfusser vereinbart, hatte ich mich entschieden, zunächst Günther Messner als Zeugen von einem meiner Mitarbeiter befragen zu lassen. Wie unter uns Ermittlern schon spekuliert worden war, hatte dieser angegeben, an besagtem Samstagvormittag mit Rainer zusammen gewesen zu sein und ihm damit ein Alibi verschafft. Das wurde so von meinem Mitarbeiter protokolliert und mir dann vorgelegt. Sofort fiel auf, dass sich die von Messner angegebenen Örtlichkeiten alle sehr weit weg von der Selig-Heinrich-Straße befanden. Entsprechend der Vereinbarung mit Staatsanwalt Tarfusser habe ich mir dann den Zeugen Messner selbst vorgenommen. Er wurde in mein

Büro begleitet, wo er an meinem Schreibtisch mir gegenüber Platz nahm. Das von ihm unterzeichnete Zeugenprotokoll hatte ich auf dem Schreibtisch sichtbar vor mir liegen. Ich sprach ihn direkt und mit ernster Miene an: „Lieber Herr Messner, ich muss Sie über die gravierenden strafrechtlichen Konsequenzen einer Falschaussage aufklären. Hier geht es um den Mord an Christian Waldner, nicht um Peanuts!"

Die Ermittlungen waren zu diesem Zeitpunkt so weit fortgeschritten, dass für uns am Aufenthalt von Rainer am späten Vormittag auf dem Reichrieglerhof kaum mehr Zweifel bestanden. Wo sonst hätte er auch sein sollen, wenn er bewiesenermaßen um zwölf Uhr die Selig-Heinrich-Straße Richtung Stadtzentrum befahren hatte? Der Blick auf den Stadtplan von Bozen zeigt sofort, dass die Selig-Heinrich-Straße und die Sankt-Anton-Brücke die kürzeste Strecke bilden, um vom Reichrieglerhof das Hotel Laurin schnellstmöglich zu erreichen. Damit stand auch fest, dass das Alibi, das nun Günther Messner dem Rainer gerade geliefert hatte, mit an Sicherheit grenzender Wahrscheinlichkeit nur falsch sein konnte.

„Lieber Herr Messner, Sie riskieren damit eine Anklage für Mittäterschaft bei dem Mord an Christian Waldner!" Ich klärte ihn auf, dass er jetzt noch straffrei die Möglichkeit habe, seine Aussage zu korrigieren. Messner brauchte daraufhin keine zwei Sekunden, um seine Aussage zu revidieren. Er erklärte, dass Rainer ihn als seinen Freund um diese Aussage gebeten hatte, um eine Zeitlücke am Vormittag zu überbrücken. Er rechtfertigte seine Falschaussage damit, dass er davon ausgegangen war, dass sein „Freund" eben nichts mit dem Tod Waldners zu tun haben könnte und er verhindern wolle, dass er überhaupt verdächtigt werden könne.

Mit der nun wahrheitsgetreuen Aussage Messners besprach ich mit Tarfusser die Lage und fragte ihn: „Sind wir jetzt soweit?" Und die Antwort des Staatsanwaltes war kurz und bündig: „Ja". Für ihn und mich waren die Indizien klar und erdrückend. Wir hatten ab diesem Moment keinerlei Zweifel mehr: Christian Waldner war von Peter Paul Rainer erschossen worden.

Bis zu jenem Zeitpunkt hatten wir ihn noch nicht verhört, da wir zunächst die Beweiskette schließen wollten. Wir gingen noch einmal die einzelnen Punkte durch: Erstens die Pressemitteilung kurz vor zwölf Uhr von Peter Paul Rainer im Reichrieglerhof abgeschickt, zweitens die passenden Aussagen der beiden Sarner über deren Begegnung mit Rainer in der Selig-Heinrich-Straße, drittens die Schießübungen mit dem Gewehr im Parteibüro, das als Tatwaffe ermittelt werden konnte, viertens die korrigierte Zeugenaussage von Messner mit dem falschem Alibi zugunsten von Rainer und fünftens das gefälschte Maturazeugnis, das sich Rainer durch Waldner erschwindeln konnte und mutmaßlich auch das Tatmotiv darstellte. Durch dieses gefälschte Dokument war Rainer von Waldner total abhängig und jederzeit erpressbar geworden.

Aus unserer Sicht war damit eigentlich schon alles klar. Wir kamen zum vermeintlich letzten Akt in diesem Drama und schritten zur Tat. Aufgrund der Lehrtätigkeit von Rainer an der Universität Innsbruck und der schwerwiegenden Anschuldigungen, die sich aus unseren Ermittlungen ergaben, bestand konkret Fluchtgefahr, möglicherweise ins Ausland. Die sofortige Ausstellung eines Haftbefehls war somit für Staatsanwalt Cuno Tarfusser zwingend geworden.

Peter Paul Rainer hatte bis dahin brav in einem Warteraum der Quästur gewartet, um als Zeuge vernommen zu werden. Wir holten ihn in mein Büro, aber nicht als Zeuge, sondern als den von uns ermittelten Mörder von Christian Waldner.

Staatsanwalt Cuno Tarfusser, der von Ermittlungsbeginn an unsere bescheidenen Räumlichkeiten der Quästur zu seinem neuen Hauptquartier gemacht hatte, konfrontierte ihn, ohne lange auszuschweifen, mit unseren Ermittlungsergebnissen, die ihn zur Ausstellung eines Haftbefehls gegen seine Person veranlasst hatten. Peter Paul Rainers erste Reaktion war: „Ich habe damit nichts zu tun." Entsprechend der Strafprozessordnung forderte Tarfusser ihn auf, einen Strafverteidiger zu benennen. Peter Paul Rainer wählte wie aus der Pistole geschossen, als hätte er mit dieser Entwicklung irgendwie schon gerechnet, unverzüglich den Rechtsanwalt Sandro Canestrini zu seinem Verteidiger. Rechtsanwalt Canestrini war in ganz Italien und besonders in Südtirol hochgeschätzt. Sein Motto: „Ich kämpfe für die Freiheit, Brüderlichkeit und Gerechtigkeit!" 1993 ehrte ihn der Südtiroler Schützenbund mit dem „Ehrenkranz" für „die Verteidigung der demokratischen Bürgerrechte". 2006 wurde ihm das „Verdienstkreuz des Landes Tirol" verliehen, mit der Begründung, unter anderem „immer auf der Seite der Minderheiten und Ausgegrenzten gestanden zu sein".

Canestrini war aber nicht sofort auffindbar. Es war bereits spät abends geworden. Damals, wir befanden uns zwar nicht mehr im Mittelalter, herrschte zum Glück noch nicht der Zwang, überall und sofort erreichbar sein zu müssen, und man konnte, wenn man wollte, sich auch noch ganz ins eigene Privatreich zurückziehen.

Peter Paul Rainer war ab sofort in Haft, wurde aber nicht sofort ins Bozner Gefängnis überstellt, da er vorher noch mit seinem Verteidiger Canestrini sprechen wollte. Daher musste er bei uns unter strenger Aufsicht verbleiben. Zwei meiner Kriminalbeamten wurden von mir mit der Überwachung beauftragt. Etwas später, wir warteten noch müde, aber auch ungeduldig auf den Strafverteidiger, verspürte ich das irgendwie menschliche Bedürfnis, mit Rainer ins Gespräch zu kommen. Für mich war er in diesem Moment nur eine arme Haut, wie man bei uns zu sagen pflegt, womit ich keinesfalls ein Verbrechen rechtfertigen oder verharmlosen will. Aber solche Regungen gibt es nun mal auch bei einem Kommissar. Ich übernahm die Aufsicht und erlaubte den Beamten, eine Zigarette rauchen zu gehen. Peter Paul Rainer saß in einem wenige Quadratmeter großen, schwach beleuchteten Büro der Drogenabteilung, das einzige noch frei zur Verfügung stehende.

Bevor ich mich mit dem Verhafteten auch nur über belangloses Zeug unterhalten wollte, klärte ich ihn noch auf, dass alles, was er mir jetzt auch zur Sache sagen würde, nach der geltenden Strafprozessordnung nicht gerichtsverwertbar sein würde. Das Gesetz verbietet mir unmissverständlich, die Aussagen eines Verhafteten vor einem Richter wiederzugeben. Infolge dessen könne alles, was wir unter uns besprechen würden, und deshalb unterstrich ich das ganz besonders, niemals im Prozess wiedergegeben werden, egal in welcher Form auch immer. Diese strenge Regel dient zum Schutz der Verteidigung der Angeklagten innerhalb unserer Strafprozessordnung.

In diesem Mordfall ging es mir dennoch ganz persönlich noch um das Warum. War das Tatmotiv nur das gefälschte Maturazeugnis? War es der wirkliche Grund und Auslöser dieses menschlichen Dramas? Immer wieder die gleiche Frage: Konnte so etwas als Tatmotiv für einen Mord ausreichen, um aus einem Menschen einen Mörder zu machen? Ich hatte mich inzwischen zu ihm gesetzt und ihn ganz einfach gefragt: „Warum?" Zu diesem Zeitpunkt war er zwar schon verhaftet, hatte aber vor dem Staatsanwalt noch alles geleugnet. Ich versuchte ihm zu

Lokalaugenschein des Schwurgerichtes an der Landesstraße nach Jenesien; Peter Paul Rainer wird von Gefängniswärtern begleitet.

verstehen zu geben, dass gegen ihn handfeste Beweise vorliegen würden, die absolut keinen Zweifel mehr daran ließen, dass er der Täter sei. Und dann machte ich ihm meine persönliche Betroffenheit über diese menschliche Tragödie deutlich. Mich würde eigentlich nur das Tatmotiv interessieren, legte ich ihm nahe und fuhr los: „Schließlich wart ihr nicht nur Parteifreunde, sondern auch richtige Kumpels. Wie konnte so etwas passieren, … unter Freunden?" Rainer blieb mehrere, für mich ewig lang dauernde Minuten still. Wollte er sich einfach weiter in Schweigen hüllen? Ich würde ihn niemals dazu zwingen wollen oder können, sich mit einer Aussage selbst zu belasten. Er wirkte verständlicherweise mit seinen Gedanken weit weg, völlig abwesend. Er war ein gebrochener Mann. Aber dann, bis dahin saß Rainer nach vorne gebeugt, mit den Ellenbogen auf seinen Knien und seinen Kopf in die Hände gestützt, nahm er sitzend eine aufrechte Haltung ein, atmete tief durch und flüsterte mir zu: „Das kann sich niemand vorstellen. Die letzten drei Jahre nur Kopfschmerzen, brutale Kopfschmerzen, als würde in jedem Augenblick mein Schädel explodieren. Und dafür war er, nur er verantwortlich!" Wieso er, fragte ich ihn? „Mit dem Sieg Waldners bei den letzten Landtagswahlen war mir plötzlich klargeworden, dass ich ab da an nur noch sein Hampelmann sein würde, immer in seinem Schatten sein werde, nie mehr unabhängig von ihm politisch etwas werden kann, für mich war alles aus. Für jede noch so dämliche Pressemitteilung oder Rede musste ich zu ihm laufen und diese schreiben." Es kam wieder zu einer längeren Pause, die ich nicht unterbrechen wollte. Ich merkte es ihm an, er war total fertig und mit den Nerven am Ende. Dann nahm er das Gespräch wieder auf: „Ich allein habe ihm den Weg zum Wahlsieg geebnet, aber damit meinen politischen Selbstmord verursacht." Er hielt sich dabei wieder den Kopf mit beiden Händen. In dem Moment tat er mir wirklich sehr leid. Ich habe ihm dann nochmal versichert, dass ich kein Wort von dem, was er mir gerade zugetragen hatte, dem Richter mitteilen würde, und so war es auch.

Wir waren alle geschockt. Es war mittlerweile sehr spät geworden. Rainer reagierte kaum noch auf das, was um ihn herum weiter geschah. Die schwere Anschuldigung, die wir ihm zur Last gelegt hatten, bei dieser erdrückenden Menge an Beweisen, wirkte auf ihn wohl zerschmetternd. Aber Peter Paul Rainer hatte ja den Wunsch geäußert, sich vor der Inhaftierung mit seinem Strafverteidiger, dem Rechtsanwalt Canestrini austauschen zu dürfen. So blieb uns nichts anderes übrig, als auf ihn zu warten. Nebenbei hatte Staatsanwalt Tarfusser darum gebeten, auf das Anlegen von Handschellen zu verzichten, obwohl er in Haft genommen war. Ich stimmte zu, da keine besondere Gefahrenlage bestand.

Den in der Nachbarprovinz lebenden Sandro Canestrini zu finden, war für uns nicht das Einfachste. Es war nachts, sein Telefon ausgeschaltet und er hatte auch keinen Bereitschaftsdienst. Unsere Kollegen von der Quästur in Trient fuhren direkt zu ihm nach Hause. In der Nähe von Rovereto konnte er zu Hause angetroffen und direkt, ohne weitere Verzögerung, zu uns in die Quästur nach Bozen gefahren werden. Es war mittlerweile kurz nach Mitternacht. Der Anwalt wurde vom Staatsanwalt umfassend über die Lage in Kenntnis gesetzt. Beide waren sich einig, dass ein Geständnis abzulegen das Beste sei, da dadurch das Strafmaß erheblich reduziert werden könnte. Staatsanwalt

Tarfusser sicherte Canestrini zu, vor dem Schwurgericht in diese Richtung sein Einverständnis zu geben, da wir alle davon überzeugt waren, dass es sich um eine Verzweiflungstat gehandelt hatte. Canestrini bat daraufhin, sich mit dem Tatverdächtigen unter vier Augen zurückziehen zu dürfen. Das Vieraugengespräch von Peter Paul Rainer mit seinem Anwalt währte relativ kurz, und als Letzterer zurückkam, setzte er uns darüber in Kenntnis, dass sein Mandant ein volles Geständnis ablegen möchte. Das wurde auch sofort bei mir im Büro abgelegt und von Tarfusser selbst protokolliert.

Das Geständnis Rainers bestätigte all unsere gesammelten Erkenntnisse und unterschied sich in nichts von unseren Ermittlungsergebnissen. Waldner hatte tatsächlich Rainer am Vormittag des verhängnisvollen Samstages angerufen und zu sich befohlen. Er sollte ihm noch schnell eine Pressemitteilung verfassen und per Fax an die Medien verschicken. Rainer war gegenwillig zum Reichrieglerhof hinaufgefahren und hatte in seinem Kofferraum auch sein Kleinkalibergewehr verstaut.

Wie er uns im Verlauf des Verhöres erzählte, war es nicht das erste Mal, dass er die Tatwaffe mitgenommen hatte, wenn er zu Waldner am Reichrieglerhof musste. Es war nämlich auch nicht das erste Mal, dass er mit Tötungsabsichten und bewaffnet zu Waldner gefahren war. Bis dahin aber war es bei diesem inneren Kampf nie zur Ausführung der Tat gekommen. Es überwogen bis dahin immer noch seine Hemmungen, den Mord wirklich zu begehen. Außer eben an dem besagten Samstag, an dem bei ihm alle Notbremsen versagten. An dem Tag war ihm endgültig der Kragen geplatzt. Es hatte sich wieder einmal, so Peter Paul Rainer, ein Streit über Inhalte und Formulierungen bezüglich der Pressemitteilung über das alltägliche Problem der illegalen Einwanderung entfacht. Dieser letzte Streit, nicht heftiger und gleich unbedeutend wie alle anderen zuvor, durchbrach aber diesmal seine bis dahin ihn rettenden Skrupel. Nach der Versendung der Pressemitteilung, nicht einmal das, beklagte Rainer, wollte Waldner selbst erledigen, wurde die Auseinandersetzung heftiger. So sei er zum Wagen gelaufen, und während Waldner noch in seiner „Besenkammer" die Blätter der Pressemitteilung einsammelte, holte Rainer das Gewehr aus dem Kofferraum.

Dann ging alles total schnell, gestand Rainer, wie automatisch, so wie ohne eigene Willenskraft, als habe er buchstäblich den Verstand verloren und nur noch gefühlsmäßig gehandelt. Mit dem Gewehr schussbereit in seinen Händen, begab er sich wieder zu Waldner. Es handelte sich um jenes Gewehr, präzisierte Rainer, das er und seine Kumpels bei den Schießübungen im Parteibüro benutzt hatten. Im Eingangsbereich der Rezeption trafen sie sich erneut und schauten sich gegenseitig in die Augen. Christian Waldner stand hinter der Theke der Rezeption am Büroeingang, Peter Paul ihm gegenüber mit dem Gewehr in seinen Händen. Christian Waldner realisierte erst jetzt, dass Peter Paul Rainer mit einem Gewehr auf ihn zielte.

Er, so beschrieb Rainer den Tathergang, drückte fast ungewollt fünf Mal ab. Christian Waldner sackte tot zusammen, zwischen Theke und Bürotür. An beiden Beinen hatte er dann den Toten rückwärts in das Büro gezogen, sodass der Kopf direkt hinter der Tür zu liegen kam. Dann packte er seine Papiere, um zu vertuschen, dass er überhaupt da gewesen war, und mit anderen Blättern versuchte er, irgendwie das Blut auf dem Boden im Türbereich wegzuputzen. Hektisch sperrte er die Bürotür zu, nahm den Schlüssel mit, verstaute das Gewehr wieder im Kofferraum und legte die zum Teil blutbefleckten Zettel auf den Nebensitz seines Fahrzeugs. Während der rasanten Fahrt talabwärts Richtung Bozen, nach dem letzten Tunnel, warf er die Zettel, ohne anzuhalten durch das Autofenster des Beifahrersitzes in die tiefe Fagenschlucht. Diese Zettel konnten wir dann, mit der Hilfe der Bozner Berufsfeuerwehr, doch noch sicherstellen. Nur mehr wenige Kilometer und er erreichte die Sankt-Anton-Brücke an dem nördlichen Ende von Bozen und wenige Augenblicke später die Selig-Heinrich-Straße, wo er das besagte entgegenkommende Auto der aufmerksamen Sarner touchierte. Letztendlich erreichte er etwas verspätet das Bozner Luxushotel, wo er beim bereits erwähnten Termin anwesend sein wollte.

Als Tatmotiv bestätigte Rainer uns, dass er von Waldner wegen der Sache mit dem gefälschten Maturadiplom vollständig abhängig bzw. erpressbar geworden war. Er wiederholte, dass sich seine politischen und professionellen Ambitionen bei Bekanntwerden des auf betrügerische Weise erhaltenen Schulabschlussdiploms wie Schnee in der Sonne dahinschmelzend in Nichts auflösen würden. Er war daher in eine für ihn ausweglose Situation geraten. Er konnte oder wollte nicht weiter unter diesem ständigen, für ihn unerträglichen Druck leben.

Die blutbeschmutzten Notizblätter des Peter Paul Rainer in der Fagenschlucht unter der Landesstraße nach Jenesien

Auf Wunsch von Peter Paul Rainer hatten wir nur die Eltern, aber nicht seine Frau verständigt. Noch vor Tagesanbruch kamen der Vater und der Bruder zu uns in die Quästur. Die Angehörigen durften ausnahmsweise mit Peter Paul sprechen. Die Atmosphäre war trotz dieser Tragödie und der allgemeinen Erschöpfung irgendwie unwirklich entspannt, in jeder Beziehung unaufgeregt. Es herrschte Fassungslosigkeit und Trauerstimmung beim Vater und beim Bruder, aber keiner der beiden stellte die objektiven Tatsachen infrage und sie schienen die sich daraus ergebenden Folgen zu akzeptieren. Auf eine sofortige Hausdurchsuchung verzichteten wir auch deshalb.

Wir hatten das Geständnis und das Tatmotiv, und für uns Ermittler war der Fall damit geklärt. Diese Sicherheit aber löste bei uns ungewollt eine totale Entspannung aus. Staatsanwalt Tarfusser und ich waren uns einig, dass es nicht notwendig sei, den „armen" geständigen Peter Paul Rainer mit weiteren nervenden polizeilichen Formalitäten zu quälen.

Tarfusser und ich wollten ihn auch die humane Seite der Staatsgewalt erleben lassen.

Das war ein großer Fehler, wie sich im Nachhinein herausstellen sollte! Wir waren fast am Ende des Verhörs. Aber da fehlte noch eine Sache, um den Fall aus Sicht der Kriminalpolizei wirklich vollständig abschließen und den weiteren Verlauf endgültig dem Gericht überlassen zu können: die Tatwaffe! Tarfusser bat Rainer, meine Leute zum Versteck zu begleiten. Er stimmte gleich zu. Ich organisierte meine Beamten, acht an der Zahl, einschließlich des Personals der Spurensicherung, auf drei Dienstfahrzeuge aufgeteilt. Rechtsanwalt Canestrini fuhr nach Hause, Staatsanwalt Tarfusser begab sich kurz zu seinem Vorgesetzten Oberstaatsanwalt Martin und ich lehnte mich total ermüdet in meinen Bürosessel und wartete auf meine Mitarbeiter mit der Tatwaffe.

Peter Paul Rainer führte die Gruppe zu einem Waldstück in der Nähe des bekannten Schlosses Sigmundskron, kurz außerhalb von Bozen Richtung Girlan. Vor dem Schloss wurden die Fahrzeuge abgestellt, und dann mussten sie zu Fuß in den Wald gehen. Abseits von Straßen, Forstwegen und Wanderwegen, weiter durch Gestrüpp, begleitete Rainer meine Leute zu der Stelle, wo er das Gewehr sorgfältig in mehreren Nylonsäckchen verpackt eingegraben hatte. Niemals und niemand hätte dieses Versteck, auch nicht per Zufall, finden können. Mittlerweile war es sieben Uhr morgens. Rainer zeigte auf die Stelle des Waffenversteckes in einer kleinen natürlichen Bodensenke unter Steinen, Moos und morschem Gehölz.

Sobald die Waffe etwas freigeräumt und sichtbar wurde, wollten die Beamten der Spurensicherung mit ihrer Arbeit beginnen. Das heißt, zuerst die Fotos der Fundstelle machen für die Dokumentation zur Sicherstellung, und im Anschluss die Waffe so behutsam wie möglich in eine sterile Verpackung schließen, damit in den Labors der Quästur eventuelle Fingerabdrücke fachgerecht sichergestellt werden konnten.

Aber ein Kurzschluss schlug in den übermüdeten Köpfen meiner Leute ein. Während die Beamten der Spurensicherung ihre Nasen noch in dem Koffer hatten und das passende Objektiv suchten, passierte das, was kein Regisseur einer noch so billigen Krimiserie als filmtauglich drehen würde. Einer meiner Leute hatte bereits die Tatwaffe in seine bloßen Hände genommen und diese wie eine Trophäe meinen anderen Männern weitergegeben, die sie, ebenfalls in ihren Händen haltend, begutachteten. Die lauten Flüche der Beamten der Spurensicherung kamen zu spät.

Eine derartige Panne hätte ich mir nie vorstellen oder erdenken können. Sie beeinträchtigte unsere Ermittlungsergebnisse nicht, und auch die Überführung des Täters war durch diesen groben Patzer in keinem Moment gefährdet. Aber die Presse fand hiermit, gerechtfertigterweise, Anlass Kritik uns gegenüber auszuüben und auch teils heftige Polemiken zu entfachen. Ich übernahm die volle Verantwortung und dachte nicht ein einziges Mal dran, irgendwelche Schuldigen unter meinen Mitarbeitern zu suchen.

Dieser einzige, aber grobe Fehler in unseren Ermittlungen war mit Sicherheit die Folge der Müdigkeit, aber vor allem der zu entspannten und zu lockeren Atmosphäre, die sich unter uns und um Peter Paul Rainer verbreitet hatte. Nach der Festnahme hatte er doch ein volles Geständnis abgelegt und somit den Willen zur uneingeschränkten Zusammenarbeit mit den Ermittlern bekundet. Auch sein

Montiggler Wald/Schloss Sigmundskron: Von hier,
durch Gebüsch, führte Peter Paul Rainer die
Kriminalbeamten zum Versteck der Tatwaffe.

Strafverteidiger Sandro Canestrini, dessen intellektuelle und persönliche Integrität niemand auf dieser Welt hätte anzweifeln können, hatte
uns das zugesichert.

Als ich gleich danach in der Quästur von diesem Missgeschick
erfuhr, lief ich zuerst grün, dann weiß und dann rot an, entsprechend
den Nationalfarben der Fahne, auf die wir alle vereidigt waren. Die
Abnahme der Fingerabdrücke wäre zwar erfolglos geblieben, wie sich
nach Jahren herausstellen sollte, aber das konnten wir vor Gericht
nicht mehr verwerten. Im Nachhinein, nämlich, konnten wir noch
herausfinden, dass Peter Paul Rainer, als er das Gewehr im Waldver-
steck deponierte, Einmalhandschuhe getragen und es vorher gründ-
lich geputzt hatte, um Fingerabdrücke zu entfernen. Das heißt, die
kriminaltechnische Panne hatte keine negativen Folgen, entgegen den
Behauptungen einiger bösen Zungen. Aber das tröstete mich wenig.
Der Italiener sagt gewöhnlich zu so was: *Ma la frittata ormai è fatta!"*
(Auf Südtiroler Deutsch so ungefähr wie: „Wir haben bereits den
Schmarrn!"). Trotz fehlender Fingerabdruckabnahme war der Fall

einwandfrei geklärt. Peter Paul Rainer war ja anhand der eindeutig belastenden Ermittlungsergebnisse festgenommen worden, schon vor seinem Geständnis. Dieses hatte er erst in einem zweiten Moment auf Anraten seines Rechtsanwaltes abgelegt, weil eben ein Geständnis von einem Gericht als strafmildernd gewertet wird. Peter Paul Rainer wurde dann in das Bozner Gefängnis abgeführt.

Schade, es fehlte mir somit die allerallerletzte Feinheit, um von einer perfekten Ermittlungsarbeit sprechen zu können. Wenigstens der Versuch, eventuell vorhandene Fingerabdrücke abzunehmen, gehört zu einer kriminalpolizeilichen Ermittlungtätigkeit an vorderste Stelle. Außer der Müdigkeit und der erwähnten entspannten Stimmung gab es keine Rechtfertigung für solch einen Patzer. Die weiteren Ermittlungen in Bezug auf die Tatwaffe wurden erledigt. Bald hatten wir herausfinden können, von wem und wann er dieses Gewehr der Marke Norinko gekauft hatte: Sein Burggräfler Schützenkamerad und Studienkollege Karl Schnittler hatte ihm die Tatwaffe besorgt.

Peter Paul Rainer saß nun im Bozner Gefängnis, aber für mich war noch nicht Feierabend. Gleich danach, um elf Uhr, folgte wie üblich eine Pressekonferenz in der Quästur. Es blieb mir nicht viel Zeit, mich frisch zu machen, ein frisches Hemd, eine neue Krawatte und einen dunklen Anzug anzuziehen. Wie wichtig das ist, habe ich schon dargelegt. Wir waren alle erleichtert und zufrieden, innerhalb von sieben Tagen den aufsehenerregenden Fall gelöst zu haben.

Tarfusser, auch gelassen und mit uns zufrieden, genehmigte sogar auf Anfrage des nationalen Fernsehsenders RAI TG3 ein Interview mit Peter Paul Rainer, im Gefängnis durch den Journalisten Fiorilli, und das nur wenige Tage nach seiner Inhaftierung. Selbst bei dieser Gelegenheit und diesmal sogar vor laufender Kamera schilderte er genau den Tathergang und wiederholte öffentlich, in all seinen Einzelheiten, sein Geständnis. Auch die Bevölkerung wurde somit direkt von Peter Paul Rainer darüber informiert, wie er seinen Parteifreund Christian Waldner erschossen hatte. Alle unsere Ermittlungsergebnisse hatte er infolgedessen auch der Öffentlichkeit gegenüber bestätigt. Ausgesprochen bedeutend war Rainers Aussage, wie er das Opfer an den Füßen ins Büroinnere hineingezogen hatte. Dieses Detail, die unnatürliche verkehrte Position der Leiche mit dem Kopf zur Tür stoßend, konnte nur der Täter kennen. Eine Person, die von vorne

Die Pressekonferenz in der Quästur Bozen, nach der Festnahme von Peter Paul Rainer. Kollege Mamani zeigt der Presse die Tatwaffe.

aus der Nähe angeschossen wird, fällt immer nach hinten. Aber Peter Paul Rainer wollte die Leiche verstecken und hatte sie an den Füßen ins Büro hineingezogen, wo sie dann eben umgekehrt lag.

Als Tatmotiv gab er nochmals das an, was er mir bereits unter vier Augen erzählt hatte: die unerträglichen Kopfschmerzen, die er wegen Waldners mehr oder weniger offenen Druck erleiden musste. Und alles wegen der Idee mit dem gefälschten Maturazeugnis. Er fühlte sich von Waldner immer erpressbar. Ganz Italien und ganz Südtirol konnte dieses Interview aufmerksam verfolgen. Niemandem war dabei die ehrlich klingende, deutliche Bitte um Entschuldigung von Peter Paul Rainer an den Vater von Christian Waldner, seinen Sohn erschossen zu haben, entgangen.

Aber dann entwickelte sich etwas, womit niemand gerechnet hatte. Der Journalist Artur Oberhofer, der von der Neuen Südtiroler Tageszeitung mit der Berichterstattung des Falles betraut worden war, hatte von Anfang an eine eher eigenartige, kritische Meinung vertreten. Wie ein Blitz aus heiterem Himmel gab er die Neuigkeit über seine Tageszeitung bekannt: Peter Paul Rainer nimmt das Geständnis zurück und verkündet seine totale Unschuld im Mordfall Waldner. Nur wenige Tage vorher hatte mich der Journalist mit einem herausfordernden Gesichtsausdruck gefragt, was ich denn davon halten würde, wenn Rainer sein Geständnis widerrufen und sich als unschuldig erklären würde. Ich lachte nur und dachte mir, das wäre wohl unklug. Genau das war aber zwischenzeitlich, während ich noch nichts davon ahnen konnte, schon geplant. Rechtsanwalt Sandro Canestrini selbst war nicht nur überrascht, sondern empört, wurde mir mitgeteilt. Ihm, seinem Vertrauensanwalt, hatte Peter Paul Rainer auch gestanden, Christian Waldner ermordet zu haben. Canestrini, Träger des Verdienstkreuzes des Landes Tirol und vieler anderer Ehrenauszeichnungen, wollte augenscheinlich „da" nicht mitmachen und gab sein Mandat umgehend auf.

Sein Platz als Strafverteidiger wurde vom Ex-Senator und ehemaligen Obmann der Südtiroler Volkspartei, Rechtsanwalt Roland Riz, eingenommen, also von einer innerhalb und außerhalb Südtirols bekannten und äußerst einflussreichen politischen und von der gesamten Bevölkerung hochgeschätzten Persönlichkeit.

Aber was mit diesem Strategiewechsel bezweckt werden sollte, hatte ich damals und habe ich bis heute nicht verstanden. Wir von Seiten der ermittelnden Polizeibehörde waren außerstande, irgendwelche logische Beweggründe zu erkennen. Der Fall war schließlich ermittlungstechnisch einwandfrei und zweifellos gelöst worden. Er hatte sich vergleichsweise auch nicht besonders kompliziert oder schwer dargestellt. Ich wäre in meiner Laufbahn froh gewesen, wenn alle unsere Mordfälle so einfach zu lösen gewesen wären.

Mit dem Widerruf des Geständnisses hat sich Peter Paul Rainer meiner Meinung nach einen Bärendienst erwiesen. Diese neue Verteidigungsstrategie brachte ihm, wie er auch später realisieren musste, keine sichtbaren Vorteile. Eigentlich kostete ihm diese finanziell und gesellschaftlich eine Menge, und was das Strafmaß betrifft, mit Sicherheit viele weitere Jahre hinter Gitter. Nach Durchlaufen aller Instanzen fiel seine definitive rechtskräftige Verurteilung letztendlich härter aus und wurde mit einem weit höheren Freiheitsentzug im Gefängnis bestraft, als von seinen Beratern vielleicht spekuliert: 20 Jahre und sechs Monate Haft.

Aber man kann ja nicht und muss auch nicht immer alles verstehen. Warum Peter Paul Rainer, eigentlich eine intelligente Person, sein Geständnis, das er zuvor sogar im nationalen Fernsehen RAI TG3 vor laufender Kamera und damit vor einem Millionenpublikum wiederholt hatte, in einem zweiten Moment zurückgezogen hat, blieb also ein Rätsel, das erneut Anlass zu wilden Spekulationen gab. Von da an mussten seine Strafverteidiger gegen einen Berg beweisfester Tatsachen, glaubwürdiger Zeugenaussagen und objektiver Ermittlungsergebnisse ankämpfen. Sieglos! Schließlich endete dieser unglückliche Programmwechsel mit einer herben Niederlage des Angeklagten.

Seine ursprüngliche, von uns als ehrlich eingeschätzte bedauernde Haltung, sein lückenloses Geständnis, seine psychischen Probleme und die an den Vater von Christian Waldner öffentlich gerichtete Bitte um Entschuldigung wären mit größter Wahrscheinlichkeit vor dem Schwurgericht als strafmildernd bewertet worden. Rechtsanwalt Canestrini und Staatsanwalt Tarfusser hatten damals mit einer

Gefängnisstrafe von höchstens elf Jahren gerechnet. Was hatten sich wohl Staranwalt Roland Riz, der Journalist Artur Oberhofer und der Täter Peter Paul Rainer dabei erhofft? Welche Rechnung ging ihnen nicht auf? Ich habe keine Ahnung und kann es bis heute nicht nachvollziehen! Ehrlich gesagt, mich interessiert es auch nicht großartig!

Eine Rolle konnte vielleicht sein psychischer Zustand gespielt haben. Beim Schreiben dieses Buches sind mir nämlich unglaubliche Details zugetragen worden, die seine gesundheitlichen Probleme von damals noch klarer erkennen lassen. Ich erhielt die Bestätigung, in welch schlechter psychischer und gesundheitlicher Verfassung sich Peter Paul Rainer in den Jahren vor dem Mord befunden hat. Und das stimmte auch mit dem überein, was er mir in der Nacht nach der Verhaftung erzählt hatte, damals, als er mir fast leidtat. Damals, wie erwähnt, hatte er mir, als ich mit ihm allein im Büro saß, ausführlich dargelegt, wie er sich wegen des gefälschten Maturadiploms von Waldner ständig und das seit Jahren, erpresst gefühlt hatte und, dass er deswegen andauernd unter unerträglichen Kopfschmerzen litt.

Fassungslos war ich aber, als mir aus sicherer Quelle berichtet wurde, wie er seine psychischen Probleme in den Griff zu bekommen versuchte, nämlich nicht nur durch eine Therapie bei einem Arzt oder Psychologen. Die angeblich rettende Kur, die ihm eine Bozner Allgemeinärztin verschrieben hatte, die für ihre besonders seltsamen Heilmethoden stadtbekannt ist, sollte aus dem Auflegen eines Bergkristalls bestehen, die der gequälte Rainer, so lautete der ärztliche Rat, wegen dessen anscheinend positiv wirkender Kräfte auf seinen nackten Brustkorb legen sollte. Das tat er dann auch fleißig, so meine Vertrauensperson, täglich. Mit diesem Bergkristall auf dem nackten Brustkorb sollte er in der Sonne liegen. Dabei könnten, so seine Vertrauensmedizinerin, sein Körper und sein Geist die heilende Energie der Sonne aufnehmen.[1] Wie dieser Bergkristall, aber auch das von ihr durchgeführte Schröpfen die Fälschung eines Maturazeugnisses – der Ärztin war dieses Detail offensichtlich nicht bekannt – hätten rückgängig machen sollen und die Kopfschmerzen beseitigen, bleibt ein Geheimnis. Fest steht, dass zwei Wochen nach der letzten „therapeutischen Kristallauflegung" Peter Paul Rainer seinen Parteikollegen Christian Waldner erschossen hat.

---

1 Dem Autor liegt eine schriftliche Bestätigung dieser Angaben vor.

DANK AN …

„Mario, hilfst du mir, wenn ich ein Buch über meine Arbeit als Kripochef in Südtirol schreibe?" Prompt kam seine Antwort: „Ja gerne!" So hat mein Erlebnis 2021 als Buchautor begonnen. Ohne meinen Freund Mario Horst Lanczik hätte ich wohl nie meine Idee realisieren können.

So spazierte ich mit meinem Manuskript, etwas angespannt und sehr neugierig auf die Reaktionen, zum Athesia-Tappeiner Verlag. Toni Ebner, Ingrid Marmsoler und Stephan Leitner brachten Familiarität in die Gesprächsrunde und ermöglichten, professionell, aber unkompliziert zugleich, mein Vorhaben. Ich durfte in die Fotoarchive der Tageszeitungen Dolomiten und Alto Adige schnuppern und eindrucksvolle Fotos aussuchen, die nun mein Buch schmücken. Das Coverbild ist ein tolles Werk von Markus Perwanger, der mich an einem Nachmittag bei mir zu Hause überfiel und über hundert Fotos machte.

Rechtsanwalt Andreas Tscholl war der erste, der mein Buch kritisch lesen musste, und er fand es toll.

Besonders gerne nutze ich diese Gelegenheit, um all meinen ehemaligen Mitarbeitern der Kriminalpolizei bei der Quästur Bozen ein großes Lob und ein dickes Vergelt's Gott auszusprechen. Zusammen haben wir die Erfolge erreicht, zusammen haben wir Tag und Nacht durchgearbeitet, um heikle Fälle zu lösen. Zusammen haben wir es geschafft, dem enormen Leistungsdruck, nicht selten fast unmenschlich, standzuhalten. Einige sind leider nicht mehr unter uns, aber ihr freundliches Lächeln und unermüdlicher Einsatz bleibt stets in meinen Gedanken verankert.

Danke an alle

Alexander Zelger, Jahrgang 1958, geb. in Bozen und auch dort aufgewachsen, besuchte die Handelsoberschule in Bozen. Zunächst hatte er sich zu einer Ausbildung als Ragioniere und Bankkaufmann entschlossen. Neben Arbeit und Familie begann er das Studium für Rechtswissenschaften an der Universität Modena, wo er 1989 promoviert wurde. Während des Universitätsstudiums reifte in ihm der Gedanke, bei der Kriminalpolizei für die höhere Laufbahn einzusteigen. Bei dem Wettbewerb auf 190 Stellen für diesen Dienst bewarben sich fast 6000 Kandidaten. Zelger schaffte es beim ersten Anlauf. Danach machte er eine neunmonatige Ausbildung in Rom und kam 1990 als erster deutschsprachiger Kriminalkommissar nach Südtirol zurück. 1992 wurde Zelger zum ersten Südtiroler Kripochef ernannt.

Von Ende 1997 bis 2015 wurde er als Verbindungsbeamter, Sicherheitsexperte und Botschaftsattaché des Italienischen Innenministeriums nach Deutschland und nach Österreich abkommandiert. Beim Bundeskriminalamt in Wiesbaden in Hessen und beim Bundeskriminalamt in Wien war Zelger vor allem im Kampf gegen die italienische Mafia eingesetzt.

**Bibliografische Information
der Deutschen Nationalbibliothek**
Die Deutsche Nationalbibliothek verzeichnet diese
Publikation in der Deutschen Nationalbibliografie;
detaillierte bibliografische Daten sind im Internet
abrufbar: http://dnb.d-nb.de

1. Auflage 2023
© Athesia Buch GmbH, Bozen

Bildnachweis
Umschlag vorne: Markus Perwanger
Umschlag hinten: Fotoarchiv der Tageszeitung „Alto Adige"
Innenteil: Dolomitenarchiv; Fotoarchiv der Tageszeitung „Alto Adige"; Markus Perwanger: S. 6, 223;
© 2009 Autonome Provinz Bozen – Audiovisuelles Zentrum (Fotogramm aus dem Dokumentarfilm
„Condominio Bolzano. Architettura e società" von Andreas Perugini und Luciano Stoffella): S. 80

Design & Layout: Athesia-Tappeiner Verlag
Bildbearbeitung: Typoplus, Frangart
Druck: Finidr, Tschechien
Papier: Innenteil und Vorsatz Munken Print White

Gesamtkatalog unter
www.athesia-tappeiner.com

Fragen und Hinweise bitte an
buchverlag@athesia.it

ISBN 978-88-6839-691-6

MIX
Aus verantwortungs-
vollen Quellen
FSC® C014138

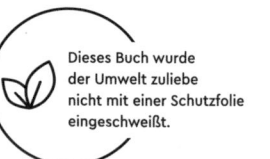

Dieses Buch wurde
der Umwelt zuliebe
nicht mit einer Schutzfolie
eingeschweißt.